Mala terapia

Mala terapia

Por qué los niños no maduran

ABIGAIL SHRIER

Traducción de María Maestro

◍ PAIDÓS.

Obra editada en colaboración con Editorial Planeta - España

Título original: *Bad Therapy*

© Abigail Shrier, 2024
Publicado por acuerdo con Javelin Group y Casanovas & Lynch Literary Agency

© del prólogo, José Errasti, 2024
© de la traducción, María Maestro, 2024
Diseño de la colección: Sylvia Sans Bassat
Composición: Realización Planeta
Adaptación de portada: © Genoveva Saavedra / aciditadiseño
Fotografía de portada: © Justin Metz
Fotografía de la autora: archivo personal

© 2024, Centro de Libros PAPF, SLU. – Barcelona, España

Derechos reservados

© 2025, Ediciones Culturales Paidós, S. A. de C. V.
Bajo el sello editorial PAIDÓS M.R.
Avenida Presidente Masarik núm. 111,
Piso 2, Polanco V Sección, Miguel Hidalgo
C.P. 11560, Ciudad de México
www.planetadelibros.us

Primera edición impresa en esta presentación: marzo de 2025
ISBN: 978-607-569-918-9

Impreso en los talleres de Impregráfica Digital, S.A. de C.V.
Av. Coyoacán 100-D, Valle Norte, Benito Juárez
Ciudad De Mexico, C.P. 03103
Impreso en México – *Printed in Mexico*

A mi madre y mi padre,
y a Zach. A Zach siempre.

Sometimes love is not enough
and the road gets tough
I don't know why

LANA DEL REY

Sumario

PARTE I
Los que curan pueden hacer daño

PARTE II
La terapia se propaga por el aire

PARTE III
A lo mejor a nuestros hijos no les pasa nada

Prólogo

I

Tienes en tus manos un libro que puede mejorar notablemente la vida de tus hijos, tus alumnos o tus pacientes más jóvenes, contribuyendo a que puedan llegar en su momento a convertirse en adolescentes y adultos emocionalmente estables, capaces de hacerse cargo de una vida que tenga sentido, que esté libre de ensimismamientos y que se desarrolle alrededor de relaciones significativas con los demás. Y llega esta obra, además, en el momento más necesario, cuando la sociedad occidental contempla desconcertada cómo se están disparando las tasas de problemas emocionales justamente entre los miembros de la generación que ha sido educada con más miramientos y cuidados. Depresión, ansiedad, autolesiones, hiperactividad y otros problemas conductuales.

Parece una paradoja incomprensible, ya que desde hace unas décadas las principales instancias educadoras —las familias, las escuelas, la atención sanitaria, los medios de comunicación— se han reconfigurado precisamente para orientarse hacia la prevención de estos problemas. Con frecuencia, los padres interactúan con sus hijos con un temor reverencial a cometer alguna falta de respeto y, a la vez, con una intención terapéutica, como si el futuro bienestar del menor se pudiera ver afectado por una respuesta o una decisión rutinaria sobre aspectos de disciplina. Los profesionales que dan clase en los centros escolares han asumido de forma acrítica los mitos contemporáneos sobre la infancia —pureza, felicidad, sabiduría—, siempre en nombre del supremo interés del menor. Y muchos profesionales de la psicología desarrollan su trabajo en una práctica privada regida por las leyes de la oferta y la demanda, combinando la atención a las peticiones que les plantean sus pacientes con su legítima necesidad de ganarse la vida con su trabajo.

Pero las cifras siguen subiendo como un cohete. Algunos autores ven la causa de esta quiebra de la salud mental infantil y juvenil en las crisis económicas, en los problemas medioambientales o en la soledad inherente a la vida en la ciudad. Otras voces señalan a la expansión del estilo publicitario como forma de comunicación en todos los ámbitos de la vida pública y social: a partir de la década de 1970, la adulación demagógica, incondicional y con frecuencia ridícula del individuo, que caracteriza la comunicación publicitaria, se convierte en el patrón de la comunicación política, de las relaciones entre maestros y alumnos, incluso del trato que los padres dispensan a sus hijos. Los jóvenes, desde el momento del nacimiento, viven sumergidos en publicidad; veinticuatro horas al día, trescientos sesenta y cinco días al año, alguien está alabándolos en un intento de ganarse su simpatía y su consentimiento para venderles algo, y los que no lo hacen se comportan como si también lo estuvieran haciendo. Trescientos sesenta y seis días si el año es bisiesto.

La generación ansiosa, un reciente libro de Jonathan Haidt —también disponible en español por Ediciones Paidós—, pone el acento en los perniciosos efectos que los móviles y las nuevas redes sociales que se presentan a través de esos dispositivos tienen sobre el desarrollo y el equilibrio emocional de sus jóvenes usuarios, especialmente en el caso de las chicas. Para captar la dimensión de este asunto, es necesario entender que esta forma intermediada, tecnológica y extravagante de mantener relaciones sociales no es ya un añadido o un complemento de las formas directas, cara a cara, que constituyen la vía óptima de unirse a las demás personas, sino su reemplazo explícito en una generación cuya infancia se ha desarrollado alrededor del móvil. Esta nueva forma de relacionarse —premeditada, cuantificable, esencialmente modulada por un medio que es incompatible con la misma naturaleza de las relaciones humanas saludables— sustituye a la infancia desarrollada alrededor del juego manual, directo y no supervisado, y ha rediseñado por completo la vida cotidiana y el ejercicio de las emociones básicas en la generación Z. No es de extrañar que las gráficas de implantación de los móviles entre los más jóvenes y las gráficas de sus malestares psicológicos corran paralelas como las vías de un tren.

Sin negar la importancia de estos factores anteriores, la hipótesis de Abigail Shrier es mucho más arriesgada, y se argumenta muy sólidamente a lo largo de toda la obra: la causa de los problemas emocionales y conductuales que aquejan a los adolescentes se encuentra en la yatrogenia que provoca una sociedad terapéutica, demasiado atenta a los sentimientos, obsesionada por evitar todo malestar y convencida de que nada malo puede derivarse de que cada niño crezca siendo el centro de un equipo de profesionales auténticos y profesionales *wannabe*. Sin embargo, lamentablemente —o no— pretender que un niño alcance un buen desarrollo emocional habiendo experimentado niveles muy bajos de sufrimiento es como pretender que un joven llegue a ser un buen atleta habiendo experimentado niveles muy bajos de cansancio.

II

Esta sociedad terapéutica encuentra su manifestación más obvia, claro está, en los profesionales de la psicología a los que acuden con demasiada frecuencia desde edades demasiado tempranas. Entiéndase esta última frase como la constatación de una tendencia general, que no niega que en muchos casos sea conveniente la intervención de especialistas ante problemas psíquicos de niños pequeños. Aquí «muchos casos» ha de ser entendido en términos absolutos, no porcentuales, pues entonces la cifra difícilmente alcanzaría los dos dígitos.

Es una perogrullada, sí, pero con frecuencia se olvida: al psicólogo hay que ir cuando hay que ir, y no hay que ir cuando no hay que ir. Nadie discutirá la primera parte de la perogrullada, pero no son pocas las personas que no parecen darse cuenta de la segunda. Ir al psicólogo no es lo mismo que ir al gimnasio. Tampoco las revisiones dentales son buenas metáforas que justifiquen la inocuidad de ir al psicólogo para hacerse una «revisión mental». Ir al psicólogo es una práctica cultural, que puede llegar a alcanzar una gran carga existencial para la persona, en donde se va a entrenar la atención, la verbalización y la autoconciencia sobre ciertos aspectos de la vida, en inevitable detrimento de otros. Sin negar que en ocasiones el mejor consejo que podemos dar a unos padres que nos comentan los problemas de sus hijos sea «convendría llevarlo a un buen psicólogo», deberíamos empezar igualmente a entender que, en un número mayor de ocasiones, el mejor consejo sea «no, que no vaya al psicólogo». Y si los padres que nos consultan se extrañan ante esta respuesta, podemos recomendarles la lectura de los primeros capítulos de este libro, centrados en la yatrogenia y en el hecho sobradamente documentado de que los sanadores en ocasiones pueden dañar.

Los individuos ya llegan a la consulta «psicologizados», como consecuencia del psicologismo mundano, presente en todas las fuentes de influencia social, que es inevitable respirar ocho veces por minuto en la sociedad actual. Y ese psicologismo es parte del problema, no de la solución. Se esperaría de los psicólogos que «despsicologicen» a las personas que los consultan, que pinchen la burbuja de la intimidad, que las saquen de sus cabezas y las devuelvan al mundo, pero no siempre es así. Probablemente los pacientes describan los malestares por los que consultan —propios o de sus hijos— con términos médico-psicológicos que habrán oído en redes, pódcast o programas de televisión, y que usan con la naturalidad con la que cualquiera se referiría a su nariz. No está claro si están ajustando esos términos a lo que sienten, o, más probablemente, están ajustando lo que sienten a esos términos. Con una descripción algo exagerada —aunque no mucho—, por los pasillos del instituto los adolescentes charlan desganados sobre sus diagnósticos, sin levantar la vista del móvil con el que están chateando desganados sobre sus diagnósticos con otros adolescentes.

¿Cómo saber cuándo buscar ayuda profesional y cuándo hay que proponerse explícitamente no buscarla? Pues no hay un criterio nítido que pueda exponerse en un párrafo. La respuesta obvia señalaría la conveniencia de buscar ayuda profesional solo en los casos verdaderamente serios, pero esto no responde a la pregunta, sino que simplemente la reconvierte en una nueva pregunta: ¿cómo saber cuándo los problemas que presenta un niño o un adolescente son verdaderamente serios?

Como principios muy generales, no libres de errores en su aplicación, podríamos señalar: cuando la idea de ir al psicólogo no surgió hasta que la familia contactó con otra familia cuyo hijo acude a un psicólogo «y le está yendo muy bien», no vayan al psicólogo; cuando el problema no ha sido detectado por todas las fuentes educativas del menor —todas: la familia con la que se convive, la familia con la que no se convive, la escuela, los amigos, los lugares de ocio si los hubiera...—, no vayan al psicólogo; cuando algún miembro de la familia no cree que el problema sea tan grave, no vayan al psicólogo; cuando el problema está «encapsulado», es decir, afecta a una única área concreta de la vida del niño y no interfiere con las demás, no vayan al psicólogo; cuando la motivación para ir al psicólogo es preventiva, es decir, se busca que no vaya a más un problema menor, no vayan al psicólogo; cuando la familia no había reparado en algo hasta que un programa de televisión, una charla en el centro escolar o un artículo en una revista la alertó sobre el tema, no vayan al psicólogo...

Esta estrategia reducirá extraordinariamente los falsos positivos —casos que no deberían ir al psicólogo y, sin embargo, van— y solo incrementará muy levemente los falsos negativos —casos que deberían ir al psicólogo y, sin embargo, no van—. Los datos de problemas emocionales en jóvenes que han recurrido a intervenciones profesionales en el pasado, y los certeros análisis que realiza Shrier, dejan muy claro que tan malo puede ser no ir al psicólogo cuando conviene ir, como ir al psicólogo cuando no conviene ir. ¿Quieren una estrategia que nunca cometa falsos negativos, en la que jamás un caso que merezca atención profesional quede sin atender, una estrategia absolutamente segura que pase el examen de la duda más obsesiva? Solo hay una: lleven a sus hijos al psicólogo siempre, en cada momento de su vida y en cualquier situación. No lo hagan, por favor, no lo hagan.

La petición de ayuda profesional ante los pequeños malestares habituales e inevitables de la vida tiene consecuencias muchísimo peores de lo que parece para el desarrollo emocional de los menores. En primer lugar, transmite la idea de que la vida, la vida promedio, la vida normal y corriente que espera a la mayoría de los jóvenes, es tan insoportable que requiere de una intervención profesional para ser sobrellevada. En segundo lugar, da a entender que es posible una vida feliz, en el sentido banal que el término *felicidad* tiene en la actualidad; es decir, es posible una vida de satisfacción permanente, de euforia perpetua, en la que cada vez que la persona sea preguntada «¿Cómo te sientes?» —y esto se pregunta demasiadas veces en la actualidad a los niños y adolescentes— la respuesta sea siempre un sincero «¡Muy bien!». ¿Es posible vivir en un anuncio de Coca-Cola? Al parecer, existirían especialistas en el bienestar emocional, que tienen conocimientos científicos objetivos sobre cómo lograrlo, de nuevo tomando como puntos de comparación a fisioterapeutas o entrenadores deportivos.

Un tercer mensaje equivocado que se transmite implícitamente al realizar consultas a los psicólogos por problemas menores es que tales problemas son mayores. Importa más lo que se hace que lo que se dice. Si la familia está gastando un dinero, haciendo un hueco en agendas completísimas, si los padres atienden a cada palabra que dice el especialista como si estuvieran escuchando a un oráculo y todo su lenguaje no verbal transmite preocupación, no tienen ningún valor los clichés que después verbalicen para disimularlo. Y en cuarto y último lugar, el carácter higiénico, aséptico, protocolizado y de bienestar, algo sobreactuado, que rodea al niño, refuerza esta visión técnica de la educación, donde aspectos como, por ejemplo, la responsabilidad del menor no tienen cabida. Estamos ante una especie de ortodoncia mental que, adecuadamente llevada a cabo, alineará correctamente las emociones del menor, al margen de los valores que pueda tener la familia o las opiniones resultantes de miles y miles de horas de convivencia cercanísima que mantengan sobre el asunto unos padres que también deberán ser reeducados por el terapeuta.

A lo mejor, ante la crisis de salud mental infantil y juvenil no necesitamos más psicólogos, sino menos. A lo mejor no hay que aumentar, sino disminuir las precauciones, las charlas —más yatrogénicas que preventivas—, los *screenings*... que colocan a los niños ante escenarios que no habían ni imaginado. A lo mejor no necesitamos más hiperreflexión, más autoconciencia, más introspección, más atención minuciosa a cada brizna de microsentimientos que aflora un nanosegundo en el alma de nuestros hijos altamente sensibles, sino que quizá lo que necesitamos es muchísimo menos de todo esto. Al margen de lo que de malo tenga la mala terapia, no podemos dejar de señalar cómo la imagen del adolescente sentado en la sala de espera nos habla de un contexto familiar que está atendiendo en exceso a sus emociones.

III

En una reciente entrevista a la autora, la entrevistadora le propuso una de las preguntas más complicadas que jamás se han planteado: «Si tuviera que dar un consejo a los padres que pudiera funcionar como un principio general de la educación, solo uno, ¿cuál sería?». Abigail Shrier contuvo la respiración un par de segundos —lo que hizo que los espectadores la contuviéramos también— y dijo: «Dejen de atender a las emociones de sus hijos». Todos tuvimos la sensación de que su puntería prodigiosa había conseguido meter la carga explosiva en el centro exacto de la Estrella de la Muerte y que esta iba a saltar por los aires en mil pedazos al cabo de pocos segundos.

«Dejen de atender a las emociones de sus hijos» es una de las consignas más revolucionarias, antisistema, perturbadoras, desestabilizadoras, cáusticas, incendiarias, levantiscas, y cuantos sinónimos más proponga el revisor del Word. Es el apocalipsis del mundo actual. Uno se escandaliza al leerla. Por un momento cierra el libro de golpe y mira de reojo alrededor para comprobar que nadie estuviera mirando. Hacen falta unos segundos para recuperarse del susto inicial y empezar a poner orden en la cantidad de reflejos pavlovianos que activó el consejo de la autora. ¿Es obsceno, va contra los derechos humanos, se puede considerar maltrato, es delito? ¿No es exactamente lo contrario de lo que debemos hacer? ¿Cómo vamos a dejar de atender a las emociones de nuestros hijos cuando justamente lo que estamos buscando es una solución para su sufrimiento?

Sin embargo, en psicología estamos acostumbrados a encontrarnos con problemas que, paradójicamente, se mantienen debido a los intentos de solucionarlos. No hay peor forma de quedar dormido que proponérselo. Piensen por un momento en la respuesta sexual. Las emociones son complejos entramados de respuestas reflejas e intentos de darle significado al mundo que orbitan siempre alrededor de nuestras acciones en él. Son fenómenos muy plásticos, muy maleables, que desvinculados de nuestros actos muestran una deriva gravitatoria hacia la insatisfacción. Y una forma de desvincularlos es justamente preguntar una y otra vez «¿Qué tal te sientes?», mostrando una clara preocupación ante la posible respuesta. A los niños —y a los adultos— les gusta controlar el entorno. Quizá intentar intervenir directamente sobre las emociones es como intentar flotar tirándose de los cordones de los zapatos hacia arriba.

Y es ahí donde aparece una distinción fundamental que presenta la autora, mediante la cual se diferencia una educación orientada hacia los sentimientos y una educación orientada hacia la acción. Ahí está la clave para no incurrir en la gran tentación que se cierne sobre los padres de la generación Z desde los escaparates de las librerías, los pódcast o los canales de YouTube: la paternidad terapéutica, es decir, el abordaje de las relaciones familiares entre padres e hijos como si de una sesión psicoterapéutica interminable se tratara, en donde los progenitores sobreanalizan desde categorías psicológicas lo que no debería ser visto más que como las pequeñas cosas de la vida cotidiana, que ya se ordenarán ellas solas gracias a sus consecuencias naturales e informales, siempre y cuando no las saquemos de sus quicios, es decir, no las desquiciemos.

La paternidad terapéutica es mala paternidad y mala terapia, motivada —otra paradoja más— por las mejores intenciones de unos padres que sienten que la felicidad de sus hijos es el mayor examen al que se van a enfrentar en sus vidas. Si es malo poner todos los huevos en una sola cesta, no resulta mejor poner toda la paternidad en un solo hijo, y afrontar desde la preocupación la tarea de la crianza, que alguien definió como el intento de sujetar once pulgas con diez dedos. Así como los jóvenes caen en las trampas de las redes sociales virtuales al ver a los demás mucho más felices que ellos mismos, igualmente sus padres no están dispuestos a permitir que sus hijos sean menos felices de lo que parece que están siendo los hijos de los demás.

Y persiguiendo ese objetivo, aceptarán delegar sus decisiones en especialistas de la educación con tintes médico-sanitarios. ¿Quién no lo haría? Por motivos ideológicos relacionados con el individualismo, y gracias al indiscutible prestigio derivado de los espectaculares avances de la medicina, a lo largo del siglo XX se consolida la enfermedad como modelo desde el que entender cualquier tipo de alteración personal. Entiéndase aquí «medicina» en un sentido muy amplio, que incluye cualquier práctica en donde un «especialista» reconvierte la queja de un «paciente» a una «jerga técnica», tras lo cual realiza «pruebas» que permiten obtener un «diagnóstico» que conducirá a una «terapia». Demasiadas comillas. Pero el resultado final es que el comportamiento y la educación pierden el ámbito que les es propio —el ámbito de los valores, la convivencia, las consecuencias de los actos, los afectos hacia los demás...— y pasan a compartir espacios con test, registros, cuestionarios, espectros, déficits, neurodivergencias, capacidades altas o bajas, trastornos...

Finalmente, en los casos más extremos, esta actitud conduce a la medicalización de un porcentaje no irrelevante de los menores en las sociedades occidentales. Encontrarán también en este libro un capítulo dedicado a estas cuestiones, errores que resultan especialmente graves tanto clínica como conceptualmente.

Hay que impedir como sea que nuestros hijos conozcan la experiencia del sufrimiento emocional, incluso cuando esté perfectamente justificado por las circunstancias que en ese momento atraviesen, incluso cuando dicha experiencia sea un entrenamiento para la vida futura del que aprender grandes lecciones, incluso aunque el método para blindarse ante el malestar sea una intervención biológica inespecífica, de efectos secundarios no demasiado claros, en donde el bienestar sea más fruto del embotamiento que de una sensación de seguridad ante el mundo conquistada a base de aciertos y errores. ¿Qué adultos resultarán de esta evitación experiencial, de esta actitud tan sobreprotectora en los años de entrenamiento para la edad adulta?

Dejen de atender a las emociones de sus hijos. Oriéntense hacia sus acciones. Reaccionen con aprobación cuando sus hijos se comporten a favor de los principios con los que desearían educarlos; reaccionen con desaprobación cuando lo hagan en contra. No solo el amor es perfectamente compatible con la existencia de límites claros, sino que el amor es incompatible con permitir que el bienestar a cortísimo plazo de los niños sea la única guía en su educación. El comportamiento de sus hijos no es fruto de ninguna avería interna, sino la forma de adaptarse a unas instancias educativas, familiares y escolares que han perdido el eje alrededor del cual deberían girar. No todas las intervenciones motivadas por las buenas intenciones dan buenos resultados. La fortaleza y la valentía son también virtudes de los buenos educadores.

IV

«El ojo que se ve a sí mismo está enfermo», dijo Viktor Frankl. En medio de una sociedad que permanentemente anima a la reflexión sobre uno mismo, al autoconocimiento, al autodescubrimiento, que no para de proclamar que la solución a todos los problemas se encuentra dentro del individuo y el objetivo de la vida es realizar ese viaje interior que finalmente funda a la persona con esa esencia profunda que es su auténtico yo, la frase de Frankl resuena como una enmienda a la totalidad, como un puñetazo encima de la mesa, como esa respetuosa pero tajante sentencia con la que un capitán contestó a Enrique el Navegante cuando este le preguntó qué tal había sido su periplo por la costa africana: «Con el debido respeto, señor, está todo al revés de como aparece en los mapas». Les garantizo que al término de la lectura de esta obra tendrán la misma sensación. En verdad, las cosas están al revés de cómo nos las han estado presentando.

Así, por ejemplo, debemos ser conscientes de que la permanente apología de la vulnerabilidad y la debilidad que escuchamos en el diálogo público ha de ser significativamente matizada. «Sí, me equivoqué, ¡soy humano!», oímos. «Lo siento, no pude hacerlo, solo soy una persona». Y es verdad que equivocarse o venirse abajo es totalmente humano, pero no más que acertar o superar las dificultades. ¿Por qué esta permanente identificación de lo humano con sus flaquezas? ¿Por qué nos costaría entender frases como: «Sí, acerté, ¡soy humano!», o «Lo conseguí siendo tan solo una persona»? ¿Hasta qué punto no estamos transmitiendo implícitamente que presuponemos que nuestros jóvenes no van a poder afrontar la vida?

Es verdad que con frecuencia los malestares emocionales —la ansiedad, la depresión— han sido vistos como debilidades de los que las personas deberían avergonzarse. Nada más falso. También estos problemas han estado rodeados de un estigma de marginación que multiplica por dos el sufrimiento dentro del que se encuentra la persona. Este estigma, esta nube de ignorancia, recelo y extrañeza que todavía acompaña con frecuencia a los trastornos de la salud mental, debe ser activamente combatido. Pero también los psicólogos sabemos que la línea que separa la normalización de un fenómeno y su promoción entre la población es especialmente fina, sobre todo cuando la vía para conseguir esa normalización y desestigmatización del problema en la sociedad es revestirlo de romanticismo, heroicidad o prestigio. El sufrimiento mental no es nada de lo que avergonzarse. Ni de lo que enorgullecerse.

Pero el tratamiento que se da a estos temas en la opinión pública es, con frecuencia, irresponsable, y es razonable suponer que provoca un efecto llamada. Tan interesado está el maestro, el psicólogo, el médico, en dejar claro lo cálidamente que acogerá al joven que sufre, que finalmente parece estar deseando que aparezcan casos en los que poder demostrarlo. La descripción de estos problemas que se ofrece en los medios generalistas es tan inespecífica y vaga que casi lo extraño sería no presentar bastantes de los requisitos para el diagnóstico. «Llora, que no te dé vergüenza», dice el presentador de un *reality show*, y el llanto del participante dispara un encendido aplauso de cariño entre el público. Conviene no olvidar que tras cada invocación a que nos hundamos hay alguien que ya tiene preparado un remedio que nos quiere vender.

Clásicamente, la persona era vista como alguien superador de dificultades, destacándose su capacidad de recuperación ante los obstáculos que inevitablemente la vida le va a plantear —¡y eso que de aquellas ni siquiera contábamos con la palabra *resiliencia*!—. Ahora, por el contrario, se exhorta a la gente a que sean débiles en el marco de una emocionalidad desbordada y afectada. Se olvida que los ciudadanos son tan fuertes como la cultura en la que viven espera que lo sean, y nuestra sociedad cursicrática espera en la actualidad que todos, pero en especial los niños y los adolescentes, sean demasiado vulnerables. En este contexto, el viejo dicho que asegura que hay que preparar al niño para el camino y no el camino para el niño adquiere todo su significado.

La presunción y promoción del sufrimiento va de la mano de la promesa de la felicidad absoluta. Esto no resulta contradictorio si lo entendemos correctamente como las dos caras de la moneda que es el mercado de la autoayuda y la psicoterapia, en donde cada cara necesita de la otra para funcionar a toda vela. En vez de aceptar e intentar gestionar lo mejor que se pueda el carácter emocionalmente cambiante y ambiguo de la cotidianeidad, se presenta una dialéctica entre extremos. De nuevo, la única brújula que se utiliza para valorar las experiencias es su tono hedónico, siendo lo placentero la materialización del bien absoluto, y lo displacentero la encarnación del mal.

Para desquiciar todavía más esta dinámica, se construyen expectativas completamente irrealistas, que abocan inevitablemente a la frustración. Nadie acude a terapia deprimido por no poder volar, pero si mañana un nuevo adelanto técnico permitiera volar a algunas personas, empezaríamos a ver en las consultas a niños y adultos para los que la vida no tiene sentido sin poder volar. La satisfacción emocional siempre va en función del horizonte de posibilidades que la vida ha puesto delante de cada uno. La adulación permanente que los individuos reciben en la actualidad desde todas las fuentes, públicas y privadas es garantía de desengaños y desilusiones. Es necesario salir de la visión del placer y el dolor como la lucha entre el bien y el mal, y entender que la tristeza y el sufrimiento son componentes imprescindibles de una vida sana, y que tan trastornada estaría una persona que esté constante e indiscriminadamente triste como otra que esté constante e indiscriminadamente alegre. Mucha sabiduría se encierra en la expresión «merecer la pena». Nada, absolutamente nada que merezca la pena puede ser hecho sin pena.

V

¿Y si a nuestros hijos no les pasara nada? La autora se lo plantea al término del libro, y será inevitable que los lectores se lo planteen también cuando lleguen a las últimas páginas. ¿Y si ese altísimo porcentaje de jóvenes que han recibido algún tipo de diagnóstico psicológico no son más que la manifestación de una fiebre social en la que las cosas no son tan obvias como nos están queriendo hacer creer? Abigail Shrier ya demostró una sensatez y una valentía poco habituales en su anterior obra, *Un daño irreversible* —disponible en español por Ediciones Deusto—, en donde retaba el consenso acerca de la belleza de otro traje nuevo del emperador. Aquella vez trató de ofrecer y argumentar una opinión sobre el incremento espectacular de la disforia de género adolescente que se oponía a las visiones sagradas e indiscutibles oficiales.

Aunque lentamente, el tiempo le está dando la razón en aquel tema, como seguramente, con igual lentitud, el tiempo le dará la razón en este. Será una lucha larga. No se va a lograr de la noche a la mañana que en algunas escuelas estadounidenses se deje de preguntar a los adolescentes de 14 años cuántas veces han pensado en suicidarse. Pero libros como *Mala terapia* encienden de pronto una luz en una estancia que estaba llena de sombras y nos muestra que lo que había en la habitación no era lo que estábamos dando por seguro. Guíense más por los resultados que por las intenciones. A lo mejor, no solo debemos prestar menos atención a las emociones de nuestros hijos. También deberíamos prestar menos atención a las nuestras.

JOSÉ ERRASTI

Nota de la autora

Al hablar de «crisis de salud mental juvenil» suelen confundirse dos grupos distintos de jóvenes. Uno de ellos padece una enfermedad mental grave. Trastornos que, de no tratarse cuando se agudizan, impiden el trabajo productivo o las relaciones estables y exilian a los afectados del ámbito de la vida cotidiana. La suya es una crisis de negligencia y falta de tratamiento. Estas criaturas necesitan medicación y psiquiatras que las cuiden. Pero este libro no trata de ellos.

Este libro se centra en una segunda cohorte mucho más grande: los preocupados, los temerosos, los solitarios, los perdidos y los tristes. Esos universitarios que no pueden solicitar un trabajo sin hacer tres o diez llamadas a mamá. No solemos utilizar el concepto «enfermedad mental» para referirnos a su problema, pero tampoco se podría decir que estén desarrollándose de forma sana. Se empeñan en encontrar diagnósticos que expliquen cómo se sienten. Y a veces creen que han dado con «ello», pero ese «ello» no deja de cambiar.

Nos hemos dedicado a ofrecerles toda clase de medicamentos, terapia, recursos de salud mental y «bienestar», incluso de forma profiláctica. Y es que estamos empeñados en curar una enfermedad mal diagnosticada echando mano del remedio incorrecto.

Introducción

Solo queríamos niños felices

Este verano, mi hijo volvió a casa del campamento con dolor de tripa. Como no se le terminaba de pasar, lo llevé a una clínica pediátrica de urgencias, donde un médico descartó que tuviera apendicitis. «Probablemente sea deshidratación», fue el diagnóstico. Pero antes de darnos el visto bueno para volver a casa, nos pidió que esperáramos al enfermero, que tenía algunas preguntas que hacernos.

Un hombre corpulento, con uniforme negro y un portapapeles, irrumpió en la sala. «¿Le importaría darnos un poco de intimidad para que podamos hacer el examen de salud mental?». Al cabo de unos segundos, me di cuenta de que la intimidad que aquel hombre quería tener con mi hijo me excluía *a mí*.

Pedí ver su cuestionario, que resultó haber sido elaborado por el Instituto Nacional de Salud Mental, una agencia del gobierno federal. He aquí la lista íntegra y sin retoques de las preguntas que el enfermero había planeado hacerle en privado a mi hijo de 12 años:

1. En las últimas semanas, ¿has deseado estar muerto?
2. En las últimas semanas, ¿has sentido que tú o tu familia estaríais mejor si estuvierais muertos?

3. En la última semana, ¿has barajado la posibilidad de suicidarte?
4. ¿Has intentado suicidarte alguna vez? En caso afirmativo, ¿cómo? ¿Cuándo?
5. ¿Tienes pensamientos suicidas en este momento? En caso afirmativo, descríbelos.[1]

Cuando el enfermero me pidió que abandonara la habitación, no se estaba saliendo del guion. Estaba siguiéndolo a pies juntillas. El «Guion para el personal de enfermería» indica que informen a los padres de lo siguiente: «Hacemos estas preguntas en privado, así que voy a pedirle que salga de la habitación unos minutos. Si se nos plantea alguna cuestión relativa a la seguridad de su hijo, ya le avisaremos».[2]

Mientras conducía de vuelta a casa con mi hijo desde la clínica, me asaltaba de continuo la siguiente posibilidad: ¿y si hubiera sido un poco más confiada? A menudo, los niños intentan complacer a los adultos dándoles las respuestas que parecen querer escuchar. ¿Y si mi hijo, solo en la habitación con aquel hombre corpulento, le hubiera dado ese «sí» que parecían pedir las preguntas? ¿Me habría impedido el personal llevármelo a casa?

¿Y a un niño que, en efecto, *tuviera* pensamientos oscuros? ¿De verdad que esa era la mejor manera de ayudarlo? ¿Separarlo de sus padres y plantearle una serie de preguntas sobre quitarse la vida?

Yo no estaba llevando a mi hijo a terapia. No lo había llevado a que le hicieran una evaluación neuropsicológica. Habíamos ido al pediatra por un dolor de estómago. No había ningún indicio,

1. «Suicide Risk Screening Tool», National Institute of Mental Health Toolkit, <https://www.nimh.nih.gov/sites/default/files/documents/research/research-conducted-at-nimh/asq-toolkit-materials/asq-tool/screening_tool_asq_nimh_toolkit.pdf>.
2. «Script for Nursing Staff», National Institute of Mental Health Toolkit: Youth Outpatient, <https://www.nimh.nih.gov/sites/default/files/documents/research/research-conducted-at-nimh/asq-toolkit-materials/youth-outpatient/nurse_script_outpatient_youth_asq_nimh_toolkit.pdf>.

ninguna razón para sospechar siquiera que mi hijo tuviese una enfermedad mental. Y el enfermero tampoco la necesitó. Porque ni falta que hacía.

Los padres nos hemos vuelto tan histéricos, hipervigilantes y obsesivos con la salud mental de nuestros hijos que, de forma rutinaria, permitimos que todo tipo de expertos en salud mental nos echen de la habitación («Ya le avisaremos»). Llevamos décadas confiando en ellos para que nos digan cómo criar niños bien adaptados. Y quizá lo hayamos hecho para sobrecompensar que nuestros propios padres hubiesen creído lo contrario: que los psicólogos eran las últimas personas a las que había que preguntarles cómo criar hijos normales.

De pequeños, a mi hermano y a mí nos daban azotes. Rara vez se consultaban nuestros sentimientos cuando se tomaban decisiones importantes sobre nuestras vidas: ni a qué colegio íbamos a ir, ni si acudiríamos a la sinagoga en las fiestas principales o el tipo de ropa que debíamos ponernos para la ocasión. Si no nos gustaba lo que nos ponían para cenar, no nos ofrecían un menú alternativo. Si se nos negó algún derecho básico de autoexpresión —que explorásemos alguna parte esencial de nuestra identidad que estuviese reprimida—, ninguno de los dos se dio cuenta. Habrían de pasar años para que alguien de mi generación considerara estos marcadores perfectamente normales de la infancia en los ochenta como huellas de heridas emocionales.

Sin embargo, conforme millones de mujeres y hombres de mi edad entramos en la edad adulta, empezamos a ir a terapia.[3] Exploramos nuestra infancia y aprendimos a ver a nuestros padres como personas emocionalmente atrofiadas.[4] Los padres emocionalmente atrofiados tenían expectativas demasiado altas, escu-

3. Según la Asociación Estadounidense de Psicología, el 26 por ciento de los miembros de la generación X recibió terapia u otros tratamientos de salud mental solo en 2018. «Stress in AmericaTM: generation Z», American Psychological Association, octubre de 2018, <https://www.apa.org/news/press/relea ses/stress/2018/stress-gen-z.pdf>.

4. Véase, por ejemplo, Gibson, Lindsay C., *Adult children of emotionally immature parents: how to heal from distant, rejecting, or self-involved parents*, New Harbinger, Estados Unidos, 2015.

chaban demasiado poco y no eran capaces de ver el dolor que albergaban sus hijos. Y es que los padres emocionalmente atrofiados provocaban heridas emocionales.

Nunca dudamos que queríamos tener hijos. Nos comprometimos a criarlos prestando más atención a su bienestar psicológico. Decidimos escuchar mejor, preguntar más, vigilar el estado de ánimo de nuestros hijos, tener en cuenta sus opiniones a la hora de tomar decisiones familiares y, siempre que fuera posible, anticiparnos a las cosas que podían preocuparlos. Cuidaríamos la *relación* con ellos. Derribaríamos el muro de autoridad que las generaciones anteriores habían erigido entre padres e hijos y, en su lugar, los veríamos como compañeros de equipo, como aprendices nuestros, como amigos.

Queríamos criar «niños felices» por encima de todo, y recurrimos a los expertos en bienestar para que nos ayudaran a conseguirlo. Devoramos sus libros superventas sobre la paternidad, que establecían los métodos con los que educaríamos, corregiríamos e incluso hablaríamos a nuestros propios hijos.

Guiados por estos expertos, adoptamos un enfoque terapéutico de la crianza. Aprendimos que había que explicar a nuestros hijos las razones de cada norma y petición que hacíamos. Nunca, jamás, les dimos un azote. Explotamos al máximo el «rincón de pensar» y les justificamos con todo detalle cualquier castigo (a los que más tarde nos referimos como «consecuencia», para así deshacernos de la vergüenza asociada a ellos y sentirnos menos autoritarios). El éxito de la crianza se volvió una función con un solo coeficiente: que nuestros hijos fueran felices en todo momento. Una infancia ideal suponía la ausencia de dolor, incomodidad, peleas, fracasos o el más mínimo atisbo de «trauma».

Pero cuanto más vigilábamos los sentimientos de nuestros hijos, más difícil nos resultaba gestionar sus pequeños percances. Cuanto más los examinábamos, más preocupante resultaba que se salieran de una serie interminable de parámetros: académicos, discursivos, sociales y emocionales. Y que ocurriese era toda una catástrofe.

Así que corrimos a llevarlos a los expertos en salud mental que nos habían enseñado a ser padres, esta vez para que les hicieran pruebas, los diagnosticaran, los asesoraran y les pusieran medicación. Necesitábamos que nuestros hijos y todos los que los rodeaban lo supieran: no es que fueran tímidos, es que tenían un «trastorno de ansiedad social» o «fobia social». No se portaban mal, sino que tenían un «trastorno negativista desafiante». No eran malos estudiantes, tenían «TDAH». Y no era culpa nuestra, ni suya. Nos esforzaríamos y terminaríamos por eliminar el estigma que rodea a estos diagnósticos. El número de casos atribuidos a nuestros hijos se disparó.

Mientras escribía mi último libro, *Un daño irreversible*, y años después de su publicación, hablé con cientos de padres estadounidenses. Y durante ese tiempo, fui plenamente consciente de *la cantidad* de niños que acudían a terapia, ya fuera con terapeutas independientes o con sus homólogos en las escuelas. Me di cuenta de lo mucho que los padres confiaban en ellos y en sus métodos para curar a sus hijos. Y de cómo los diagnósticos de los especialistas alteraban a menudo la percepción que los niños tenían de sí mismos.

Fueron sobre todo las escuelas las que aprovecharon la oportunidad para adoptar un enfoque terapéutico de la educación y se vendieron como nuestras «aliadas» en la crianza de los niños. El personal de salud mental de las escuelas se amplió: contrataron más psicólogos, más orientadores, más trabajadores sociales. El nuevo régimen se centraría en diagnosticar y adaptar, nada de castigar ni recompensar; y entrenó a los niños para que se fueran acostumbrando a controlar y compartir sus sentimientos negativos. Formó a los profesores para que entendieran el «trauma» se escondía en la raíz del mal comportamiento y del bajo rendimiento académico de los alumnos.

Pero a pesar de que estos esfuerzos no buscaban devolvernos la mejor versión de nuestros hijos, muchos de nosotros acabamos pasando por el aro, convencidos de que así crecerían más felices y equilibrados. En lugar de eso, y con la inestimable ayuda de los expertos en salud mental, hemos educado a la generación más solitaria, ansiosa, deprimida, pesimista, indefensa y temerosa que habíamos conocido. ¿Por qué?

¿Cómo es que la primera generación que educó a sus hijos sin recurrir a los azotes ha dado lugar a la primera generación que afirma no querer tener hijos?[5] ¿Cómo es posible que los mismos niños a los que criamos con delicadeza hayan terminado creyendo que han sufrido un trauma infantil? ¿Cómo puede ser que esos niños que se han sometido a mucha más psicoterapia que cualquier otra generación precedente se hayan visto sumidos en un pozo sin fondo de desesperación?[6]

Digamos que el origen de su problema no se reduce a Instagram o Snapchat. Tanto jefes como profesores afirman —y los jóvenes están de acuerdo— que los miembros de la nueva generación no están en absoluto preparados para llevar a cabo tareas básicas que se esperan de cualquier adulto: pedir un aumento de sueldo, acudir al trabajo durante un período de agitación política a nivel nacional, acudir al trabajo en general,[7] o cumplir con sus obligaciones sin necesidad de hacer largas pausas para cuidar su «salud mental».

5. «Solo el 55 por ciento de la generación Z y los *millennials* planean tener hijos. Uno de cada cuatro encuestados, de entre 18 y 34 años, ha descartado por completo tener hijos, y la razón más común citada es "querer tener tiempo para sí mismos"». India, Freya, «Why doesn't gen Z want children», *UnHerd*, 29 de julio de 2023, <https://unherd.com/the post/why-doesnt-gen-z-want-children>.

6. En los años transcurridos desde que Jonathan Haidt y Greg Lukianoff observaron por primera vez la aparente hipersensibilidad de esta generación en su texto de referencia, *La transformación de la mente moderna*, ha quedado patente que el estado psicológico de los jóvenes es aún peor de lo que ellos describieron. Los problemas de la nueva generación van más allá de la «ultraseguridad», la idea de que la seguridad emocional y física ha suplantado a cualquier otro valor, con el consiguiente aumento de la comprensión del daño por parte de los jóvenes. Los jóvenes de hoy no están preparados ni intelectual ni emocionalmente para comprometerse con ideas con las que no están de acuerdo. En mayor número que nunca, los jóvenes se retuercen de dolor psíquico y alcanzan todos los indicadores de la edad adulta mucho más tarde que las generaciones anteriores.

7. Véase Horovitz, Bruce, «Companies embrace older workers as younger employees quit or become less reliable», *Time*, 20 de diciembre de 2021, <https://time.com/6129715/age-inclusive-workplaces>; Giddings, Andy, «Companies refuse to hire "unreliable" young workers», BBC News, 3 de julio de 2023, <https://www.bbc.com/news/uk-england-shropshire-66066246>.

No es raro que los chicos de 16 o 17 años pospongan sacarse el carné porque dicen que conducir «da miedo».[8] O que los universitarios inviten a mamá a la celebración de su vigésimo primer cumpleaños.

Desconfían de los riesgos y las libertades que implica el hecho de madurar.

Son niños que se sienten solos, y que se instalan en el dolor emocional por razones que hasta a sus padres les resultan un poco misteriosas. Es entonces cuando acuden a los expertos en salud mental para encontrar respuestas, y cuando sus hijos reciben el ineludible diagnóstico, se agarran a él con una mezcla de orgullo y alivio: toda una vida, reducida a esto.

Ninguna industria rechaza la perspectiva del crecimiento exponencial, y los expertos en salud mental no son una excepción. Al ir metiendo a niños normales con problemas normales por una máquina y sin parar, la industria de la salud mental está fabricando más pacientes de los que puede llegar a curar.

Estas intervenciones que hemos llevado a cabo en la salud mental de nuestros hijos han sido en gran medida contraproducentes. Al entender las variaciones de la personalidad como el reverso de la disfunción, los expertos en salud mental han enseñado a los niños a percibirse como trastornados. Y es que parten del supuesto de que todos necesitamos terapia y de que todo el mundo está un poquito «roto».

Hablan de «resiliencia» cuando lo que quieren decir es «acepta tu trauma». Sueñan con «desestigmatizar la enfermedad mental» y van por ahí esparciendo diagnósticos como si fuera polvo de hadas. Y se dedican a predicar el «bienestar» cuando son los que han impulsado que la generación más enferma de la historia reciente vaya cuesta abajo y sin frenos.

Con el carisma propio del líder de una secta, los terapeutas convencieron a millones de padres para que vieran a sus hijos como un desafío/en riesgo. Impregnaron la paternidad de auto-

---

8. Las madres me lo dijeron en entrevistas. Véase también Prince, Kate, «Study reveals teens are too scared to drive», *Moms.com*, 13 de diciembre de 2018, <https://www.moms.com/teens-scared-to-drive/>.

conciencia y de una inseguridad enfermiza. Llamaron a los profesores a filas para que entendieran la educación como un sistema terapéutico, lo que implicó asumir que todos los alumnos sufrían algún daño emocional. Presionaron a los pediatras para que preguntaran a niños de 8 años —que se habían presentado con un simple dolor de barriga— si creían que sus padres estarían mejor sin ellos.[9] Y ante la implacable seguridad en sí mismos de los expertos, las escuelas entraron al trapo, los pediatras se subieron al carro y los padres simplemente aceptaron.

Quizá sea hora de que opongamos un poco de resistencia.

9. «The Ask Suicide-Screening Questions (ASQ) toolkit is designed to screen medical patients ages 8 years and above for the risk of suicide», Instituto Nacional de Salud Mental, <https://www.nimh.nih.gov/research/research-conducted-at-nimh/asq-toolkit-materials>.

Parte I

Los que curan pueden hacer daño

Los mejores médicos están abocados al infierno.

La Mishná

1

Yatrogenia

En 2006, metí todas mis cosas en cajas y me mudé de Washington D.C. a Los Ángeles para estar más cerca de mi novio de entonces. Solo había visitado California en una ocasión, unos meses antes, cuando fui en avión para conocer a sus padres. Aparte de mi novio y su familia, el resto de las personas que podrían identificar mi cadáver en caso de sufrir una muerte prematura vivían en la costa este.

Con 28 años y recién licenciada en Derecho, me enfrentaba a la ingrata realidad de haberme convertido en abogada. No sabía qué hacer. Mi novio tenía una empresa en Los Ángeles, así que, si quería que las cosas funcionaran con él, tenía que mudarme.

Pero también sabía que era muy posible que esa nueva vida —la *suya*— acabara volviéndome loca. Mi mejor amiga, Vanessa, vivía en Washington. A las dos nos habían contratado en bufetes de abogados, lo que implicaba lidiar con jornadas laborales larguísimas y una diferencia horaria que hacía imposible llamarse por teléfono. Necesitaba a alguien que escuchara mis preocupaciones y recelos cuando me hiciera falta. Necesitaba una Vanessa de repuesto, una que estuviera disponible todos los jueves a las seis de la tarde. Y por primera vez en mi vida, me la pude permitir. Recurrí a una terapeuta.

Cada semana, durante una hora que en realidad eran cincuenta minutos, mi terapeuta me prestaba toda su atención. Si alguna vez la aburrí por repetirle siempre lo mismo, nunca se quejó. Era una profesional. Nunca me hizo sentir ensimismada, ni cuando lo estaba. Me dejaba desahogarme. Me dejaba llorar. A menudo salía de su consulta con la sensación de haberme arrancado una astilla que tenía clavada en esa parte de mí que controla la interacción interpersonal.

Me ayudó a darme cuenta de que yo no era tan mala. La mayoría de mis problemas eran culpa de otros. De hecho, muchas de las personas que me rodeaban eran peores de lo que yo pensaba. Juntas, las diagnosticamos sin cohibirnos. ¿Quién iba a decir que tantos de mis parientes cercanos padecían un trastorno narcisista de la personalidad? Esto me reconfortaba a nivel del plexo solar. En poco tiempo, mi terapeuta se convirtió en una amiga muy cara, que estaba de acuerdo conmigo en casi todo y a la que le gustaba echar pestes de la gente que (en cierta manera) teníamos en común.

Pasé un año muy bueno. Mi novio me pidió matrimonio, y yo le dije que sí. Y entonces, un mes antes de casarnos, mi terapeuta soltó la bomba: «No estoy segura de que estéis preparados para casaros. Puede que necesitemos trabajar un poco más».

Escuchar aquello fue tan desmoralizador que sentí como si me hubiera dado de bruces con una puerta de cristal.

Mi terapeuta era una mujer formidable. Tenía al menos quince años más que yo, un doctorado en Psicología y un matrimonio aparentemente sólido y duradero. De vez en cuando, dejaba caer que nunca faltaba a pilates. Una vez, antes de nuestra sesión, la sorprendí en su impecable escritorio comiéndose una barrita de proteínas que había desenvuelto con cuidado, y me maravilló su evidente dominio de sí misma, la dignidad que conseguía aportar a nuestros ridículos modos de consumo. Tal vez su comentario debería haberme provocado una crisis, pero por alguna razón no fue así. A pesar de su formación, seguía siendo humana y falible. Ya me había mudado sola a la otra punta del país, había empezado una nueva vida y, para entonces, lo tenía claro: no estaba de acuerdo con su opinión y tampoco necesitaba su permiso. Le dejé un mensaje de voz agradeciéndole su ayuda. Pero también le dije que me tomaría un tiempo.

Unos años más tarde, felizmente casada, reanudé la terapia con ella, y luego probé con un psicoanalista durante alrededor de un año. Todas mis experiencias con la terapia han sido entre esclarecedoras e inquietantes. Hubo veces en que se volvieron hasta «divertidas». Aprender un poco más sobre el funcionamiento de mi mente a veces fue útil y a menudo resultó gratificante.

Cuando estaba de acuerdo con mi terapeuta, se lo decía. Cuando no, lo hablábamos. Y cuando sentí que debía dejarlo, lo hice. Es decir: *Era una adulta que iba a terapia*. Había nadado en las agitadas aguas de la vida el tiempo suficiente como para haber adquirido cierto grado de autoconocimiento, cierta autoestima, y era consciente de lo precisas que eran mis sensaciones. Podía salir con un «creo que te he dado una impresión equivocada». O «¿No estaremos culpando demasiado a mi madre?». O incluso: «He decidido dejar la terapia».

Los niños y los adolescentes no suelen estar preparados para decir este tipo de cosas: el desequilibrio de poder que existe entre el niño y el terapeuta es demasiado grande, aún están desarrollando su sentido del yo, no tienen capacidad para corregir las interpretaciones o recomendaciones de un terapeuta, y carecen de un punto arquimédico, lo que les impide rebatir la visión que este tiene de sus familias o de sí mismos. Y es que están aún muy verdes en la vida.

Sin embargo, la cantidad de padres de mi edad que han estado apuntando a sus hijos y adolescentes a terapia, incluso de forma profiláctica, no deja de ser increíble. Hubo madres que me contaron que lo hicieron para ayudarlos a adaptarse al preescolar o para que procesaran la muerte de un gato al que querían mucho. Otra me dijo que había contactado con uno «por anticipado», para cuando sus dos hijas llegaran a secundaria. «Para que así tuvieran a alguien con quien hablar de todas las cosas que yo nunca quise contarle a *mi* madre».

Unas cuantas de ellas me confesaron, no sin circunloquios, que habían recurrido a un terapeuta para que vigilara los pensamientos y sentimientos de su arisco hijo adolescente. «No me

dice lo que le cuenta mi hija tal cual —me aseguró una madre—,
pero en cierto modo me hace saber que todo va bien». Y, según
supe, de vez en cuando le transmitía a la mamá información espe-
cífica que le había sonsacado a la pequeña prisionera de guerra.

Que la noción de «terapia» resulte poco precisa se debe en
gran parte a los expertos. Más que una definición del concepto,
lo que la Academia Estadounidense de Psiquiatría Infantil y
Adolescente ofrece es una tautología. ¿Qué es la «psicoterapia»?
«Un tipo de tratamiento psiquiátrico que implica que un terapeuta converse e interactúe de forma terapéutica con un niño o
una familia».[10] Y la Asociación Estadounidense de Psicología
ofrece una definición igual de redundante que la psicoterapia:
«todo servicio psicológico proporcionado por un profesional
cualificado».[11]

10. En otras palabras, cualquier cosa que ocurra entre un niño y un terapeuta cuenta como terapia; véase la página web de la Academia Estadounidense de Psiquiatría Infantil y Adolescente, <https://www.aacap.org/AACAP/Fa
milies_and_Youth/Facts_for_Families/FFF-Guide/Psychotherapies-For
-Children-And-Adolescents-086.aspx>.
La definición completa es: «La psicoterapia es un tipo de tratamiento psiquiátrico que implica que un terapeuta converse e interactúe de forma terapéutica con un niño o una familia. Puede ayudar a los niños y a las familias a comprender y resolver problemas, modificar comportamientos y hacer cambios
positivos en sus vidas. Hay varios tipos de psicoterapia que implican distintos
enfoques, técnicas e intervenciones. A veces, una combinación de diferentes enfoques psicoterapéuticos puede ser útil. En algunos casos, una combinación de
medicación y psicoterapia puede ser más eficaz».
11. La definición completa de la Asociación Estadounidense de Psicología
es: «*psicoterapia*: todo servicio psicológico proporcionado por un profesional
cualificado que utiliza principalmente formas de comunicación e interacción
para evaluar, diagnosticar y tratar reacciones emocionales, formas de pensar y
patrones de comportamiento disfuncionales. La psicoterapia puede proporcio-
narse a individuos, parejas (véase terapia de pareja), familias (véase terapia
familiar) o miembros de un grupo (véase terapia de grupo). Existen múltiples
tipos de psicoterapia, pero en general se dividen en cuatro categorías principales: psicoterapia psicodinámica, terapia cognitiva o terapia conductual, terapia
humanista y psicoterapia integradora. El psicoterapeuta es una persona que ha
recibido formación profesional y está autorizada (en Estados Unidos por una
junta estatal) para tratar trastornos mentales, emocionales y conductuales por

¿Qué es un «reloj»? Un aparato que sirve para medir el tiempo. ¿Qué es el «tiempo»? Algo que se mide con un reloj. Cualquier conversación que tenga un terapeuta con un paciente se considera «terapia». Pero la idea es más o menos esta: ponerse a hablar de sentimientos y problemas personales y llamarlo «medicina».

Los padres a menudo dan por sentado que la terapia con un profesional cargado de buenas intenciones solo puede contribuir al desarrollo emocional de un niño o adolescente. Craso error. Como cualquier otra intervención con potencial para ser de ayuda, la terapia también puede resultar perjudicial.

Yatrogenia: cuando el médico empeora las cosas

Cada vez que un paciente llega a la consulta de un médico, se expone a un riesgo.[12] Algunos surgen por la incompetencia del médico: un paciente acude a su consulta para que le extirpen un riñón y él extrae el que no es. (La «cirugía en sitio erróneo» ocurre más a menudo de lo que se piensa).[13] O por negligencia: el

medios psicológicos. Puede ser psicólogo clínico, psiquiatra, consejero, trabajador social o enfermero psiquiátrico. También se considera terapia; terapia de conversación—psicoterapéutica». *Diccionario de Psicología de la APA*, <https://dictionary.apa.org/psychotherapy>.

Por si esto fuera poco, la APA define al terapeuta como un «individuo que ha recibido formación y entrenamiento en uno o más tipos de terapia para tratar trastornos o enfermedades mentales o físicas».

12. La incidencia de los errores médicos evitables en hospitales es asombrosa: se ha estimado que causan cuatrocientas mil lesiones al año. Véase James, John T., «A new, evidence-based estimate of patient harms associated with hospital care», *Journal of Personal Safety*, 9, 3 (2013), <https://pubmed.ncbi.nlm.nih.gov/23860193>.

13. Perlow, David L., «Surgeons sometimes operate on the wrong body part. There's an easy fix», *Washington Post*, 19 de noviembre de 2021, <https://www.washingtonpost.com/outlook/surgeons-sometimes-operate-on-the-wrong-body-part-theres-an-easy-fix/2021/11/19/c690ef94-4889-11ec-95dc-5f2a96e00fa3_story.html>; véase también Page, Leigh, «Doctors doing wrong-site surgery: why is it still happening», *WebMD*, 30 de septiembre de

cirujano pierde de vista una pinza o esponja extraviada en el abdomen del paciente, y luego lo cose.

O quizá corta un órgano, o la operación se desarrolla sin problemas, pero el paciente pilla una infección oportunista en el quirófano. O tiene una reacción alérgica a la anestesia. O le salen úlceras por permanecer demasiado tiempo en la camilla durante la recuperación. O todo va según lo previsto, pero el tratamiento en sí se basó en una interpretación errónea del problema.

Yatrogenia es la palabra que define todos estos casos. Derivada del griego, significa literalmente «provocado por el médico», y hace referencia a cuando un sanador perjudica a un paciente durante un tratamiento. En la mayoría de los casos no se debe a mala praxis, aunque puede serlo. En muchas ocasiones, la yatrogenia se produce no porque el médico tenga malas intenciones o sea un incompetente, sino porque el tratamiento expone al paciente a riesgos exógenos.

Habida cuenta de que toda intervención conlleva un riesgo, la yatrogenia ocurre sin cesar. Cuando un paciente está malo y se somete a un tratamiento, los riesgos que corre suelen merecer la pena. Pero cuando lo hace un paciente que está *bien*, estos son a menudo mayores que la potencial mejora.

Y, respecto al tema que nos ocupa, con «intervención» me refiero a cualquier tipo de consejo o corrección que normalmente solo se daría a alguien con una deficiencia o incapacidad. Así, decir a los niños que «coman verdura», que «duerman mucho» o que «pasen tiempo con los amigos» puede ser un consejo, pero no es una intervención. Todos necesitamos hacer ese tipo de cosas.

Con las intervenciones, la regla de oro que habría que seguir es: no te hagas una radiografía si no la necesitas, no te expongas a los gérmenes que hay en Urgencias solo para saludar a tu amigo médico, y —sugerencia— no mandes a tu hijo a terapia a menos que sea absolutamente necesario. Todo el mundo se sabe las dos primeras, es la última la que puede que te pille por sorpresa.

2021, <https://www.the-hospitalist.org/hospitalist/article/246847/mixed-to pics/mds-doing-wrong-site-surgery-why-it-still-happening>.

La psicoterapia debería llevar
un cartel de advertencia

Durante décadas, la terapia estándar que se ofrecía a las víctimas de catástrofes (atentados terroristas, guerras,[14] quemaduras graves) era el «*debriefing* psicológico».[15] Un terapeuta las invitaba a una sesión de grupo en la que se animaba a los participantes a «procesar» sus emociones negativas, se les enseñaba a reconocer los síntomas del trastorno de estrés postraumático (TEPT) y se las disuadía de abandonar la terapia. Uno tras otro, los estudios han demostrado que basta con seguir este proceso básico para *empeorar* los síntomas del TEPT.[16]

Avalados por sus buenas intenciones, los terapeutas suelen actuar como si hablar de los propios problemas con un profesional beneficiara a todo el mundo. Pero no es así.[17] Tampoco es cierto que, mientras el terapeuta siga los protocolos y tenga buenas intenciones, el paciente vaya a mejorar.

Cualquier intervención que tenga capacidad para curar tiene idéntico poder para hacer daño. Y la terapia no es un remedio inofensivo. Puede aliviar, sí; pero sin quererlo también puede

14. McHugh, Paul R., y Glenn Treisman, «PTSD: a problematic diagnostic category», *Journal of Anxiety Disorders*, 21, 2 (2007).

15. Rose, Suzanna, «Psychological debriefing for preventing post-traumatic stress disorder (PTSD)», *Cochrane Database of Systematic Reviews*, 2 (2002), <www.ncbi.nlm.nih.gov/pmc/articles/PMC7032695>.

16. Lilienfeld, Scott O., «Psychological treatments that cause harm», *Perspectives on Psychological Science*, 2, 1 (2007); Rona, Roberto J., *et al.*, «Post-deployment screening for mental disorders and tailored advice about help-seeking in the UK military: a cluster randomized control Trial», *Lancet* 389 (2017). Véase también Jonsson, Ulf, *et al.*, «Reporting of harms in randomized controlled trials of psychological interventions for mental and behavioral disorders», *Contemporary Clinical Trials*, 38, 1 (2014); McHugh y Triesman, «PTSD: a problematic diagnostic category».

17. Véanse, por ejemplo, Scott O. Lilienfeld, *op. cit.*; Ulf Jonsson *et al.*, *op. cit.*; Bonnell, C., y Jamal Meléndez-Torris, «"Dark logic": theorizing the harmful consequences of public health interventions», *Journal of Epidemiology and Community Health*, 69, 1 (2015), <https://pubmed.ncbi.nlm.nih.gov/25403381>.

acarrear consecuencias negativas, y lo hace hasta en un 20 por ciento de los casos.[18]

La terapia puede llevar a un usuario a considerarse enfermo y a revisar la percepción que tiene de sí mismo para que así se adapte a un diagnóstico.[19] La terapia puede fomentar el distanciamiento familiar (cuando uno se da cuenta de que todo es culpa de mamá y no quiere volver a verla nunca más). La terapia puede agravar el estrés conyugal, comprometer la capacidad de resiliencia de un paciente, dejarlo más traumatizado y más deprimido y socavar su autoeficacia, de modo que sea menos capaz de dar un giro a su vida.[20] Poco a poco, la terapia puede llevar a un paciente —hundido en su sofá de cuero, con una caja de pañuelos a mano— a depender en exceso de su terapeuta.[21]

Esto es cierto incluso para los adultos, que, por lo general, son mucho menos proclives a dejarse guiar por otros adultos. En el caso de los niños, estos efectos yatrogénicos suponen un riesgo como mínimo igual de grande y probablemente mucho mayor.

Los agentes de policía que se sometieron a sesiones de *debriefing* tras haber asistido a los afectados en un accidente de avión, dieciocho meses después mostraron más síntomas de hiperactivación relacionados con el desastre que los que no pasaron por ellas.[22] Algunas personas que habían sufrido quemaduras mostraron más ansiedad tras la terapia que los que no pasaron por ese tratamiento.[23] Hay pacientes con cáncer de mama que han

18. Schermuly-Haupt, Marie-Luise, *et al.*, «Unwanted events and side effects in cognitive behavior therapy», *Cognitive Therapy and Research*, 42, 7 (2018).

19. Boisvert, Charles M., y Faust, David, «Iatrogenic symptoms in psychotherapy: a theoretical exploration of the potential impact of labels, language and belief systems», *American Journal of Psychotherapy*, 56, 2 (2002).

20. Marie-Luise Schermuly-Haupt *et al.*, *op. cit.*

21. Véase, por ejemplo, Charles Boisvert y David Faust, *op. cit.*

22. Carlier, Ingrid V. E., *et al.*, «Disaster-related post-traumatic stress in police officers: a field study of the impact of debriefing», *Stress Medicine*, 14, 3 (1998).

23. Berk, Michael, *et al.*, «The elephant on the couch: side-effects of psychotherapy», *Australian and New Zealand Journal of Psychiatry*, 43, 9 (2009).

abandonado los grupos de apoyo sintiéndose *peor* que quienes optaron por no participar.[24] Y las sesiones para aprender a sobrellevar el duelo común a menudo *dificultan*, en lugar de facilitar, la recuperación tras la pérdida.[25] Hay personas que dicen que «no quieren hablar del tema» y que saben mejor que los expertos lo que las puede ayudar: pasar tiempo con la familia, hacer ejercicio, poner un pie delante del otro y poco a poco ir haciéndose a la pérdida.[26]

Y es que nuestra psique está mucho más adaptada de lo que los profesionales de la salud mental suelen reconocer o permitir. Y puede que lleguen las cuatro de la tarde del martes y que no estemos preparados para enfrentarnos a nuestros dramas con un experto al que hemos contratado. Recordar batallitas con un amigo, hacerle una broma a tu pareja que no te atreverías a gastarle a nadie más o ayudar a tu prima a meter todo el contenido de su apartamento en cajas —sin poneros a hablar de tus problemas— suele ayudar mucho más a recuperarte que sentarse en una habitación llena de gente triste. La terapia puede llegar a tomar el control de nuestros procesos normales de resiliencia, e interrumpir la capacidad que tiene nuestra psique de curarse a sí misma, a su manera y a su ritmo.

Míralo así: la terapia de grupo para personas que han vivido una pérdida o un desastre hace que los que hayan tenido más

24. Helgeson, Vicki S., *et al.*, «Education and peer discussion group interventions and adjustment to breast cancer», *Archives of General Psychiatry*, 56, 4 (1999), <https://jamanetwork.com/journals/jamapsychiatry/article-abstract/1152701>.

25. Brody, Jane E., «Often, time beats therapy for treating grief», *New York Times*, 27 de enero de 2004. Véase también Neimeyer, R. A., «Searching for the meaning of meaning: grief therapy and the process of reconstruction», *Death Studies*, 24, 6 (2000).

26. Bonanno, George A., *The other side of sadness: what the new science of bereavement tells us about life after loss*, Basic Books, Estados Unidos, 2009. Véase también Pinker, Susan, «Exercise can be the best antidepressant», *Wall Street Journal*, 23 de marzo de 2023, <www.wsj.com/articles/exercise-can-be-the-best-antidepressant-5101a538?mod=e2tw>. («Una nueva investigación revela que tan solo doce semanas de ejercicio regular pueden aliviar los síntomas de la depresión con la misma eficacia que la medicación»).

capacidad de aguante tengan que juntarse con aquellos sumidos en la tristeza. Esto puede hacer que los que más o menos hayan podido sobrellevarlo se acaben viniendo abajo, y que los que ya están tristes se hundan todavía más. Son los más abatidos quienes pilotan la nave hacia el planeta Desdicha, con el resto de los tripulantes atrapados dentro.

La terapia individual también puede intensificar los malos sentimientos. La psiquiatra Samantha Boardman escribió con franqueza sobre un paciente que abandonó la terapia después de unas semanas de tratamiento. «Lo único que hacemos es hablar de las cosas malas de mi vida —le dijo a Boardman—. Me siento en su consulta y me quejo sin parar durante cuarenta y cinco minutos. Incluso si tengo un buen día, venir aquí me hace pensar en todas las cosas negativas».[27] Al leer aquello, recordé que en su día yo misma me dedicaba a atesorar conflictos emocionales para contárselos a mi terapeuta y así tener algo de lo que hablar en nuestra sesión, conflictos que bien podría haber dejado pasar.

Y es curioso, pero incluso cuando desde un punto de vista objetivo resulta claro que la terapia *ha empeorado* los síntomas de los pacientes, estos tienden a asumir que los ha ayudado.[28] Casi siempre nos basamos en lo «purgados» que nos sentimos al salir de la consulta para justificar nuestra sensación de que la terapia está funcionando. Rara vez sacamos conclusiones atendiendo antes a indicadores objetivos como, por ejemplo, el estado de nuestra carrera profesional o nuestras relaciones. A veces, cuando nuestras vidas mejoran no es porque la terapia haya funcionado, sino porque la motivación que nos llevó a iniciar la terapia también nos animó a hacer otros cambios positivos: pasar más tiempo con amigos y familiares, retomar el contacto con

27. Boardman, Samantha, «The one question therapists don't often ask but should», *The Dose*, 10 de octubre de 2022, <https://drsamanthaboardman.bulletin.com/the-one-question-therapists-don-t-often-ask-but-should>.

28. Scott O. Lilienfeld, *op. cit.*; véase también McNally, R. J., *et al.*, «Does early psychological intervention promote recovery from posttraumatic stress?», *Psychological Science in the Public Interest*, 4, 2 (2003).

personas de las que hacía tiempo que no teníamos noticias, hacer un voluntariado, comer mejor o hacer ejercicio.

Un número escandaloso de intervenciones psicológicas tienen escasa eficacia probada.[29] Y, sin embargo, se han venido aplicando alegremente en adolescentes y niños.

Di «sí» a las drogas

Ponte en situación: corre el año 1992. Delineador de ojos azul, Dr. Martens y vaqueros rotos por las rodillas. En el salón de actos de tu instituto entra con paso firme un agente uniformado; las llaves tintinean colgadas de su cinturón negro y llega cargado con una jeremiada sobre lo peligrosas que son las drogas.

Todo aquello formaba parte de la campaña D.A.R.E. (ATRÉVETE), diseñada para concienciar a los alumnos de que las drogas podían arruinarles la vida.[30] Utilizando técnicas terapéuticas ideadas por Carl Rogers, uno de los psicoterapeutas más influyentes del siglo XX, los consejeros de D.A.R.E. dirigían a los alumnos en una suerte de terapia de grupo. Entraban en los colegios e incitaban a los chicos a hablar de sus problemas personales, confesar que consumían drogas y hacer dinámicas grupales para, entre ellos, representar situaciones en las que se negaban a consumirlas.[31]

---

29. Véase, por ejemplo, Leichsenring, Falk, *et al.*, «The efficacy of psychotherapies and pharmacotherapies for mental disorders in adults: an umbrella review and meta-analytic evaluation of recent meta-analyses», *World Psychiatry*, 21, 1 (2022).

30. Paulson, Steven K., «Campaign against DARE program launched: drug education: opponents say psychological technique —letting children make choices— is harmful», *Los Angeles Times*, 14 de junio de 1992, <www.latimes.com/archives/la-xpm-1992-06-14-me-647-story.html>. Según el manual de D.A.R.E., este trabajaba con los adolescentes «para elevar su autoestima, enseñarles a tomar decisiones por sí mismos y ayudarlos a identificar alternativas positivas al consumo de tabaco, alcohol y drogas».

31. *Ibidem.*

Pero resultó que podías involucrar a un adolescente en el programa D.A.R.E. y que hacerlo solo sirviese para atraer su atención sobre algo que no tenía en mente. La iniciativa fue dando tumbos como Vanilla Ice con sus pantalones bombachos hasta que fracasó, y acabó por humillar a todos los implicados en ella. La campaña no solo fue totalmente ineficaz, sino que los estudios de seguimiento revelaron que incluso cabía la posibilidad de que hubiera incrementado el consumo de alcohol y otras sustancias entre los adolescentes.[32] Kirk Cameron, con su cara de muñequita, afirmaba: «No tienes que probarlas para ser guay», pero nosotros nos olíamos que estaba vendiéndonos la moto. Kirk nos prometió que había otras formas de molar, pero los adolescentes que escucharon este mensaje se ve que se dieron cuenta de que las drogas eran la más rápida y sencilla de casi todas ellas.[33] Porque participar en una terapia de grupo para tratar un problema que aún no tenías puede bastar para empezar a contemplarlo.

Querer ayudar no es lo mismo que ayudar

Los terapeutas casi siempre quieren ayudar, pero a veces simplemente no lo consiguen. Y aunque algunas terapias han demostrado tener éxito en áreas concretas —como la terapia cognitivo-conductual para el tratamiento de las fobias—, quienes

32. Werch, C.E.; y D. Owen, «Iatrogenic effects of alcohol and drug prevention programs», *Journal of Studies on Alcohol*, 63, 5 (2002). Véase también, por ejemplo, Lynam, D. R., *et al.*, «Project DARE: no effects at 10-year follow-up», *Journal of Consulting and Clinical Psychology*, 67, 4 (1999).

33. Lopez, German, «Why anti-drug campaigns like DARE fail», *Vox*, 1 de septiembre de 2014, <www.vox.com/platform/amp/2014/9/1/5998571/why-anti-drug-campaigns-like-dare-fail>; Ormel, Johan, *et al.*, «More treatment but no less depression: the treatment-prevalence paradox», *Clinical Psychology Review*, 91 (2022); International Communication Association, «Parents talking about their own drug use to children could be detrimental», *Science Daily*, 22 de febrero de 2013, <www.sciencedaily.com/releases/2013/02/130222083127.htm>; véase también Werch y Owen, *op. cit.*

estudian su eficacia señalan a menudo que los resultados de los distintos tipos de tratamiento no son especialmente relevantes.[34]

Los expertos en salud mental tienen un largo y nutrido historial de haber sometido a los pacientes a tratamientos espantosos, al presentar nuevos problemas al grupo de pacientes que pretendían curar. Afortunadamente, ya han abandonado muchos de esos espeluznantes «tratamientos»: las terapias del coma insulínico, la malaria infligida de forma deliberada y, por supuesto, las lobotomías frontales, todos ellos empleados ya no en la Edad Media, sino en el siglo pasado.[35] A principios del siglo XX, hubo terapeutas que dieron pie a que se desarrollara una epidemia de neurastenia, una pseudoenfermedad. Un siglo después, seguían sacándose problemas de la manga: el síndrome de la memoria recuperada y el trastorno de personalidad múltiple,[36] y también se creyeron aquello de que por todo el país se estaban cometiendo abusos en rituales satánicos.[37]

En la última década, los terapeutas pusieron de moda la disforia de género, lo que provocó que los diagnósticos en adolescentes mujeres aumentaran un 4 000 por ciento.[38] Un ejército cada vez mayor de mujeres jóvenes que se arrepienten de haberse sometido a transiciones médicas, las «detransicionadoras», cuentan historias sorprendentemente similares. Muy a me-

34. Véase, por ejemplo, Leichsenring *et al.*, *op. cit.*; Ormel *et al.*, *op. cit.*; Berk *et al.*, *op. cit.*

35. Véase Dawes, Robyn, *House of cards: psychology and psychotherapy built on a myth*, Simon & Schuster, Estados Unidos, 1994, p. 42.

36. Walters, Ethan, «The forgotten lessons of the recovered memory movement», *New York Times*, 27 de septiembre de 2022, <https://www.nytimes.com/2022/09/27/opinion/recovered-memory-therapy-mental-health.html>.

37. *Ibidem.*

38. Rayner, Gordon, «Minister orders inquiry into 4 000 per cent rise in children wanting to change sex», *The Telegraph*, 16 de septiembre de 2018, <www.telegraph.co.uk/politics/2018/09/16/minister-orders-inquiry-4000-per-cent-rise-children-wanting>. Véase también Shrier, Abigail, *Un daño irreversible: la locura transgénero que seduce a nuestras hijas*, Deusto, Barcelona, 2021.

nudo, cuando se retrotraen al momento en el que las cosas se desviaron drásticamente de su curso, recuerdan que por ahí andaba un psiquiatra que hizo su trabajo y accionó la palanca.[39]

Pero esto no debería sorprendernos. El cerebro humano es quizá la estructura orgánica más compleja y menos comprendida del mundo. Arreglar los problemas de la mente humana es tremendamente más difícil que curar un hueso roto; por lo tanto, no podemos esperar que los terapeutas se equivoquen *menos* que los médicos. Si embargo, sí que podemos pedirles que sean más transparentes y humildes al hablar de las limitaciones de la terapia.

«En la psicoterapia, los psicólogos ayudan a personas de todas las edades a vivir vidas más felices, más saludables y más productivas», declara la Asociación Estadounidense de Psicología.[40]

Por desgracia, no hay pruebas de que en general consigan nada de eso. *Querer* ayudar no es lo mismo que *ayudar*.

A los terapeutas no les hace mucha gracia la yatrogenia

La yatrogenia no es una novedad para los médicos que están obligados profesionalmente[41] a admitir que sus tratamientos pue-

39. Véase, por ejemplo, Szego, Julie, «"Absolutely devastating": woman sues psychiatrist over gender transition», *The Age*, 24 de agosto de 2022, <www.theage.com.au/national/absolutely-devastating-woman-sues-psychiatrist-over-gender-transition-20220823-p5bbyr.html>; McCormick Sánchez, Darlene, «21-year old sues doctors and clinics for more than $1 million over transgender procedures», *Epoch Times*, 27 de julio de 2023, <www.theepochtimes.com/us/21-year-old-sues-doctors-and-clinics-for-more-than-1-million-over-transgender-procedures-5422986>.

40. «Understanding psychotherapy and how it works», Asociación Estadounidense de Psicología, 12 de diciembre de 2023, <https://www.apa.org/topics/psychotherapy/understanding>.

41. «8.8 Required Reporting of Adverse Events», AMA Code of Medical Ethics, <https://code-medical-ethics.ama-assn.org/sites/amacoedb/files/202

den producir efectos adversos.[42] Sin embargo, cuando les pregunté si sus intervenciones conllevaban riesgos, la mayoría les quitaron importancia y muchos lo negaron rotundamente.[43] Querían promover la terapia como un remedio eficaz para la enfermedad mental y negar que conllevara riesgos significativos.

¿Y por qué no suelen admitir que sus métodos *pueden* causar daños yatrogénicos?

Un grupo de investigadores analizó la cuestión y llegó a la conclusión de que, a diferencia del médico, «el psicoterapeuta es el "productor" del tratamiento» y, por ende, «responsable, si no el culpable, de todos los efectos negativos».[44] A menudo, el terapeuta no quiere reconocer que su cura no funciona, por cuanto la cura es *él*. Reconocerlo es una cuestión que toca lo personal, y, además, los psiquiatras no tienen muchos incentivos cuando entra en juego la yatrogenia. Un médico puede concluir que a un paciente ya no le sirve la medicación que toma para la tiroides, retirársela y seguir con ese paciente. A un terapeuta se le paga por cada *dosis* que administra. Si decide que ya no necesitas terapia, entonces pierde un cliente.

En realidad, es peor que eso: a los terapeutas les interesa tratar a los pacientes *menos enfermos* durante el *mayor tiempo posible*. Pregunta a cualquier terapeuta cómo es tratar a alguien bipolar o esquizofrénico. Respuesta: *tremendamente difícil*. (Mu-

---

2-09/8.8%20Required%20reporting%20of%20adverse%20events%20--%20background%20reports.pdf>.

42. Scott O. Lilienfeld, *op. cit.* («La psicología no tiene un equivalente formal en la Administración de Alimentos y Medicamentos de Estados Unidos [FDA] para realizar ensayos de fase I o fase II, que ayudan a identificar problemas de seguridad con tratamientos novedosos antes de que se difundan al público»).

43. Parker *et al.*, «The elephant on the couch: side-effects of psychotherapy». (Citando a Nutt, D.J.; y Sharpe, M. «Uncritical positive regard? Issues in the efficacy and safety of psychotherapy», *Journal of Psychopharmacology*, 22, 1 (2008), y señalando «la suposición... de que como la psicoterapia es solo hablar... no podría producirse ningún daño posible»).

44. Linden, Michael, y Marie-Luise Schermuly-Haupt, «Definition, Assessment, and Rate of Psychotherapy Side Effects», *World Psychiatry*, 13 de octubre de 2014, 306, www.ncbi.nlm.nih.gov/pmc/articles/PMC4219072.

chos se niegan a hacerse cargo de estos pacientes por ese motivo). Pero ¿sentarse una vez a la semana a hablar con un adolescente que padece ansiedad social? La familia les paga puntualmente, los problemas del adolescente no son muy graves y nadie se les pone violento durante la sesión. No es de extrañar que, habiendo conseguido un paciente así, un terapeuta se muestre reacio a dejarlo marchar.

La mayoría de los terapeutas no tienen ni idea de quién ha empeorado tras acudir a terapia con ellos porque no se molestan por hacer un seguimiento de los efectos derivados de su intervención. La profesión no lo exige. Los médicos (psiquiatras), que antaño eran quienes ejercían la práctica terapéutica, han dejado de ofrecer psicoterapia en décadas recientes;[45] como consecuencia, la autoridad médica que otorgaban a la terapia ha recaído en quienes carecen de formación en medicina.

Y puesto que el campo de la psicología carece de directrices claras sobre lo que se considera un «daño» terapéutico,[46] no está claro cómo podrían revisar los terapeutas los daños causados por su intervención, aunque quisieran. En palabras de un grupo de investigadores: «un divorcio puede ser algo a la vez positivo y negativo, y llorar en terapia puede resultar una experiencia dolorosa y terapéutica».[47]

Cuando no se abordan los riesgos yatrogénicos, los daños se van acumulando, y amenazan mucho más a los que están sanos que a los enfermos. No es difícil entender por qué: si sufres una herida de bala, el riesgo de contraer una infección oportunista en el quirófano es menos importante que el tratamiento que necesitas para salvarte la vida. Y si sufres un rasguño, la cirugía no te aportará nada, solo riesgos.

---

45. Véase, por ejemplo, Harris, Gardiner, «Talk doesn't pay, so psychiatry turns instead to drug therapy», *New York Times*, 5 de marzo de 2011, <https://www.nytimes.com/2011/03/06/health/policy/06doctors.html>.

46. Véase Ulf Jonsson *et al.*, *op. cit.*

47. Michael Linden y Marie-Luise Schermuly-Haupt, *op. cit.* Véase también Ulf Jonsson *et al.*, *op. cit.*

¿Qué esperaríamos encontrar si sumergiéramos a una población en general sana en un batiburrillo de tratamientos de salud mental innecesarios? Pues efectos yatrogénicos nunca antes vistos.

Con esto en mente, voy a presentarte a la próxima generación.

2

Una crisis en la era de la terapia

A los 16 años, Nora[48] está a un alegre paso de convertirse en mujer. Su pelo es una cascada de espesos rizos castaños. La sonrisa, por la que le asoman las encías y el aparato, se le ilumina cada vez que menciona a sus amigos. Siempre está en contacto con ellos por Snapchat, todo el día, incluso durante las clases, me dice. Canta en el coro de su instituto privado del sur de California, forma parte del reparto de todas las obras de teatro y es una de las mejores estudiantes.

En una cálida tarde de abril, nos sentamos a charlar en las sillas del patio trasero de la casa donde vive con su madre y su padrastro. Nora se revuelve el pelo y se cruza de piernas, desnudas bajo su falda con vuelo, como si acariciara la idea de que somos dos adultas; ella, la más mona, la más moderna.

«Siempre tengo alguna amiga que está pasando por algo superduro —me dice—. No sé por qué, pero siempre es así».

48. Los nombres de los niños y adolescentes y los de sus padres se han modificado para proteger su privacidad. Los nombres de los profesores, los orientadores y el de Beth, la enfermera psiquiátrica, se han cambiado a petición de los interesados y se han identificado solo con un seudónimo para que pudieran hablar libremente, sin temor a repercusiones en sus lugares de trabajo. Aquellos profesores y personal de salud mental de la escuela que estuvieron dispuestos a hablar se identifican con un nombre y apellido reales.

Suena como algo bastante normal en una chica de instituto, así que le pregunto por qué tipo de cosas están pasando. «Ansiedad, depresión», me aclara. Problemas con los padres. Muchas autolesiones.

¿De qué tipo?

«Se arañan, se cortan, padecen anorexia —dice—. Prescinden de las necesidades básicas. Como hace una de mis amigas, que se mete en la ducha y se pone el agua o muy caliente o muy fría».

—Vale. ¿Qué más?

—Tricotilomanía.

—¿Perdón?

—Arrancarse el pelo. Es muy fuerte.

El también conocido como «trastorno de arrancarse el cabello» hace referencia al impulso de arrancarse el pelo del cuero cabelludo, las pestañas y las cejas, un impulso que nace de una necesidad incontrolable de calmarse. El trastorno disociativo de identidad, la disforia de género, el trastorno del espectro autista y el síndrome de Tourette forman parte de su lista de trastornos otrora raros que, entre esta nueva generación, de repente han dejado de serlo.

Nora conoce decenas de trastornos mentales, tantos que parece que tiene en su mesilla de noche el *Manual diagnóstico y estadístico de los trastornos mentales*. (No es el caso).

Habida cuenta de lo mal que están, cabría pensar que a estos adolescentes les iría bien acudir a terapia. En realidad, «una gran mayoría» de los amigos de Nora ya van; «muchos llevan años», me dice. Varios toman medicación.

¿Y les está ayudando?

—Diría que a algunos sí. A otros... —Se encoge de hombros—. Mi amiga, no voy a decir su nombre, desde que empezó la COVID-19 tiene mucha ansiedad. Lleva unos años medicándose. Ve a un terapeuta y la verdad es que parece estar empeorando. —Nora reflexiona sobre lo que acaba de decir—. Sinceramente, parecía estar mejor antes de tomar pastillas.

Le pregunto qué es lo que parece preocupar a sus amigas. Nora reitera que están pasando por «cosas muy duras», pero cuando quiero saber cuáles, su respuesta es vaga: relaciones tensas con compañeros, rupturas y conflictos con los padres.

Antes de conocerla, ya había entrevistado a suficientes adolescentes como para saber que no estaba eludiendo mi pregunta. Hoy en día, la comunicación entre ellos es más constante, casi siempre tiene lugar en formato digital e, incluso entre chicas, resulta mucho más superficial que hace una generación. Son menos de sincerarse y más de intercambiar memes. Incluso entre mejores amigas, solo se cuentan que están pasando por algo malo y grave, algo que va a requerir su apoyo y atención.

Algunas de sus amigas se quejan de que sus padres son «emocionalmente abusivos», pero cuando le pregunto a Nora por qué sus terapeutas no han llamado a los servicios sociales, se muestra impasible. Sí, es posible que exageren. Pero para preservar la amistad, tienes que dejar apartada la incredulidad.

Pero eso no es todo. Nora baja el mentón, avergonzada por lo que está a punto de confesar: «Me he dado cuenta de que mucha gente utiliza sus problemas mentales como tema de conversación. Es casi como una moda».

Le aseguro que es como mínimo la duodécima adolescente que me lo dice. Ella respira aliviada.

¿Cómo es tener tantos amigos que sufren trastornos de ansiedad y depresión? «En realidad —me dice—, los que no tienen un diagnóstico se sienten excluidos. Se espera que tengas ciertos problemas mentales. Y estas cosas que se están normalizando son... no son normales —dice—. Estoy rodeada de ellas, así que creo que, en cierto modo, se han convertido en nuestra nueva normalidad. Con todo eso a mi alrededor, ¿cómo es posible que no me afecte también a mí, que no me deprima?».

Le pregunto por qué la deprime tener amigos que lo están pasando mal. «Conozco a tres personas que estuvieron ingresadas en centros psiquiátricos durante mucho tiempo, una de ellas se suicidó». Todas eran estudiantes de secundaria.

A Nora le va mucho mejor que a la mayoría de sus compañeros, y que a muchos de los jóvenes que he entrevistado: tiene un grupo de amigos, pareja estable, destaca en los estudios y está planificando su futuro. No toma medicación psiquiátrica ni va a terapia.

Pero también clasifica dos grupos de amigos, como si fueran uno solo: aquellos cuya enfermedad mental es tan profunda que requiere ingreso psiquiátrico, y aquellos que buscan explicaciones a su infelicidad y acaban dando con un diagnóstico. Como muchos otros jóvenes con los que he hablado, considera que los amigos del instituto que tienen «ansiedad ante los exámenes» o «fobia social» se encuentran en el extremo de un espectro psicológico que termina con la mujer que se pone a correr desnuda por el supermercado.

¿Que necesitan terapia, dices?

El sistema de salud mental ha conseguido vender a toda una generación la idea de que un gran número de sus miembros están enfermos. Menos de la mitad de la generación Z cree que su salud mental es «buena».[49] No creen que la salud mental sea algo que surja de forma natural, en el transcurso normal de una vida equilibrada, sino que, como un árbol de crecimiento lento, requiere un cuidado constante por parte del jardinero al que contratas para podarlo.

La nueva generación ha recibido más terapia que ninguna otra. Casi al 40 por ciento de sus miembros los ha tratado un profesional de la salud mental, frente al 26 por ciento en el caso de la generación X.[50]

Actualmente, al 42 por ciento de la nueva generación le han diagnosticado alguna cuestión relacionada con la salud mental, lo que hace que lo «normal» sea cada vez más anormal.[51] Uno de

49. Bethune, Sophie, «Gen Z more likely to report mental health concerns», *Monitor on Psychology*, 50, 1 (2019), <https://www.apa.org/monitor/2019/01/gen-z>.

50. *Ibidem.*

51. Fearnow, Benjamin, «42% of gen Z diagnosed with a mental health condition, survey reveals», *StudyFinds*, 7 de noviembre de 2022, <https://studyfinds.org/gen-z-mental-health-condition>; «New HHS study in JAMA pe-

cada seis niños estadounidenses de entre 2 y 8 años tiene diagnosticado un trastorno mental, del comportamiento o del desarrollo.[52] Más del 10 por ciento de los niños estadounidenses tienen un diagnóstico de TDAH,[53] el doble de la tasa de prevalencia esperada según las encuestas de población de otros países.[54] Casi el 10 por ciento de los niños tienen ahora un trastorno de ansiedad diagnosticado.[55] Los adolescentes de hoy en día se identifican tan profundamente con estos diagnósticos que los muestran en sus perfiles de las redes sociales, junto a su foto y su apellido.

Y si les preguntas a los expertos en salud mental si los jóvenes, en conjunto, tienen problemas de salud mental no diagnosticados, la respuesta es invariablemente afirmativa. Es decir, según ellos, no tener un problema de salud mental es cada vez más anómalo.

Hemos suministrado a los miembros de la nueva generación más ansiolíticos y antidepresivos que nunca. Les hemos propor-

diatrics shows significant increases in children diagnosed with mental health conditions from 2016 to 2020», US Department of Health and Human Services, 14 de marzo de 2022, <https://www.hhs.gov/about/news/2022/03/14/new-hhs-study-jama-pediatrics-shows-significant-increases-children-diagnosed-mental-health-conditions-2016-2020.html>.

52. «Datos y estadísticas sobre salud mental infantil», Centros para el Control y la Prevención de Enfermedades, 8 de marzo de 2023, <https://www.cdc.gov/childrensmentalhealth/data.html>.

53. Gussone, Felix, «10 percent of kids have ADHD now», NBC News, 31 de agosto de 2018, <https://www.nbcnews.com/health/health-news/10-percent-kids-have-adhd-now-n905576>.

54. VV. AA., *The diagnostic and statistical manual of mental disorders*, Asociación Estadounidense de Psiquiatría, Estados Unidos, 2013, p. 61. («Las encuestas de población sugieren que el TDAH se da en la mayoría de las culturas en aproximadamente el 5 por ciento de los niños y alrededor del 2.5 por ciento de los adultos»).

55. Osorio, Aubrianna, «Research update: children's anxiety and depression on the rise», Georgetown University Health Policy Institute Center for Children and Families, 24 de marzo de 2022, <https://ccf.georgetown.edu/2022/03/24/research-update-childrens-anxiety-and-depression-on-the-rise/>.

cionado más atención a la salud mental en la escuela[56] y en el deporte.[57] El estigma al que se enfrentan[58] por recibir tratamientos psicológicos es mucho menor, y disfrutan de una mayor sensibilidad emocional[59] por parte de los adultos que los rodean.

Desde que empezaban a dar sus primeros pasos sobre la alfombra del salón, sus padres los trataron con criterios terapéuticos. («Veo que tienes *sentimientos intensos*. ¿Cómo te gustaría expresarlos, Adam? ¿Quieres dar un pisotón? ¿Apretar los dientes?»). Sus profesores empleaban métodos terapéuticos basados en la pedagogía («Háblame de tu dibujo, Madison. ¿Qué representa *para ti*?») y les leían libros sobre cómo gestionar sus sentimientos. Hace una década, una articulista de la revista *Slate* observó que, en lugar de utilizar un lenguaje moral para describir el mal comportamiento, los padres con formación habían empezado a emplear un lenguaje terapéutico.[60] Los héroes adolescentes

56. Universidad de Georgetown, «Surge in students seeking accommodations for mental health disorders», *The Feed*, 13 de mayo de 2022, <https://feed.georgetown.edu/access-affordability/surge-in-students-seeking-accommodations-for-mental-health-disorders>.

57. Meister, Alyson, y Lavanchy, Maude, «Athletes are shifting the narrative around mental health at work», *Harvard Business Review*, 24 de septiembre de 2021, <https://hbr.org/2021/09/athletes-are-shifting-the-narrative-around-mental-health-at-work>.

58. Albertson-Grove, Josie, «Youth more open about mental health, but barriers remain», *New Hampshire Union Leader*, 18 de junio de 2022, <https://www.unionleader.com/news%20/health/youth-more-open-about-mental-health-but-barriers-remain/article%20_1dbc955e-8c5c-574b-9755-a8a117599cba.html>.

59. Véase Furedi, Frank, *Paranoid parenting: why ignoring the experts may be best for your child*, Chicago Review Press, Estados Unidos, 2002, pp. 62, 87-89.

60. Grose, Jessica, «Honey, I shrunk the kids», *Slate*, 25 de agosto de 2010, <https://slate.com/human-interest/2010/08/are-the-offspring-of-the-rapists-really-more-screwed-up-than-the-children-of-non-shrinks.html>. («Es mucho más probable que el mal comportamiento infantil se describa en términos de síntomas terapéuticos que de defectos del carácter [por ejemplo, integración sensorial, procesamiento]. El padre medio del parque probablemente pueda recitar del DSM [*Manual Diagnóstico y Estadístico de los Trastornos Mentales*], o al menos actuar como terapeuta infantil aficionado»).

de toda la vida, desde Huckleberry Finn hasta Dylan McKay, de *Sensación de vivir*, de repente nos parecía que sufrían un «trastorno negativista desafiante» o «trastorno de conducta» no diagnosticado. La capacidad de agencia se había escabullido por la puerta de atrás.

De pronto, todos los niños tímidos tenían «ansiedad social» o «trastorno de ansiedad generalizada». Todos los adolescentes raros o torpes estaban «en el espectro» o, al menos, eran susceptibles «de estarlo». Los solitarios tenían «depresión». Los niños torpes padecían «dispraxia».

Los padres dejaron de regañar a los que eran «especialitos comiendo» y, en su lugar, diagnosticaron y asumieron que eran «evitativos de la comida». (Diagnóstico formal: «Trastorno evitativo restrictivo de la ingesta de alimentos»). Si un niño se quejaba de que le picaba la etiqueta de la camisa o de que el ruido del pasillo le impedía conciliar el sueño, sus padres no le decían que lo ignorara: le compraban ropa de algodón suave y sin etiquetas y le ponían en el cuarto una máquina de soniditos para tratar sus «problemas de procesamiento sensorial». Nada de llamarles la atención porque no se les entendía la letra (eso era «disgrafía»). Nada de decirles a los niños tristes que adaptarse a una nueva ciudad o a un nuevo colegio lleva tiempo (porque lo que tienen es «depresión por mudanza»).[61] Nada de tranquilizarlos diciéndoles que es normal que echen de menos a sus amigos durante el verano (caso de «ansiedad estival»).[62]

Llevamos tanto tiempo nadando en conceptos terapéuticos que ya no notamos la presencia del agua. Hoy parece perfectamente razonable hablar del «trauma» de un niño que ha sufrido la muerte de una mascota o la rutinaria humillación de ser elegido el último para el equipo de turno.

61. Fletcher, Jenna, «What is relocation depression?», *Medical News Today*, 1 de junio de 2023, <https://www.medicalnewstoday.com/articles/relocation-depression>.

62. Gillespie, Claire, «How to cope with summer anxiety in 2022», *Verywell Mind*, 27 de junio de 2022, <https://www.verywellmind.com/how-to-cope-with-summer-anxiety-5443019>.

En el transcurso de un solo mes, han aparecido en las noticias tres historias que encarnan a la perfección el espíritu de la época. En 2022, la Academia Estadounidense de Pediatría revirtió alrededor de un siglo de protocolo estándar al declarar que los niños con piojos ya no debían ser enviados a casa desde la escuela: era preferible esparcir alimañas sedientas de sangre entre el alumnado a hacerlos cargar con tamaño estigma emocional.[63] El «profesional de la salud mental» del *Washington Post* informó a los lectores de que pronunciar mal tu nombre es perjudicial para la psique.[64] Y la Universidad de Nueva York despidió a un célebre profesor de Química Orgánica, autor del libro de texto más importante de su especialidad, porque, al imponer a los estudiantes de pregrado los mismos estándares (y el mismo baremo de calificaciones) que había empleado durante décadas, de pronto había provocado que el bienestar de los estudiantes dejase de ser una prioridad.[65]

En nuestras universidades más prestigiosas han proliferado los «centros de bienestar estudiantil». Nuestros mejores atletas se retiran de la competición para ocuparse de su salud mental, y las jóvenes estrellas de Hollywood, el príncipe Harry y un montón de ganadores de los Grammy gritan a los cuatro vientos el «trabajo» que están haciendo en terapia para afrontar la perenne lucha que mantienen contra la ansiedad y la depresión. «Bienes-

63. Tanner, Jeremy, «AAP issues new guidance for head lice in schools», *The Hill*, 29 de septiembre de 2022, <https://thehill.com/homenews/nexstar_media_wire/3667343-aap-issues-new-guidance-for-head-lice-in-schools>.

64. Kohli, Sahaj Kaur [@Sahajkohli], Twitter, 29 de septiembre de 2022, <https://twitter.com/sahajkohli/status/1575604715475173376>. «En mi reciente @washingtonpost.com, un lector me pregunta cómo actuar cuando amigos y colegas de toda la vida pronuncian mal su nombre. Tal vez no debería sorprenderme por los comentarios, pero la gente realmente no entiende lo perjudicial que esto puede ser para la psique de una persona [...]. Y que, como todas las microagresiones, puede afectar a tu autoestima, haciéndote sentir menospreciado o indigno, o como si tuvieras que comprometer partes de ti mismo».

65. Saul, Stephanie. «At N.Y.U., students were failing organic chemistry. Who was to blame?», *The New York Times*, 3 de octubre de 2022, <https://www.nytimes.com/2022/10/03/us/nyu-organic-chemistry-petition.html>.

tar» y «trauma» forman la banda sonora con la que la generación emergente alcanzó la mayoría de edad.

Y tras setenta y cinco años de rápida expansión de los tratamientos y servicios de salud mental aquí nos tienes, maravillados por la fragilidad psicológica sin precedentes de la juventud de Estados Unidos.

La paradoja de la prevalencia del tratamiento

Todo empezó con los soldados que regresaban a casa tras la Segunda Guerra Mundial.[66] Estos hombres habían visto —e infligido— sufrimiento y muerte a una escala sin precedentes, y muchos volvieron a casa destrozados, algunos de ellos reventados.

El Congreso dio luz verde a una espectacular expansión de los servicios terapéuticos *preventivos*.[67] No contentos con tratar a los enfermos, los terapeutas estaban ahora decididos a ayudar a los sanos.[68] Entre 1946 y 1960, el número de miembros de la Asociación Estadounidense de Psicología se cuadruplicó.[69] Después, entre 1970 y 1995, el número de profesionales de la salud mental *volvió a cuadruplicarse*.[70] En Estados Uni-

66. Eva Moskowitz lo relata en este maravilloso libro: *In therapy we trust: America's obsession with self-fulfillment*, Johns Hopkins University Press, Estados Unidos, 2001.

67. En 1946, el Congreso aprobó la Ley Nacional de Salud Mental.

68. Eva Moskowitz, *op. cit*, p. 151. Las aburridas amas de casa de la década de 1950 necesitaban tratamiento para sus «complejos de inferioridad», depresión y soledad. Los inquietos *hippies* de la década de 1960 buscaban una «conciencia alternativa» y en la década de 1970, una era de «autorrealización». Cuanto mayor era la renta disponible en los bolsillos de los nuevos estadounidenses prósperos, mayor parecía ser su necesidad de tratamiento psicológico.

69. En 1946, el Congreso aprobó la Ley Nacional de Salud Mental. Entre 1946 y 1960, los miembros de la Asociación Estadounidense de Psicología aumentaron de 4173 a 18 215. Eva Moskowitz, *op. cit.*, p. 154.

70. Furedi, Frank, Therapy culture: cultivating vulnerability in an uncertain age, Routledge, Estados Unidos, 2004, p. 10.

dos, desde 1986, casi cada década se ha duplicado el gasto en salud mental con respecto a la anterior.[71]

Pero esta historia de expansión exponencial encierra una paradoja, ya que una mayor disponibilidad de tratamientos debería reducir la proporción (y la gravedad) de los casos de enfermedad.

Tomemos como ejemplo el cáncer de mama, despiadado asesino de más de cuarenta mil mujeres estadounidenses cada año. Desde 1989, con la mejora de la detección precoz y de los distintos tratamientos, las tasas de mortalidad por esta enfermedad han caído en picado. O la mortalidad materna: al aumentar la disponibilidad de antibióticos, la tasa de muertes en el parto se desplomó. Una salud dental de mejor calidad y más accesible ha reducido el número de estadounidenses desdentados. Y a medida que desarrollábamos vacunas y curas para las enfermedades infantiles, las tasas de mortalidad infantil descendían vertiginosamente.

Sin embargo, a medida que los tratamientos para la ansiedad y la depresión han ido volviéndose más sofisticados y accesibles, la ansiedad y la depresión de los adolescentes se ha *disparado*.

No soy la única que ha encontrado algo sospechoso en el hecho de que contar con *más* tratamientos no se haya traducido en un *menor* índice de depresión. En un artículo titulado «More treatment but no less depression: the treatment-prevalence paradox» [Más tratamiento pero no menos depresión, la paradoja de la prevalencia del tratamiento],[72] un grupo de investigadores ha observado esto mismo recientemente. Los autores señalan que el tratamiento de la depresión clínica se ha generalizado (y, en su opinión, mejorado) desde la década de 1980 en todo el

71. Departamento de Investigación de Statista, «Total U.S. expenditure for mental health services 1986-2020», Statista, 2023, <https://www.statista.com/statistics/252393/total-us-expenditure-for-mental-health-services/>.

72. Ormel, Johan, *et al.*, «More treatment but no less depression: the treatment-prevalence paradox», *Clinical Psychology Review*, 91 (2022), <https://pubmed.ncbi.nlm.nih.gov/34959153>.

mundo. Y, *sin embargo, en ningún país occidental* ha hecho mella en la incidencia del trastorno depresivo clínico. Por el contrario, en muchos de ellos ha aumentado.

«La mayor disponibilidad de tratamientos eficaces debería acortar los episodios depresivos, reducir las recaídas y frenar las recurrencias. Combinados, estos avances terapéuticos deberían traducirse inequívocamente en estimaciones más bajas de prevalencia puntual de la depresión —escriben—. ¿Se han producido estas reducciones? La respuesta empírica es que claramente NO».[73]

Me puse en contacto con varios de los autores del artículo. Dos de ellos confirmaron que lo mismo podría decirse de la ansiedad. A medida que el tratamiento se ha hecho más accesible y generalizado, las tasas de prevalencia puntual deberían haber disminuido.[74] Pero no ha sido así. Y aunque los autores admiten que es probable que en el pasado hubiera más depresión de la que pensamos, sostienen que ahora hay al menos tanta como entonces, y probablemente más.[75]

Tras generaciones en las que se han llevado a cabo cada vez más intervenciones, no debería ser así. Un mayor acceso a los antibióticos debería traducirse en menos muertes por infección. Y una mayor disponibilidad en general del acceso a la terapia, en menos depresión.[76]

73. *Ibidem.*

74. Véase, por ejemplo, Ormel, Johan; y Von Korff, Michael, «Reducing common mental disorder prevalence in populations», *JAMA Psychiatry*, 78, 4 (2021), <https://pubmed.ncbi.nlm.nih.gov/33112374>.

75. Es importante señalar que los autores analizaron la prevalencia puntual, no la *prevalencia a lo largo de la vida*. En este contexto, la prevalencia puntual es la tasa de señalización. A fin de cuentas, si alguien hubiera tenido un episodio depresivo veinte años antes, eso contaría en la «prevalencia a lo largo de la vida», pero no proporcionaría un marcador preciso de si los últimos veinte años de avances psiquiátricos han hecho mella en las tasas de depresión.

76. Una década antes, el galardonado escritor científico Robert Whitaker señaló el mismo enigma. Véase Whitaker, Robert, *Anatomy of an epidemic: magic bullets, psychiatric drugs, and the astonishing rise of mental illness in America*, Crown, Estados Unidos, 2010, p. 5. («Deberíamos esperar que el número de enfermos mentales discapacitados en Estados Unidos, sobre una base

En cambio, la salud mental de los adolescentes ha experimentado un constante *declive* desde la década de 1950.[77] Entre 1990 y 2007 (antes de que tuvieran teléfono móvil), el número de niños con enfermedades mentales se multiplicó por treinta y cinco.[78] Y aunque el sobrediagnóstico o la ampliación de las definiciones de enfermedad mental pueden explicar en parte este rápido cambio, no es fácil descartar o contextualizar el sorprendente incremento de los suicidios entre adolescentes: «Entre 1950 y 1988, la proporción de adolescentes de entre 15 y 19 años que se suicidaron se cuadruplicó», informaba *The New Yorker*.[79] Las enfermedades mentales se convirtieron en la principal causa de discapacidad entre los niños.

En efecto, la coincidencia de estas dos tendencias —el deterioro de la salud mental en una era en la que se ha ampliado enormemente el conocimiento, la detección, el diagnóstico y el tratamiento de los trastornos psicológicos— puede ser solo eso: una *coincidencia*. No desvela una causa directa, pero es peculiar. Cuando menos, puede proporcionar una pista de que muchos de los tratamientos y muchas de las personas que prestan ayuda en realidad no están ayudando.

---

per cápita, hubiera disminuido en los últimos cincuenta años», escribió, habida cuenta del gran avance en el tratamiento de los trastornos psiquiátricos. «También deberíamos esperar que el número de enfermos mentales discapacitados, sobre una base per cápita, hubiera disminuido desde la llegada en 1988 del Prozac y otras drogas psiquiátricas de segunda generación. Deberíamos asistir a un descenso en dos etapas de las tasas de discapacidad»). Esa promesa nunca llegó. Ni por asomo: «En cambio, a medida que se ha desarrollado la revolución de la psicofarmacología, el número de enfermos mentales discapacitados en Estados Unidos se ha disparado [...]. Lo más inquietante de todo es que esta plaga moderna se ha extendido a los niños del país».

77. «Entre 1950 y 1988, la proporción de adolescentes de entre 15 y 19 años que se suicidaron se cuadruplicó», informó Solomon, Andrew, «The mystifying rise of child suicide», *The New Yorker*, 4 de abril de 2022, <www.newyorker.com/magazine/2022/04/11/the-mystifying-rise-of-child-sui cide>.

78. Robert Whitaker, *op. cit.*, p. 8.

79. *Ibidem.*

Los terapeutas no dejarán de insistir en que estoy equivocada. Ellos son los socorristas, no los tiburones; simplemente, la nueva generación ha estado nadando en aguas infestadas de ellos, enfrentándose a retos más grandes que cualquier generación anterior.

Karla Vermeulen, profesora asociada de Psicología en la Universidad del Estado de Nueva York en New Paltz, me lo dijo explícitamente en nuestra entrevista. Y lo dice también en su libro, donde escribe: «Ninguna otra generación estadounidense se ha enfrentado jamás a la *carga acumulativa de múltiples factores estresantes* con los que han crecido los adultos de hoy» (la cursiva es suya).[80]

Insisten en que los terapeutas *están* ayudando a los jóvenes, pero es que los de hoy se enfrentan a retos más complicados que sus predecesores. Los terapeutas suelen señalar tres: los móviles, los confinamientos por la COVID-19 y el cambio climático.[81]

---

80. Vermeulen, Karla, *Generation disaster: coming of age post-9/11*, Oxford University Press, Reino Unido, 2021, pp. 4-5.

81. En *Generation disaster*, Vermeulen examina cada rincón de la historia política reciente y encuentra ocho patógenos que considera históricamente únicos. Además del cambio climático (el más importante), incluye los tiroteos en colegios, la recesión económica, la presidencia de Donald J. Trump y la distorsión de las noticias por parte de las redes sociales (aunque, curiosamente, no las propias redes sociales). Las recesiones económicas, los pánicos y las quiebras son tan comunes en la historia, y periódicamente de una gravedad tan terrible, que a uno casi le dan ganas de comprarle a Vermeulen una suscripción a *The Wall Street Journal* y un ejemplar de *Las uvas de la ira* para que pueda hacer algunos retoques en la segunda impresión de su libro. Desde el final de la Gran Depresión, ha habido trece recesiones en Estados Unidos. Los tiroteos en las escuelas comenzaron en la década de 1990, como me comentó Twenge. Aunque ha habido muchos más en los últimos años, he hablado con suficientes jóvenes y con quienes los tratan como para constatar que ninguno de ellos mencionó los tiroteos escolares como fuente principal del continuo dolor psíquico de los niños. (En todo caso, los tiroteos escolares parecen pesar más en los adultos que idearon las soluciones *Rube-Goldberg-meets-Terminator* en forma de «simulacros de encierro», la práctica por la que se obliga a los escolares a esconderse debajo de los pupitres mientras esperan a ver si un intruso imaginario los asesina). Aquellos de nosotros que crecimos durante la histeria de los secuestros y los escándalos de abusos sexuales en rituales satánicos de la década de 1980, podemos tener dificultades para aceptar que las noticias terroríficas, por sí solas, destrozan la salud mental de los niños.

¡Es por el móvil, tonto!

Trastornos por tics, disforia de género, anorexia, trastorno de identidad disociativo, tricotilomanía, cortes: el desfile de horrores que provocan los teléfonos móviles podría llenar un manual psiquiátrico completo. Si los móviles fueran un chico que quiere salir con tu hija, hasta hace una generación los padres le habrían echado un vistazo y habrían dicho: «De ninguna manera voy a dejar que ese chico entre por la puerta». El móvil y el auge de las redes sociales resultan candidatos de lo más convincente como causa ambiental de la mala salud mental de los adolescentes.[82]

Han pasado 8 años desde que Twenge y Haidt[83] (y cuatro

En cuanto a que Donald J. Trump haya causado la crisis de salud mental de los adolescentes, dado que el reciente repunte comenzó en la era Obama y ahora, en los años posteriores a Trump, se dispara a nuevas cotas, creo que deberíamos darle poca credibilidad.

82. Los que se inclinan a pensar que la conexión digital ofrece sus propios beneficios psíquicos quizá simplemente no conozcan la bibliografía: la soledad no se deja engañar por el simulacro del mundo digital. El tiempo que pasas incluso con gente con la que preferirías no estar —sí, incluso el tiempo que pasas con mamá y papá— hace más por desterrar la soledad en los adolescentes que la comunicación virtual con los amigos. Las «charlas» con amigos a través de Zoom —en las que se les ve la cara— pueden incluso empeorar la soledad.

83. Ortiz, Camilo, y Stephanie De Leo, «Children are lonelier than ever. Can anything be done?», *Quillette*, 16 de agosto de 2021. El artículo analiza la investigación de Twenge y señala: «Por cada aumento de una desviación estándar en el acceso a los smartphones, la soledad aumentó en aproximadamente 0.3 desviaciones estándar. El efecto del uso de internet fue incluso mayor, de 0.4 desviaciones estándar». Véase también Haidt, Jonathan, «The dangerous experiment on teen girls», *The Atlantic*, 21 de noviembre de 2021, <www. theatlantic.com/ideas/archive/2021/11/facebooks-dangerous-experiment-teen-girls/620767>; Twenge, Jean M., *et al.*, «Worldwide increases in adolescent loneliness», *Journal of Adolescence*, 93 (2021), pp. 257-269. En una entrevista, Twenge dijo: «Estas tendencias en realidad estaban desalineadas con los factores económicos, por cuanto comenzaron alrededor de 2012, justo cuando la economía de Estados Unidos comenzó a mejorar. Si nos fijamos en el período comprendido entre 2012 y 2019, observamos estos grandes aumentos en la depresión y la autolesión y el suicidio. El desempleo estaba bajando. El mercado de valores estaba subiendo. Las cosas estaban mejorando económicamente. Así

desde que lo hiciera también servidora)[84] advirtieron de los peligros que planteaban las redes sociales y los móviles para los adolescentes.[85] Esto debería haber proporcionado a nuestros ávidos expertos en salud mental una obligación clara: tratar a las redes sociales como trataron a los cigarrillos. Pedir que se restrinja el uso de móviles en los institutos y colegios. Instar a las empresas a incluir una advertencia en las redes sociales, si es que estaban realmente por la labor.

No lo hicieron. Ninguna de las organizaciones de psicología —ni la Asociación Estadounidense de Psiquiatría, ni la Asociación Estadounidense de Psicología, ni la Asociación Nacional de Psicólogos Escolares, ni la Asociación Estadounidense de Consejeros Escolares— hizo tal llamada a las armas. En la última década, a medida que la edad media a la que un niño estrena móvil descendía hasta los 10 años,[86] estas organizaciones tuvieron poco que decir al respecto.

---

que está exactamente desalineado con el momento en que la depresión adolescente está subiendo. Es de esperar que la depresión aumente cuando el desempleo está subiendo, y [el desempleo] va exactamente en la dirección opuesta. Parece claro que no se trata de factores económicos».

Ella enumera todas las explicaciones alternativas que consideró y descartó. «La gente ha preguntado a menudo, ¿qué pasa con la desigualdad en términos de ingresos? Sí, aunque los mayores aumentos de la desigualdad de ingresos se produjeron entre 1980 y 2000, no entre 2012 y 2019. Es difícil pensar en un suceso que ocurriera alrededor de 2012 y luego siguiera en la misma dirección hasta 2019. Los tiroteos escolares no encajan; fue en la década de 1990 cuando empezaron». Véase Twenge, Jean M., *iGen: why today's super-connected kids are growing up less rebellious, more tolerant, less happy — and completely unprepared for adulthood*, Atria Books, Estados Unidos, 2018, pp. 77-78.

84. En mi último libro, basado en los resultados de salud mental de las adolescentes, recomendaba a los padres que no compraran un móvil a sus hijos. Abigail Shrier, *Un daño irreversible, op. cit.*

85. Haidt, Jonathan; y Twenge, Jean M., «This is our chance to pull teenagers out of the smartphone trap», *The New York Times*, 31 de julio de 2021, <https://www.nytimes.com/2021/07/31/opinion/smartphone-iphone-social-media-isolation.html>.

86. Curtin, Melanie, «Bill Gates says this is the "safest" age to give a child a smartphone», *Inc*, 10 de mayo de 2017, <https://www.inc.com/melanie-curtin/bill-gates-says-this-is-the-safest-age-to-give-a-child-a-smartphone.html>.

Se han preocupado más por su propio estilo y método de intervención. Porque cualquier padre puede quitar un teléfono, pero solo un psicólogo puede diagnosticar a un niño o derivarlo a un especialista para que le recete medicación. Lo más importante que podían haber hecho para ayudar a mejorar la salud mental de los niños era algo que no requería de sus conocimientos.

A decir verdad, la sociedad al completo ha fallado en lo que respecta a los niños y los teléfonos. ¿Por qué los padres han seguido dándoles estos dispositivos a niños cada vez más pequeños? Los teléfonos antiguos —los que no tenían acceso a internet— pueden ser útiles en caso de emergencia; los dispositivos GPS y las cámaras digitales son de mayor calidad y más baratos que nunca. ¿Por qué los padres, siendo plenamente conscientes de que están relacionados con el aumento de la depresión, la ansiedad y las autolesiones, siguen regalándoles teléfonos de mil dólares? En *el mejor de los casos*, los padres más concienzudos les exigen que los dejen en la cocina y que no se pongan a mirarlo a la hora de acostarse. A eso se reduce restringir el uso de un dispositivo que se ha vinculado de forma contundente a la disminución de la capacidad de atención, el insomnio, la ansiedad grave y la depresión.

Cuando pregunto a los padres por qué darían a sus hijos un dispositivo que los pone en riesgo de sufrir una amplia gama de trastornos mentales, todos dan la misma respuesta: «Así hacen planes con los amigos. No quiero que sean los únicos que no tengan uno». Los terapeutas suelen desaconsejar a los padres que quiten el móvil a sus hijos adolescentes, aduciendo que de hacerlo sabotearán la relación padre-hijo.[87]

87. Véase, por ejemplo, Marshall, JoJo, «When should you come between a teenager and their phone? The pros and cons of every parent's nuclear option», *Child Mind Institute*, 10 de febrero de 2023, <https://childmind.org/article/when-should-you-come-between-a-teenager-and-her-phone>. Véase también Dennis-Tiwary, Tracy, «Taking away the phones won't solve our teenagers' problems», *New York Times*, 14 de julio de 2018, <www.nytimes.com/2018/07/14/opinion/sunday/smartphone-addiction-teen agers-stress.html>.

Y puestos a hacer preguntas, ¿por qué los centros públicos de secundaria y bachillerato abandonaron en masa todo esfuerzo por vigilar su uso incluso durante las horas lectivas?

Hablé con el director de un instituto privado en el que los alumnos llevan sus teléfonos encima todo el día, incluso en clase (ahora es el protocolo estándar en la mayoría de los institutos). Les desvía la atención mientras intentan aprender. Les impide conocerse. No hablan ni hacen amigos como lo harían si no hubiera teléfonos. Además, por si esto fuera poco, las redes sociales ponen en riesgo su bienestar emocional. ¿Por qué se permite algo semejante?

Él asentía amablemente hasta que le llegó el turno de hablar. «Los mantiene tranquilos», dijo.

Lo cierto es que nadie ha hecho ningún esfuerzo serio por prohibir que los adolescentes usen los móviles —ni los padres, ni los profesores, ni por supuesto los expertos en salud mental— porque se han convertido en un accesorio de salud mental más que darles. Sabemos que no son buenos para ellos, que las consecuencias que generan a largo plazo pueden acabar siendo nefastas. Sabemos que crean adicción, privan del sueño e inducen patologías. Pero, de momento, proporcionan unos cuidados paliativos inmejorables, tan relajantes como una mantita.

Si los expertos en salud mental quisieran hacer lo que es mejor para los adolescentes, aconsejar a los padres que no den móviles a sus hijos sería algo evidente. Dirían lo mismo que un médico: «No tiene sentido que me traigas tu hijo si vas a dejar que siga fumando». Si quieren erigirse en guardianes de la salud mental de los jóvenes, deberían ofrecer consejos *más radicales* en lo que respecta a los móviles.

En cambio, los expertos en salud mental corren en la dirección opuesta, aceptando el uso de los móviles, tachando de exagerado el impacto que tienen en la depresión adolescente;[88] ofreciendo seminarios a los jóvenes y a sus padres sobre el «uso

88. Kreski, Noah, *et al.*, «Social media use and depressive symptoms among United States adolescents», *Journal of Adolescent Health*, 68, 3 (2021), pp. 572-579. (Los autores concluyen: «Entre los adolescentes estadounidenses,

responsable de las redes sociales», lo que en cierta medida se podría equiparar a que los orientadores sobre drogas dieran conferencias sobre el buen uso del éxtasis. Los expertos en salud mental llegan a las escuelas para advertir a padres y adolescentes de los «riesgos» de las redes sociales, comparándolos siempre con sus muchos y maravillosos beneficios, y luego concluyen: ¡venga, que se os dé bien!

Y para una generación a la que ya de por sí le cuesta interactuar en persona, los expertos en salud mental ofrecen ahora el último gotero de morfina: terapia integrada en el móvil. Algunos hasta han prescindido de las interacciones de voz y vídeo, ofreciendo terapia por mensaje de texto.

Si quieres mejorar la salud mental de un niño, bloquearle el móvil puede ser un buen comienzo. Como mínimo, los teléfonos alejan al adolescente de las amistades de carne y hueso y de las actividades que pueden reforzar su sensación de bienestar. Sin duda, son responsables de fomentar una serie de tendencias sociales, desde los trastornos por tics hasta la disforia de género. Pero ¿desterrar el móvil puede arreglar a toda una generación? No estoy tan segura.[89]

A fin de cuentas, la salud mental de los jóvenes ha ido empeorando durante las últimas cinco o seis décadas.[90] Y luego está la poderosa reticencia de los padres a quitarles los móviles a sus hijos. ¿A qué se debe este descuido ante la evidente amena-

---

el uso diario de las redes sociales no es un factor de riesgo fuerte o consistente para los síntomas depresivos»).

89. Las revisiones sistemáticas del uso de smartphones sobre el deterioro de la salud mental de los adolescentes han arrojado resultados dispares, algunos de los cuales indican que el efecto sobre el bienestar es, de media, «negativo pero muy pequeño». Orben, Amy, «Teenagers, screens and social media: a narrative review of reviews and key studies», *Social Psychiatry and Psychiatric Epidemiology*, 55, 4 (2020), pp. 407-414. Véase también Odgers, C. L., «Annual research review. Adolescent mental health in the digital age: facts, fears, and future directions», *Journal of Child Psychology and Psychiatry*, 61, 3 (2020), pp. 336-384.

90. Gray, Peter, *et al.*, «Decline in independent activity as a cause of decline in Children's mental well-being: summary of the evidence», *The Journal of Pediatrics*, 260 (2023).

za que suponen? El hecho mismo de llevar tanto tiempo siendo conscientes de sus peligros y no haber hecho absolutamente nada para reducir su omnipresencia entre los adolescentes requiere su propia explicación. Que persistamos en entregar estos dispositivos a adolescentes y preadolescentes es, en sí mismo, síntoma de que existe un problema mayor.

¿No has disfrutado de tu confinamiento en solitario?

Los encierros por la COVID-19 enviaron a innumerables niños a sufrir un castigo en forma de aislamiento. Si nuestros expertos en salud mental anticiparon la previsible catástrofe que supondría para la salud mental obligar a los niños a permanecer socialmente aislados durante más de un año, en buena medida se lo guardaron para sí mismos. Ni una sola de sus principales organizaciones profesionales nacionales se opuso a que los encierros continuaran durante un *segundo año escolar consecutivo* en el otoño de 2020, cuando se podría haber evitado que se agravara aún más el aislamiento de los niños.[91]

Las organizaciones de salud mental no tienen reparos en inmiscuirse en el debate público: la Asociación Estadounidense de Psicología (APA, por sus siglas en inglés) ha denunciado el historial de racismo sistémico que existe en Estados Unidos. Su director ejecutivo afirmó, en su comparecencia ante el Congreso en junio de 2020 en la que abogaba por futuros cambios en las tácticas policiales, que «nuestra nación se encuentra en medio de una pandemia de racismo».[92]

91. No pude encontrar ninguna oposición pública o advertencias de la Asociación Estadounidense de Psiquiatría, la Asociación Estadounidense de Psicología, la Asociación de Consejeros Escolares o la Asociación Nacional de Psicólogos Escolares en 2020.

92. Testimonio presentado el 10 de junio de 2020 por Arthur C. Evans, Jr., PhD, director ejecutivo y vicepresidente ejecutivo de la Asociación Estadounidense de Psicología ante el Comité Judicial de la Cámara de Representantes de Estados Unidos», Servicios de la Asociación Estadounidense de Psicología.

En esta línea, la APA ha pregonado los beneficios para la salud mental de la discriminación positiva[93] y, en un llamativo comunicado de prensa anunció su disposición a «ayudar a la sociedad a responder al cambio climático».[94] Pero ¿qué dijo contra la acuciante y generalizada amenaza del aislamiento social forzado? Ni mu.

¿Cómo pudieron los expertos pasar por alto un desastre tan grave y previsible para la salud mental?

Los padres protestaron, pero se les ignoró. Los expertos en salud mental, con todo su peso institucional, se negaron a ofrecer siquiera una advertencia pública a los responsables políticos sobre el impacto que esto tenía en los niños.[95] Puede que no conocieran los devastadores efectos que tendría para esos jóvenes a los que tenían la responsabilidad de ayudar. Sea cual fuere la razón de este colosal fracaso, hay algo perverso en su posterior intento de utilizar los cierres pandémicos para descartar la paradoja de la prevalencia del tratamiento o, peor aún, para defender su

---

10 de junio de 2020, <www.apa.org/news/press/releases/police-oversight-testimony.pdf>. No está claro si la APA está aquí entorpeciendo la metáfora; ¿De qué otra forma podemos entender una «pandemia de racismo»? Nótese, sin embargo, que la APA emplea el lenguaje de la biología, arrogándose la credibilidad de las ciencias duras sin el respaldo probatorio y la responsabilidad que suelen acompañar a las afirmaciones médicas.

93. Escrito de la Asociación Estadounidense de Psicología, en calidad de *Amicus Curiae*, «Students for Fair Admissions v. Harvard, 600 U.S»., 2023, pp. 14-15.

94. «Psychology stands ready to help society respond to climate change, APA president says», Asociación Estadounidense de Psicología, 1 de marzo de 2022, <www.apa.org /news/press/releases/2022/03/climate-change-response>.

95. Sin embargo, encontraron tiempo para escribir el siguiente artículo de opinión, en el que recomiendan a los responsables políticos que utilicen las técnicas de la psicología conductual para «empujar» a la población a vacunarse contra la COVID-19. Por ejemplo, aprobando leyes estatales que impidieran a los niños volver al colegio hasta que se hubieran vacunado. Evans, Arthur C., Jr., «For a COVID-19 vaccine to succeed, look to behavioral research», *The Hill*, 17 de agosto de 2020, <https://thehill.com/opinion/healthcare/512316 -for-a-covid-19-vaccine-to-succceed-look-to-behavioral-research>.

mayor protagonismo en el desarrollo de las políticas públicas y en las vidas de los niños estadounidenses.

En realidad, antes de que el nuevo coronavirus hubiera escapado de las fronteras de China en 2019, casi un tercio de los estadounidenses de entre 18 y 35 años afirmaban padecer una enfermedad mental.[96] Las hospitalizaciones por autolesiones no mortales habían aumentado un 62 por ciento en la década anterior,[97] y casi el 20 por ciento de las chicas de entre 12 y 17 años declaraban haber sufrido un episodio depresivo grave el año previo. Y las tasas de suicidio infantil aumentaron un 150 por ciento respecto a la década anterior.[98]

96. Aslanian, Sasha; y Alisa Roth, «Under pressure: inside the college mental health crisis», American Public Media Reports, 19 de agosto de 2021, <www.apmreports.org/episode/2021/08/19/under-pressure-the-college-men tal-health-crisis>. Quienes trabajan en las universidades informan de que los servicios de salud mental se han equilibrado en la última década y, aun así, no pueden satisfacer la demanda. En la Universidad de Richmond, mientras que las matriculaciones se han mantenido estables durante los últimos quince años, el número de estudiantes que han solicitado servicios de asesoramiento durante ese tiempo se ha duplicado. Un estudio reveló que entre 2009 y 2014 el número de citas de asesoramiento concertadas por los estudiantes universitarios estadounidenses aumentó *seis veces más que la tasa de crecimiento de la matrícula institucional*. Véase Lipson, Sarah Ketchen *et al.*, «Increased rates of mental health service utilization by U.S. college students: 10-year population-level trends (2007-2017)», *Psychiatric Services* 70, 1 (2019), pp. 60-63, <www.ncbi.nlm.nih.gov/pmc/articles/PMC6408297>.

97. *Social Dilemma*, dirigida por Jeff Orlowski, monólogo de Jonathan Haidt, Exposure Labs, 2020.

98. El número de niños que se suicidaron durante la década anterior se duplicó. Véase el gráfico publicado en *The Sun*, extraído de CDC, Allen, Felix, «Dying for likes: dark truth of social media as US pre-teen girl suicides soar 150% and self-harm triples, Netflix's *Social Dilemma* Reveals», *The Sun*, 17 de septiembre de 2020, <www.the-sun.com/news/1487147/social-media-suici des-self-harm-netflix-social-dilemma>. De hecho, la actual generación de jóvenes presenta tasas de suicidio y depresión más elevadas que cualquier otra generación desde que comenzaron los estudios en 1950, así como índices de pesimismo general mucho más altos que cualquier otra generación desde que comenzó la recopilación de datos en 1960. Entre 2005 y 2017 —tres años antes de los cierres— las tasas de depresión mayor aumentaron un 52 por ciento en adolescentes (de 12 a 17 años), y un 63 por ciento en adultos jóvenes (de 18 a 25

Ansiedad climática

Karla Vermeulen lleva el pelo con un moderno corte *pixie*, muy cortito. Los cristales de sus gafas de acetato cuadradas tienen el tamaño y la forma de dos pósits. En la base del cuello, un cordón de cuentas de barro completa la imagen de una investigadora sin complejos. De hecho, supera a casi cualquier estadounidense como experta acreditada en salud mental adolescente.

Vermeulen forma a terapeutas y escribe libros para orientarlos en el asesoramiento de la nueva generación. Su especialidad es la «salud mental en emergencias y desastres», es decir, las personas en crisis. Se podría decir que este es su momento.

Cuando supe que había escrito un libro, *Generation disaster: coming of age post-9/11*, me puse inmediatamente en contacto con ella. Supuse que seríamos almas gemelas, que habría estudiado el mismo grupo que a mí tanto me fascina.

Me aseguró que los jóvenes *son* resilientes y fuertes. Simplemente se enfrentan a retos mucho mayores que los de cualquier generación anterior. «Se enfrentan a muchos factores de estrés, pero todo flota sobre la inestable superficie del cambio climático», me dijo.

---

años). Partes de este artículo fueron publicadas originalmente por la autora. Shrier, Abigail, «To be young and pessimistic in America», *The Wall Street Journal*, 14 de mayo de 2021, <https://www.wsj.com/articles/to-be-young-and-pessimistic-in-america-11621019488>. Véase también Solomon, Andrew, «The mystifying rise of child suicide», *The New Yorker*, 4 de abril de 2020, <www.newyorker.com/magazine/2022/04/11/the-mystifying-rise-of-child-suicide>. Por supuesto, los confinamientos exacerbaron estas tendencias: En 2020, casi una cuarta parte de los jóvenes de 18 a 24 años declararon que habían pensado seriamente en el suicidio en los treinta días anteriores, y casi el 40 por ciento de los estudiantes universitarios sufrían depresión. Véase «Mental health, substance use, and suicidal ideation during the COVID-19 pandemic», Centros para el Control y la Prevención de Enfermedades, 14 de agosto de 2020, <www.cdc.gov/mmwr/volumes/69/wr/mm6932a1.html>. Véase también Zhou, Sasha, *et al.*, «The healthy minds study, fall 2020 data report», <https://healthymindsnetwork.org/wp-content/uploads/2021/02/HMS-Fall-2020-National-Data-Report.pdf>.

Resulta que *Generation disaster* puede que sea el título más engañoso de la historia de la palabra impresa. Con «generación desastre», lo que Vermeulen quiere decir en realidad es que *esta generación no es un desastre, ni mucho menos*. En todo caso, un desastre lo serían *los demás*, por ser tan excesivamente críticos con estos magníficos jóvenes con conciencia social.

Al igual que Vermeulen, muchos terapeutas están convencidos de que la «ansiedad climática» es una categoría de trastorno mental real e importante. Hasta ha surgido todo un tenderete para tratarla: la «terapia climática». Con los casquetes polares derritiéndose, las enfermedades tropicales haciendo estragos, los huracanes y las inundaciones amenazando con la venganza noájida, ¡claro que los jóvenes están deprimidos! *Nature*, la revista médica *The Lancet* y la National Public Radio están de acuerdo: la depresión no es más que una respuesta racional a la fuga asfixiante de los gases de efecto invernadero.

El editor de *Atlantic*, Franklin Foer, insinuó lo propio en un artículo sobre su hija de 14 años, que sufre ansiedad. Al explicar por qué había decidido dejar que su hija faltara a clase para asistir a una protesta contra el cambio climático inspirada por la activista Greta Thunberg, escribía: «Anhelo construir un dique que la proteja de sus miedos. [...] Pero su ejemplo y las advertencias de Thunberg me han hecho darme cuenta de que mi deseo paternal de calmarla es un cuento de hadas y que la ansiedad es la respuesta madura. Para proteger a nuestros hijos debemos aceptar su desesperación».[99]

Pero ¿es la ansiedad climática —me atrevo a preguntar— racional? ¿Y es reafirmar sus temores lo mejor que podemos ofrecer a los niños?

Lo cierto es que aunque hay pocas dudas de que la Tierra se está calentando, existen también muchas razones para el optimismo medioambiental; muchas tendencias medioambientales van en la dirección correcta.

---

99. Foer, Franklin, «Greta Thunberg is right to panic», *The Atlantic*, 20 de septiembre de 2019, <www.theatlantic.com/ideas/archive/2019/09/greta-thunbergs-despair-is-entirely-warranted/598492>.

«Las muertes por catástrofes naturales han disminuido más de un 95 por ciento en el último siglo; las catástrofes propiamente dichas han disminuido en los últimos veinte años. Estas se miden estrictamente como muertes y daños causados por fenómenos meteorológicos extremos», afirma Michael Shellenberger, veterano activista medioambiental y autor de varios libros sobre medioambiente. «Somos más resilientes que nunca».

En 2023 murieron 6 000 personas en todo el mundo por catástrofes relacionadas con el tiempo o el clima, me señaló. Para ponerlo en perspectiva, ese mismo año se previó que 106 000 personas morirían por sobredosis y envenenamiento solo en Estados Unidos. En cuanto a las emisiones de dióxido de carbono, disminuyeron ligeramente en todo el mundo durante la última década.[100]

Sin embargo, los encuestados afirman que hoy, cuando la mayoría de las tendencias van en la buena dirección, sienten mucha más preocupación por el medioambiente que en épocas pasadas. ¿Dónde estaba el brote de ansiedad medioambiental cuando quemábamos casi exclusivamente carbón para generar electricidad o hacíamos un agujero en la capa de ozono con los clorofluorocarburos? ¿O cuando un manto de esmog marrón amarillento impedía ver las montañas de San Gabriel desde Los Ángeles? Todos eran problemas conocidos, pero el diagnóstico de salud mental era inexistente. Solo eso ya pudo haber contenido la propagación de la inquietud.

En otras palabras, incluso para los adultos profundamente preocupados por el cambio climático, validar y reforzar el terror de un niño a la extinción humana no es un imperativo racional. Es, por el contrario, una elección muy concreta que un adulto hace por sus propias razones.

---

100. Véase también Lomborg, Bjørn, «Climate change hasn't set the world on fire», *The Wall Street Journal*, 31 de julio de 2023, <https://www.wsj.com/articles/climate-change-hasnt-set-the-world-on-fire-global-warming-burn-record-low-713ad3a6>. En cuanto a los incendios forestales, «en 2022, el último año del que se tienen datos completos, el mundo alcanzó un nuevo mínimo histórico del 2.2 por ciento de superficie quemada».

«Aceptad su desesperación»

Según Foer y Vermeulen, la labor de unos padres no es acallar los temores de su hija poniéndolos en perspectiva.[101] No hay que atiborrarla de palabrería tranquilizadora —algo que, según parece, solo les gusta a los niños tontos—, como la idea de que la Tierra va a existir eternamente. De nada vale recordarle que durante millones de años la especie humana ha superado todos los retos anteriores, incluidas las brutales vicisitudes climáticas. Ni tranquilizarla diciéndole que hay personas brillantes y comprometidas que trabajan muy duro para hacer frente a los cambios provocados por el calentamiento global. Ni ceder las ganas de tomar ventaja y hacerle saber que un día, cuando termine sus estudios, podrá convertirse en una de ellas. Hasta entonces, tienen otras preocupaciones. Como aprobar las matemáticas de tercero.

Vermeulen y Foer ayudan sin saberlo a desentrañar un enigma reciente. Si bien las chicas adolescentes han sufrido un grave deterioro de su salud mental, las que se identifican con políticas progresistas y de izquierdas son las que peor lo han pasado.[102] Los chicos adolescentes progresistas muestran una depresión más grave que las chicas adolescentes conservadoras. Lo cual debería sugerir que la mayor parte de lo que estamos viviendo no es una crisis de *enfermedad* mental, sino que está profundamente relacionado con los valores y la visión del mundo que hemos dado a nuestros hijos, la forma en que los hemos educado y las influencias que los rodean.

Cuando hablamos del cambio climático, muchos padres progresistas parecen creer que su trabajo es el de asustar a los niños,

101. Franklin Foer, *op. cit.*
102. Gimbrone, Catherine, *et al.*, «The politics of depression: diverging trends in internalizing symptoms among US adolescents by political beliefs», SSM-Mental Health, 2 (2022), <https://www.sciencedirect.com/science/article/pii/S2666560321000438>. El columnista izquierdista de Bloomberg Matthew Yglesias opinó: «Creo que los líderes progresistas de más edad tienen una buena parte de la culpa por crear culturas institucionales que celebran el pesimismo como signo de compromiso político al tiempo que enseñan a los jóvenes a convertir en armas las proclamas de daño subjetivo».

que tienen que usar la expresión *extinción humana* a la hora de acostarlos. Le pregunto a Vermeulen si sería apropiado decirle a un niño: «Oye, estás tomándote la amenaza del cambio climático de forma exagerada. Venga, ¡ánimo con la semana!».

Vermeulen se pone visiblemente nerviosa. «Nunca le diría a nadie que está exagerando. Eso es muy invalidante y no ayuda. Lo pondría a la defensiva haciéndole sentir que no se le escucha».[103]

Sin embargo, los niños plantean muchas preocupaciones a sus padres, a veces solo para ver de cuáles obtienen respuesta. Los progenitores que siguen las indicaciones de los terapeutas y aceptan la desesperación de sus hijos alimentan al monstruo que hay debajo de la cama. En el pequeño número de hogares en los que los propios padres están atormentados por sus temores apocalípticos, no debería sorprendernos que esos temores también amenacen al niño.

Beth, la enfermera psiquiátrica: deja de intentar que se produzca ansiedad climática

Beth lleva más de una década trabajando como enfermera psiquiátrica en una clínica que atiende a estudiantes de tres universidades del área de Boston. Aunque todo el mundo parece alarmado por la salud mental de los jóvenes, me dice que es peor de lo que creemos. Atiende a menudo a universitarios que no se atreven a llamar a su consulta. Suelen recurrir a un orientador —o incluso a sus padres— para que les concierte una cita con ella.[104] Estos jóvenes aducen que su «ansiedad social» les impide realizar esa tarea básica. Pero Beth, que les receta los medicamentos, me dice que no es por eso, sino porque nunca los han obligado a hacer nada por sí mismos.

103. Ackerman, Courtney, «What is unconditional positive regard in psychology?», *Positive Pscyhology*, 22 de mayo de 2018, <https://positivepsychology.com/unconditional-positive-regard>.

104. Ambos dan lugar a violaciones potenciales de HIPAA, ya que los universitarios ya no son «niños» en lo que respecta a la ley de privacidad médica.

Recuerda a una estudiante que llevó a su madre a la cita: era ella quien llevaba la cuenta de los períodos menstruales de su hija en una aplicación del móvil.

Le pregunté si la hija tenía algún tipo de discapacidad mental. Me dijo que no, que simplemente estaba, bueno, *controlada*. Nunca le permitieron afrontar un obstáculo o fracasar, se mantenía en pie sobre dos piernas tambaleantes que apenas habían tocado el suelo. Luego, la vida universitaria golpea a estos jóvenes como una tormenta de granizo.

Me contó que muchas jóvenes universitarias fuman marihuana varias veces *al día*, solas, simplemente para aplacar su dolor. Me dice que esto es nuevo: aquí el consumo de marihuana no es social, sino compulsivo y terapéutico.

Le pregunté a Beth cuántos de los miles de estudiantes que atiende mencionan el cambio climático o el racismo sistémico como motivo de su angustia. Me dijo rotundamente que ninguno. Ni uno solo. «No creo que nadie lo haga nunca. No está la cosa para bromas». La respuesta de Beth encajaba con mi trabajo. En mis numerosas entrevistas con jóvenes para hablar de su salud mental, *ninguno* mencionó el cambio climático como motivo de sus problemas emocionales o de los de sus amigos. Todos menos uno (un *influencer* de TikTok) negaron explícitamente que el cambio climático fuera una fuente importante de angustia para los jóvenes.

Entonces, ¿qué razones dan para el dolor que sienten? El estrés de un examen, el agobio por la acumulación de trabajo, la incapacidad total para cumplir las expectativas de profesores que, a diferencia de los que tenían en el instituto, pueden llegar a suspenderlos si sus notas lo justifican.

Gran parte de su angustia, dice Beth, se debe a interacciones sociales que salieron muy mal: cosas que dijeron o publicaron en internet de las que luego se arrepienten y que no pueden dejar de revivir. El chico que las deja plantadas o deja sus mensajes en visto. Quieren superarlo, pero creen que no son capaces.

Si esto es así, ¿por qué tantos terapeutas, investigadores e intelectuales insisten en que el cambio climático es la causa principal de su angustia? ¿Y por qué les *dicen* a los investigadores que el cambio climático es una de las razones de su ansiedad? Resulta que, cuando los jóvenes no están sumidos en una angustia grave, ofrecen a los adultos razones que les parecen racionales a fin de granjearse la simpatía y la atención que desean o necesitan.[105]

Los investigadores les suelen colocar a los jóvenes cualquier explicación que les parezca más racional, en función de sus propios prejuicios políticos. Para los conservadores, la creciente falta de la figura paterna, el declive del matrimonio o la disminución de la afiliación religiosa —todo lo cual coincide con el aumento de las tasas de enfermedades mentales— pueden parecer explicaciones racionales. Para los izquierdistas, el cambio climático, los tiroteos en las escuelas, el racismo sistémico, la desigualdad económica y la política del Make America Great Again promovida por Trump son las causas favoritas.[106]

Así que, sí, los jóvenes de hoy están más preocupados por el cambio climático que las generaciones anteriores, del mismo modo que a los escolares de 1962 les preocupaba más la guerra nuclear con Rusia que a los de hoy. Pero no hay constancia de que los niños de la década de 1960, aterrorizados como estaban por el apocalipsis nuclear, dejaran de ir a la escuela.[107] Por otra

105. Véase, por ejemplo, Finley, Allysia, «Climate change obsession is a real mental disorder», *The Wall Street Journal*, 31 de julio de 2023. El artículo cita un estudio según el cual el 45 por ciento de los jóvenes de 16 a 25 años de diez países «afirmaban estar tan preocupados [por el clima] que les costaba llevar una vida normal, lo que constituye la definición de un trastorno de ansiedad». Incluso un examen superficial de la magnitud de estos datos sugiere que se está exagerando.

106. Véase Webster, Jamieson, «Teenagers are telling us that something is wrong with America», *The New York Times*, 11 de octubre de 2022, <www.nytimes.com/2022/10/11/opinion/teenagers-mental-health-america.html>.

107. La perspectiva de una guerra nuclear les provocaba miedo, angustia y ansiedad. Las pesadillas eran frecuentes. Véase Buck, Stephanie, «Fear of nuclear annihilation scarred children growing up in the Cold War, studies later showed», *Medium*, 29 de agosto de 2017, <https://medium.com/timeline/nuclear-war-child-psychology-d1ff491b5fe0>. Véase también Kiraly, S. J., «Psychological effects of the threat of nuclear war», *Canadian Family Physician*, 32 (1986), pp. 170-174, <www.ncbi.nlm.nih.gov/pmc/articles/PMC232 7576>.

parte, ¿cómo es posible que los niños estadounidenses fueran a la escuela el 8 de diciembre de 1941? Y, sin embargo, lo hicieron.[108]

Con todo, para los terapeutas que siguen viendo en el «cambio climático» un motivo racional de perturbación mental grave, el optimismo no es una opción. La situación no tiene ningún lado positivo, y de nada sirve hacerle ver a una joven que alega «ansiedad climática» que puede estar sufriendo un paralaje emocional. Con algunas excepciones, relativizar las preocupaciones de un adolescente no es lo que se hace en terapia, ni siquiera lo que esta pretende hacer. Así no se estaría animando al paciente.

No. We. Can't

Según Jean Twenge, psicóloga académica y autora de varios libros sobre la generación Z, esta nueva generación es sorprendentemente diferente de las anteriores. Pero no son solo las tasas de enfermedades mentales diagnosticadas lo que los hace tan distintos: son mucho más obedientes a la autoridad, agradables y dependientes de su madre. Son más radicales políticamente (más propensos a favorecer posiciones de extrema izquierda) y mucho menos proclives al autobombo que, por ejemplo, los *millennials*. En realidad, lo que parece motivar a gran parte de la generación Z, nacida entre 1995 y 2012, no es la esperanza, el optimismo o la fe en sí mismos, sino el miedo. Podría decirse que es la generación más temerosa de la que se tiene constancia.

En abril de 2021, me reuní con Twenge en su casa de San Diego para escribir un artículo sobre ella en *The Wall Street Journal*. Quería saber más sobre una generación que ya empezaba a parecer terriblemente problemática. Mientras la pande-

---

108. Véase Carey, Adam, «"Generational rupture": anxiety and COVID disruption supercharge school refusal rates», *The Age*, 2 de febrero de 2023, <www.theage.com.au/national/victoria/generational-rupture-anxiety-and-covid-disruption-supercharge-school-refusal-rates-20230201-p5ch1u.html>.

mia hacía estragos a nuestro alrededor, nos sentamos en sillas de plástico húmedas, a tres metros de distancia la una de la otra, en su exuberante jardín.

La generación Z, me dijo, tiene muchas menos probabilidades de tener una cita, sacarse el carné de conducir, mantener un empleo o salir con amigos en persona que los *millennials* a su misma edad. En 2016, los estudiantes de último curso de secundaria pasaban hasta una hora menos al día con sus amigos que los de la década de 1980. También son los que menos sexo practican (aunque podría decirse que son los que más disponible lo tienen),[109] y los que declaran tener menos relaciones o encuentros románticos.[110] Son reacios a alcanzar los hitos a los que las generaciones anteriores se lanzaron con entusiasmo. Como me dijo un joven, expresando un sentimiento que les oí repetir a otros tantos: «Tenía un miedo atroz de empezar la universidad. Pero supongo que todo el mundo lo tiene a esa edad». Yo también pasé por ahí; y no, no lo tenía.

Son, además, mucho más pesimistas que las generaciones anteriores; sobre todo mucho más que los *millennials*. Le pregunté a Twenge qué les provocaba tanto pesimismo.

«Todo —respondió—. Su futuro, el futuro del mundo. Y no puedes dejar de preguntarte qué causa qué. ¿Están deprimidos porque el mundo está fatal? ¿O ven el mundo tan mal porque están deprimidos? Podría ser cualquiera de las dos cosas».

Pero hay más. Un número sin precedentes de jóvenes duda de que tengan capacidad de mejorar sus circunstancias.

Locus de control es la expresión que utilizan los psicólogos para referirse al sentido de agencia de una persona. Si tienes un locus de control *interno*, crees que puedes mejorar tus circunstancias. Si tienes un locus de control *externo*, no: tiendes a

109. Soh, Debra, «What's driving gen Z's aversion to sex?», *Newsweek*, 12 de octubre de 2021, <https://www.newsweek.com/whats-driving-gen-zs-aversion-sex-opinion-1638228.

110. Julian, Kate, «Why are young people having so little sex?», *The Atlantic*, diciembre de 2018, <www.theatlantic.com/magazine/archive/2018/12/the-sex-recession /573949>.

atribuir los acontecimientos a cosas que están fuera de tu control, como terceras personas o la mala suerte.

Twenge afirma que la generación emergente se ha inclinado por un locus de control externo. Y la que está iniciando su vida cree, asimismo, que no puede hacer nada para mejorar su suerte.

Estos profundos sentimientos de impotencia, ineficacia y dependencia pueden ser síntomas de la depresión generacional. O cabe que todos sean síntomas de una tercera causa, algo que la terapia no puede curar, pero que sí podría empeorar. Sin embargo, los expertos en salud mental de hoy rara vez consideran que haya algún problema al que se enfrente la juventud actual para el que ellos no sean la indefectible solución. Así pues, venga más terapia. ¿Cuánta más? Muchísima.

Becca: «Mi terapeuta me está ayudando a prepararme para hacer amigos en la universidad»

En el momento en que nos entrevistamos, Becca acaba de graduarse en un gran instituto público de Santa Clarita, en California. No tiene trabajo ni intención de buscarlo. Por ahora, solo está tratando de mentalizarse de que en otoño empieza la universidad. Espera estudiar —sí, lo has adivinado— Psicología. Su terapeuta la está ayudando a prepararse para hacer amigos.

«Ha sido un problema durante toda mi vida. Creo que tiene que ver con la exposición —me dice Becca—. Y mi terapeuta justo me dice que debería ser yo la primera en tender la mano. Así que lo he intentado, sobre todo ahora que me voy a la universidad. Aún no conozco a mis compañeras de habitación, pero voy a intentar hablar con ellas y acercarme. Es como empezar de cero».

Durante generaciones, esta parte tan mundana de la vida —la necesidad de hacer nuevos amigos en un lugar nuevo— era el tipo de cosa que los adultos jóvenes simplemente se animaban a hacer por su cuenta. Pero Becca lleva en terapia desde que sus padres se divorciaron cuando tenía 6 años. No hay manera de convencerla de que no necesita un terapeuta que la ayude a planificar, ensayar y revisar sus intentos de hacer amigos.

Puede que a nadie sorprenda que esta joven tan cercana a su terapeuta no conozca muy bien a sus actuales «mejores amigas». No sabe decirme qué religión profesa la mayoría ni a qué se dedican sus padres. Ellas tampoco saben mucho de Becca. «Con mis amigas, sobre todo, hablamos de chicos y esas cosas. Pero con mi terapeuta hablo de temas más profundos, como mi ansiedad. Me da herramientas para combatirla, como la meditación y sentarme a pensar si realmente merece la pena estresarse».

Probablemente, los consejos de un terapeuta profesional sean más maduros y mesurados que los de otro adolescente. Eso es lo esperan al menos los padres, que son quienes pagan la factura. Pero no es suficiente con eso, porque tu terapeuta no te llamará puntualmente el día de tu cumpleaños durante los próximos treinta años.

No te obligará a humillarte en un karaoke el día de tu vigésimo primer cumpleaños solo por lo mucho que te quiere. No te va a presentar a un compañero de trabajo ni va a convencer a su novio para que te organice una cita con un amigo suyo solo porque no soporta verte sola. Tu terapeuta no se va a subir a un tren para asistir a tu despedida de soltera solo para poder brindar por tus desventuras o estar a tu lado en tu boda, agarrando un ramo de peonías con lágrimas en los ojos. Tal vez prometa comprenderte, pero afrontémoslo: tu terapeuta no dejará de cobrar su tarifa por hora para celebrar el nacimiento de tu hijo por el mero hecho de que os parezca memorable que una de vosotras haya tenido un bebé.

No, este tipo de cosas son el flujo de dividendos de la amistad real. Y todas esas horas acumuladas ofreciéndoos el hombro, de viajes por carretera apelotonadas en un coche, librándoos de accidentes por los pelos y perdiéndoos por los barrios peligrosos... son el capital invertido. Los terapeutas se preocupan por ti de la misma manera y en la misma medida en que un profesional se preocupa por un cliente: durante una «hora de cincuenta minutos», siempre que cobren de tu seguro o tú sigas teniendo liquidez.

El crítico social Christopher Lasch observó una vez que la terapia «declara al paciente incapacitado para gestionar su propia vida y, a la vez, lo pone en manos de un especialista».[111] Y no podía dejar de pensar en la difícil situación de Becca al leer la siguiente observación: «A medida que los puntos de vista y las prácticas terapéuticas ganan aceptación general, más personas se ven inhabilitadas para desempeñar responsabilidades adultas y pasan a depender de alguna forma de la autoridad médica».[112]

¿Terapia para todos y cada uno de los niños?

La generación emergente ya ha recibido mucha terapia. Gracias a la inteligencia artificial, el chaparrón corre el riesgo de convertirse de repente en una inundación. Eso es lo que me dijeron cuatro inversores diferentes de capital riesgo: las grandes tecnológicas ya están revolucionando la salud mental, creando aplicaciones que pronto tendrán la capacidad de proporcionar terapia a *todos y cada uno de los niños*.

Ansiosa por conocer al futuro terapeuta de mis hijos, me registré en Myala, una aplicación de seguimiento del bienestar que, según pone en su web, está «disponible para cualquier estudiante mayor de 16 años». Mi sesión empezó con un *check-in* para evaluar mi estado mental actual.

Estas son seis de las diez primeras preguntas que me hizo mi robot-terapeuta:

«¿Te sientes sola?».

«¿En qué medida te sientes apoyada?».

«¿Cuán preocupada estás en este momento?».

«¿Cuán abatida te sientes en este momento?».

«¿Con qué frecuencia te sientes excluida?».

«¿Te sientes triste en este momento?».

Puede que, como yo, te preguntes: «¿Qué demonios es eso de que una cadena de código, a la que no le importa lo más mínimo si te zurran en la calle, te pregunte lo triste que estás, de

111. Lasch, Christopher, *La cultura del narcisismo: la vida en una era de expectativas decrecientes*, Capitán Swing, Madrid, 2023.

112. *Ibidem*.

seis maneras distintas?». Esta serie de preguntas parecía suficiente para hundir a cualquiera. Intenté abandonar la encuesta, pero no me dejó.

Resulta que si no te apetece confesarle a una IA lo solo que te sientes, recibirás una notificación recordándote que también has fracasado en eso.

Algunas de estas aplicaciones facilitan la terapia con una persona real, mientras que otras conectan a los adolescentes con terapeutas que llevan a cabo la sesión a través de mensajes de texto, para evitarles una conversación cara a cara (Charlie Health), o con los innumerables terapeutas que harán un Zoom. Hay aplicaciones que ponen en contacto con todo tipo de *coaches* a personas que van por la vida desnortadas (BetterUp), y otras que permiten a los niños («de 0 a 14 años») y a sus padres hacer un seguimiento de su estado de ánimo (Little Otter).

Muchas aplicaciones de bienestar ya han prescindido del modelo humano-terapeuta, haciendo que la «terapia» sea gratuita para cualquier niño con acceso a un iPad. La «terapia sin terapeuta» es la solución de las *big tech* para hacer que esta sea escalable, capaz de satisfacer la infinita demanda de una sociedad obsesionada con la salud mental. La integración de la inteligencia artificial podría eliminar por completo a los terapeutas humanos, y el objetivo de casi todas estas aplicaciones es también el lema y la misión de la *start-up* de salud mental Talkspace: «Terapia para todos». *Todos y cada uno de los niños.*[113]

Solo en los quince meses siguientes al inicio de la COVID-19 se volcaron más de tres mil millones de dólares de inversión de capital en *start-ups* tecnológicas de salud mental[114]. La terapia y sus efectos yatrogénicos se están extendiendo a toda la población.

113. Pappas, Stephanie, «The rise of psychologists: psychological expertise is in demand everywhere», *Monitor on Psychology*, 53, 1 (2022), p. 44, <www.apa.org/monitor/2022/01/special-rise-psychologists>.

114. De Angelis, Tori, «Mental health, meet venture capital», *Monitor on Psychology*, 53, 1 (2022), p. 56, <www.apa.org/monitor/2022/01/special-venture-capital>.

Los folletos promocionales que las nuevas empresas de salud mental muestran a los posibles inversores no se andan con rodeos: afirman que la mala salud mental de la nueva generación supone una oportunidad de negocio inimaginable. Que uno de cada seis niños en Estados Unidos «padece un trastorno de salud mental». Y, sin avergonzarse ni disculparse, en una presentación interna para los inversores se refirieron a los niños y jóvenes de entre 16 y 26 años como el público susceptible de «captación».[115]

Antes de lanzarnos a entregar la delicada psique de todos y cada uno de los niños a sus múltiples e indiscriminadas intervenciones de salud mental, merece la pena examinar los esfuerzos ya en marcha. En el mejor de los casos, no han conseguido aliviar las afecciones que dicen tratar. Y es muy probable que los métodos y tratamientos que los expertos en salud mental defienden y dispensan, además de infundirles miedo a crecer, estén ya enfermando y entristeciendo más a los jóvenes.

115. Informe financiero confidencial, en los archivos de la autora.

3

Mala terapia

Cuando tenía 2 años, Camilo Ortiz y sus padres entraron ilegalmente en Estados Unidos procedentes de Colombia. Como no hablaban inglés y ni siquiera podían optar a la asistencia pública, se mudaron a un apartamento de una sola habitación ubicado en un sótano de Queens. El padre de Ortiz urdió una serie de planes para mantener a la familia, muchos de ellos ilegales. Cuando Camilo tenía 11 años, sus padres se divorciaron. Cuando cumplió 17, a su padre lo sorprendieron transportando 300 000 dólares en efectivo en el maletero del coche. Fue detenido, condenado y encarcelado por blanqueo de dinero.

Sin embargo, Camilo Ortiz no entra en nuestra historia como paciente, sino como profesor titular y destacado psicólogo de niños y adolescentes. Y, además, posee una perspectiva divergente sobre cómo los psicoterapeutas deberían tratar a los niños ansiosos estresados y con problemas.

Por un lado, le preocupa que muchas de las terapias dirigidas a niños sean inútiles. «Jugar con niños en la consulta es un trabajo bastante fácil, así que los incentivos son erróneos —me dijo—. Podría ganarme muy bien la vida si dijera: "Claro, traiga usted a su hija, jugaré a las construcciones con ella y haremos terapia de juego". Eso no les haría ningún bien, pero podría tener todos los casos que quisiera».

Aunque recibe varias llamadas a la semana de padres que le ruegan que atienda a sus hijos pequeños en terapia individual, las rechaza todas. Dice que para la mayoría de los problemas la terapia individual apenas tiene beneficios probados en los niños. «La evidencia es bastante clara, los enfoques basados en los padres son mucho más eficaces». Es decir, un terapeuta debe tratar la ansiedad de un niño tratando a sus padres. Los padres suelen transmitírsela a sus hijos sin darse cuenta, y son ellos quienes están en la mejor posición para ayudar al niño a lidiar con sus preocupaciones de forma continuada.

Y, sin embargo, un gran número de psicoterapeutas no solo ofrecen terapia individual a los niños, sino que practican técnicas como la «terapia de juego», que apenas ha demostrado ser beneficiosa para ellos. De hecho, hay escasas evidencias de que la psicoterapia individual ayude a los niños.[116]

Pero ¿por qué no les funciona la terapia individual? Si le funciona al palo, ¿por qué no a la astilla? «Bien, pensemos, por ejemplo, en una niña de 5 años con ansiedad —dice Ortiz—. Digamos que soy el mejor terapeuta del mundo y que le enseño unas técnicas increíbles para tratar la ansiedad un lunes a las cuatro de la tarde. ¿Es factible creer que un viernes, cuando la niña está desregulada —con poco control sobre sus emociones— y ansiosa, a sus 5 años, va a recordar lo que hemos hablado y a ser capaz de aplicar técnicas difíciles en un momento de desregulación? —pregunta retóricamente—. Si no consigo que lo hagan los *adultos*, no puede funcionar con niños». Lo que dice que resulta mucho más eficaz es enseñar a los padres, que pasan muchas más horas al día con sus hijos, las mejores técnicas para, por ejemplo, conseguir que un niño supere su miedo a dormir solo.

116. Véase, por ejemplo, Weiss, Bahr, *et al.*, «A 2-year follow up of the effectiveness of traditional child psychotherapy», *Journal of Consulting and Clinical Psychology*, 68, 6 (2000), pp. 1094-1101; Weersing, V. Robin, «Evidence base update of psychosocial treatments for child and adolescent depression», *Journal of Clinical Child and Adolescent Psychology*, 46, 1 (2017), pp. 11-43; Evans, Steven W., *et al.*, «Evidence-based psychosocial treatments for children and adolescents with attention deficit/hyperactivity disorder», *Journal of Clinical Child & Adolescent Psychology*, 43, 4 (2014), pp. 527-551.

Además, el desequilibrio de poder entre el terapeuta y el niño en el intenso contexto de la terapia individual es simplemente demasiado grande, añade. A los niños se los convence fácilmente de las cosas. Acordémonos de la terapia de la memoria recuperada, un oscuro episodio de la historia de la psiquiatría en el que los terapeutas implantaron falsos recuerdos en pacientes infantiles sin que se dieran cuenta.

Conocí a Ortiz en su casa estilo tudor en el barrio neoyorquino de Queens, donde vive con su hijo, su elegante esposa y su escandaloso perro Pesto (su hija ya estaba en la universidad). Parece salido de un catálogo de Brooks Brothers: delgado y esbelto, lleva gafas de carey, pantalones de vestir y un jersey de cuello cisne con cremallera. Su aspecto hace pensar que se tiró la infancia estudiando las declinaciones del latín, internado en un colegio de Exeter y pasando los veranos en Montauk, y no sumido en la pobreza hasta que la nota de un examen de primaria le valió una plaza en el prestigioso instituto Hunter College. Allí, por primera vez, se encontró rodeado «solo de chicos muy inteligentes que tenían grandes aspiraciones a nivel educativo». Su deseo de progresar era contagioso, o al menos instructivo. Se dio cuenta de que también él tenía grandes ambiciones.

Hoy, Ortiz es profesor de Psicología Clínica en la Universidad de Long Island, donde forma a psicólogos e investiga sobre tratamientos para la ansiedad y la depresión en niños y adolescentes. ¿Qué hace que alguien sea un buen terapeuta de adolescentes? «Para empezar, un buen terapeuta no trata la terapia con un adolescente como un sueldo de por vida. Si tu terapeuta no te habla durante la primera sesión del momento en que terminará la psicoterapia, probablemente no sea uno bueno».

Ortiz cree firmemente en el poder de determinados tipos de terapia, especialmente las cognitivo-conductuales y dialéctico-conductuales (conocidas como TCC y TDC), para remediar dolencias específicas como los trastornos por tics, los trastornos afectivos y el trastorno obsesivo-compulsivo. Él es terapeuta cognitivo-conductual y utiliza sus métodos para ayudar a familias de niños que sufren trastornos como la enuresis nocturna o incontinencia urinaria, y ha visto cómo mejoraban la vida de sus pacientes. Sin embargo, respeta lo suficiente el poder de la terapia como para rechazar la idea de que todo el mundo deba recurrir a ella, una noción que compara con la de un cirujano que dice: «Bueno, parece sano, pero vamos a abrirlo, a ver qué encontramos».

La terapia, cuando funciona con adultos, lo hace gracias a que el paciente acepta someterse a ella. Pero un niño o un adolescente que acude a terapia lo hace invariablemente porque un adulto lo ha presionado. A veces, no hay ninguna aceptación. El terapeuta debe entonces bailarle el agua o entretenerlo, evitando el desagradable trabajo que normalmente implica la terapia. Y si el adolescente sigue sin estar convencido, habrá que decir las cosas más claras: «Tu mamá cree que lo que te pasa es lo suficientemente grave como para pagar 250 dólares por una sesión».

Por más que nos esforcemos en «desestigmatizar» la terapia, el mensaje que manda a cualquier paciente infantil es doble: «Tu madre cree que te pasa algo y tu problema está por encima de su nivel salarial». Casi necesariamente, la presencia del intermediario alterará la relación del progenitor con su hijo, independientemente de que el progenitor se dé o no cuenta de ello.

Para los que hacen recuento de los riesgos yatrogénicos de la psicoterapia individual con niños, son los siguientes: desmoralización (convencer a una persona joven de que le pasa algo) y menoscabo de la autoridad paterna (mamá no puede ocuparse de tus problemas, así que ha contratado a alguien que sí puede, alguien que tiene mejor criterio sobre ti que ella). Y todo para someterlo a un proceso con dudosas posibilidades de funcionar.

Ortiz advierte a sus pacientes del riesgo de yatrogenia porque *quiere* que estén atentos a los efectos yatrogénicos; quiere que eviten sufrir. «Les digo que, en un cierto porcentaje de casos, la gente empeora con la terapia. No es porcentaje muy grande, pero puede ocurrir».

Esto me pareció no solo sensato, sino inteligente. Después de entrevistarlo, concluí que cualquier psicólogo, psiquiatra o terapeuta en el que llegara a confiar debía tomarse en serio la posibilidad de que la terapia puede hacer daño. Por fortuna, me encontré con cuarenta y cinco psicólogos educativos y quince psiquiatras —muchos de ellos de reconocido prestigio internacional— que admitían libremente la posibilidad de la yatrogenia. (Varios eran autores de libros y artículos sobre el tema).

Me planteé en qué podría consistir una mala terapia. Si un sádico *quisiera* inducir ansiedad, depresión, sensación de incapacidad o distanciamiento familiar, ¿qué métodos emplearía? Y una mente malévola, ¿cómo sometería a la tiranía de los sentimientos a toda una generación?[117] Pues así.

Primer paso de una mala terapia: enseña a los niños a prestar atención a sus sentimientos

Yulia Chentsova Dutton dirige el Laboratorio de Cultura y Emociones de la Universidad de Georgetown. Viajé a Washington para conocerla con la esperanza de que me aclarara por qué los niños estadounidenses en particular parecen tener tantas dificultades para regular sus emociones.

«Soy una investigadora de las emociones —me dijo esta emigrante soviética mientras visitábamos su laboratorio—. Las emociones son muy reactivas a la atención que les prestamos. Ciertos tipos de atención a las emociones, centrarse en ellas, pueden aumentar el malestar emocional. Y me preocupa que cuando intentamos ayudar a los jóvenes, ayudar a nuestros hijos, lo que estamos haciendo es echar más leña al fuego».

En las tres horas que pasamos juntas, Chentsova repasó conmigo su investigación transcultural, en la que compara las respuestas emocionales de los jóvenes con los factores estresantes en países como Japón, Rusia y China. También me enseñó su laboratorio, donde coloca electrodos a los sujetos y los observa a través de un cristal tintado mientras ven un vídeo diseñado para provocarlos psicológicamente. No es difícil imaginar por qué le gusta tanto su trabajo.

---

117. La expresión *tiranía de los sentimientos* se la debo al pediatra del comportamiento y el desarrollo Lawrence Diller.

Contar con un vocabulario emocional rico puede ayudar a los niños a describir sus sentimientos, pero afirma que muchas de nuestras intervenciones terapéuticas con niños van mucho más allá de proporcionárselo. «Básicamente les estamos diciendo que esa señal molesta (es decir, lo que están sintiendo) siempre es válida, que siempre es importante rastrearla, prestarle atención y utilizarla luego para orientar tu comportamiento, para guiar cómo actúas en una determinada situación».

Dar demasiada importancia a las emociones es como subirse a una silla giratoria para alcanzar algo que está en lo alto de una estantería. Es probable que se te escapen. Y peor aún: prestar atención a nuestros sentimientos a menudo provoca que se intensifiquen. Hacer que los niños se centren en sus emociones puede animarlos a ser *más* emocionales.

A Chentsova le preocupa que tantas intervenciones terapéuticas con niños partan de la idea de que deben atribuir una gran importancia a sus sentimientos. «Las emociones no solo son inestables, sino también muy manipulables», dice, insinuando que podría hacerme sentir todo tipo de cosas si quisiera. Hacer a alguien una serie de preguntas capciosas o ciertas afirmaciones puede provocar determinadas respuestas emocionales. «Es sumamente fácil», afirma.

En una sociedad individualista como la nuestra, nos inclinamos por creer, de manera errónea, que los sentimientos señalan con precisión quiénes somos en cada momento. Pero, en realidad, «responden a muchas señales y, precisamente por eso, a menudo fallan».

El enfado que sientes no indica necesariamente que tengas razón o que alguien te haya tratado de forma injusta. Puedes sentir envidia de un amigo, aunque en realidad no quieras lo que él tiene. Puedes sentirte querido por alguien que te maltrata o resentido con alguien que solo te ha tratado con amabilidad. Los sentimientos nos engañan todo el tiempo.

«Los adultos deberían explicar a los niños lo imperfectas y poco fiables que pueden ser sus emociones», afirma. Muy a menudo, los niños deberían mostrarse escépticos ante la posibilidad de que sus sentimientos reflejen una imagen precisa del mundo, e incluso ignorarlos por completo. (¡Que QUÉ?) Sí, has leído bien: una vida emocional sana conlleva una cierta *represión* diaria.

¿Cómo se supone que va a superar una niña un día de colegio si no ha aprendido nunca a dejar a un lado sus sentimientos heridos y concentrarse en las lecciones que tiene que aprender? ¿Cómo va a ser una buena amiga si sus propios sentimientos están siempre, en todo momento, en primer plano? ¿Cómo va a poder ser una persona operativa en el trabajo?

No puede. No lo hará. No están siendo capaces.

Pero ¿no es buena idea preguntarles con frecuencia a los niños por sus sentimientos? En Estados Unidos, terapeutas, profesores y padres parecen creer que hacerlo es como poner un termómetro en la puerta de casa: inofensivo y, en ocasiones, útil.

Michael Linden, catedrático de Psiquiatría del Hospital Universitario Charité de Berlín, cree que es una práctica terrible. «Preguntar a alguien "¿cómo te encuentras?" es dar pie a los sentimientos negativos. No deberías hacerlo».

Le pregunto por qué. Si lo único que haces es preguntar cada mañana «¿cómo estás hoy, Brayden?», ¿no es el niño libre de dar una respuesta tanto positiva como negativa?

Linden afirma que no. «Nadie está bien. Nunca, jamás. Siéntate en el autobús y mira a la gente que tienes enfrente. No parecen felices. La felicidad no es la emoción del día».

Linden es un experto de fama mundial en los efectos yatrogénicos de la terapia. Tras leerme uno de sus trabajos sobre las aventuras más temerarias de la psicoterapia, concertamos una cita por Zoom. Guapo y alegre, da la impresión de que le encanta burlarse de los estadounidenses, algo que, según he sabido, los académicos alemanes y del norte de Europa encuentran casi irresistible. Linden tiene el pelo completamente gris, una amplia sonrisa y un divertido aire displicente.

Linden me dijo que si se hace un seguimiento de las emociones de una persona a lo largo de un día, o incluso de una semana, la felicidad es en realidad una emoción muy rara, estadísticamente hablando. De los sesenta mil segundos de vigilia que pasamos al día, solo un pequeño porcentaje transcurre en un estado que podríamos llamar «feliz». La mayor parte del tiempo estamos simplemente «bien», intentando hacer caso omiso de algún pequeño malestar: nos sentimos un poco cansados, decaídos, molestos, estresados, irritados, con alergia o doloridos. Si le pides a una persona que reflexione sobre su estado actual —y si es sincera—, lo único que obtendrás es una serie de respuestas negativas.

Linden advirtió mi sorpresa, así que me pidió que considerara cómo me sentía en ese momento, durante nuestra entrevista. Me disponía a decir que «bien» cuando él se adelantó: «Ahora mismo no sientes felicidad. Estás concentrada en la entrevista».

Y estaba en lo cierto. Cuando hablamos eran las cinco de la mañana en California y, por decirlo suavemente, no soy una persona madrugadora. Era plenamente consciente de que los tres niños que dormían en el piso de arriba podían despertarse en cualquier momento e interrumpir la entrevista. No me gustaba lo cansada que me sacaba mi *webcam*. Como había remoloneado en la cama para dormir más, me había quedado sin tiempo para maquillarme. No me había tomado mi café de por la mañana.

Con su jersey de lana merina, Linden parecía relajado, pero yo estaba pálida y agotada, esforzándome por parecer más espabilada de lo que estaba, luchando por captar lo que él quería decir con su acentazo. Así que no estaba precisamente «feliz», no. Linden había dado en el clavo. Ser más consciente, y con una mayor concreción, de mis sentimientos en ese momento me provocaba sobre todo una sensación negativa.

Volví a pensar en las amigas de Nora y me pregunté a cuáles de ellas las beneficiaría prestar más atención a sus sentimientos. A las que luchaban contra una enfermedad mental seria no. Y, desde luego, no a las que, según ella, buscaban un diagnóstico, exagerando sus síntomas.

Pero Linden me dijo que hay un problema aún mayor en pedir a los niños que reflexionen sobre sus sentimientos una y otra vez. Tiene que ver con la orientación psicológica.

Los psicólogos han estudiado los estados mentales que tienden a hacernos más exitosos, sea cual sea el reto. Hay al menos dos que podemos adoptar: la «orientación a la acción» y la «orientación al estado».[118] Adoptar una orientación a la acción significa centrarse en la tarea que tenemos por delante sin pensar en nuestro estado emocional o físico en ese momento. En cambio, la orientación hacia el estado implica pensar principalmente en ti mismo: en lo preparado que estás en ese momento, la preocupación que sientes por un mensaje que no has contestado, el ligero picor en la garganta, ese calambre en el cuello que está yendo a más. Adoptar una orientación a la acción, según parece, hace mucho más probable que cumplas la tarea.

Los mejores entrenadores esto lo saben de forma instintiva. Fíjate en cómo motivan al equipo antes del partido: «¡Podemos hacerlo!». «Wiggins, vas a cubrir al 11 como si fueras su sombra. Tyler, vigila las faltas. Defensas, vais a presionar sin parar a su *quarterback*, quiero ver *hurries* y *sacks*. Presión, cabeza alta, mantened la compostura, bloquead bien, sin faltas. ¡Concentraos, concentraos, concentraos en lo que tenéis por delante!».

No dicen: «Venga, vamos a dedicar un momento a escuchar cómo os sentís cada uno. Tyler, empezaremos contigo. ¿Sigues deprimido por el divorcio de tus padres?». Si quieres ganar —si quieres lograr algo—, una de las peores cosas que puedes hacer en ese momento es centrarte en tus decepciones, molestias y relaciones dolorosas. Ningún entrenador que busque ganar pide a sus jugadores que piensen en sus sentimientos en el descanso, porque pensar en uno mismo destroza tu capacidad para sacar las cosas adelante.

«La orientación al estado te impide tener éxito en cualquier cosa», afirmaba.

118. Shi, Rui, *et al.*, «Individual difference in goal motives and goal content: the role of action and state orientation», *Journal of Pacific Rim Psychology*, 12 (2018), p. 20, <https://www.cambridge.org/core/services/aop-cambridge-core/content/view/AB5F6366258C5C3348FF4DE46984141F/S1834490918000089a.pdf/div-class-title-individual-difference-in-goal-motives-and-goal-content-the-role-of-action-and-state-orientation-div.pdf>.

Le pregunté qué esperaría ver en una sociedad en la que se animara constantemente a los niños a prestar atención a sus sentimientos.

«Si empiezas el día preguntándote si eres feliz, la conclusión solo puede ser que no lo eres. Y entonces piensas que necesitas ayuda para serlo; así que decides acudir a un psicoterapeuta, que acabará haciéndote *verdaderamente* infeliz».

Pero ¿por qué la respuesta no puede ser siempre «soy feliz»?

Linden dice que porque nunca será verdad. Y el tiempo que pasemos respondiendo a esta pregunta no hará sino alejarnos de cualquier objetivo tangible y de la satisfacción de haberlo cumplido.

Segundo paso de una mala terapia: fomenta la rumiación

Todos tenemos una amiga que pasa demasiado tiempo obsesionada con su ex. La rumiación consiste en eso: un estilo de pensamiento que se caracteriza por darle vueltas a heridas y problemas personales del pasado. Desahogarse puede producir alivio, pero revivir el mismo dolor puede volverse patológico.[119] Es también uno de los riesgos yatrogénicos más importantes de la terapia.

Leif Kennair, experto de renombre mundial en el tratamiento de la ansiedad, la depresión y el trastorno obsesivo-compulsivo, estudia los trastornos de rumiación. Es profesor de Psicología de la Personalidad en la Universidad Noruega de Ciencia y Tecnología, y también ha escrito un libro (lamentablemente, en noruego) en el que detalla con rigor las formas en que la terapia puede llegar a ser contraproducente.

«Intentar que el paciente revise su pasado y por qué le fue mal, qué podría haber ido mejor y cómo debería haber sido diferente,

---

119. Véase Pedersen, Helene, *et al.*, «Meta cognitions and brooding predict depressive symptoms in a community adolescent sample», *BMC Psychiatry*, 22 (2022), p. 157.

qué puede ocurrir, cuál es el resultado más probable, etcétera... Muchas de estas intervenciones en realidad aumentan la preocupación y la rumiación», me dijo por Zoom. En cambio, cuando los pacientes presentan depresión o trastorno de ansiedad generalizada, los terapeutas «deberían realizar intervenciones para *interrumpir* esa preocupación y rumiación».[120] Es decir, un buen terapeuta debería hacer lo que hacen los terapeutas cognitivo-conductuales: demostrar al paciente que la rumiación es una forma de pensamiento improductiva y enseñarle a dejarla a un lado.

Cuando hablé con Kennair, varios terapeutas me habían asegurado que no había pruebas de que los jóvenes de hoy estuvieran más deprimidos que los de generaciones anteriores. Le pregunté cómo podíamos estar seguros de que no eran simplemente más «abiertos» a la hora de hablar sobre su mala salud mental.

Su respuesta fue perspicaz y sorprendente: ser demasiado propenso a hablar de tu dolor emocional es *en sí mismo* un síntoma de depresión. «Si haces eso —dar voz habitualmente a tus pensamientos negativos o a tus problemas personales—, estás como mínimo corruminando. Pero, a mi juicio, los jóvenes tienden más a la rumiación, y esta es el *principal* marcador de la depresión».

Tercer paso de una mala terapia: convierte la «felicidad» en un objetivo, pero recompensa el sufrimiento emocional

Si pasamos una tarde entre familias que tienen niños pequeños, oiremos a los padres cerciorarse de que a sus hijos les está gus-

---

120. Este es precisamente el modo en que la TCC aborda la depresión: entrenando a los pacientes para que vean sus pensamientos negativos como engañosos o falsos y animándolos a dejar de rumiarlos. En este sentido, la TCC es una especie de antiterapia: *no hay que hurgar sin cesar en la memoria ni tomar constantemente el pulso emocional. Acude si tienes un problema específico que inhibe tu vida diaria: fobia, obsesión, insomnio. En un número determinado de sesiones, conseguiremos que abandones los patrones de pensamiento improductivos para que puedas seguir adelante con tu vida.*

tando su helado, de que están *entusiasmados* con la idea de ir al colegio al día siguiente o de que se *divirtieron* en el parque. De infinitas maneras, les estamos diciendo a los niños: vuestra felicidad es nuestro objetivo; en ella se nos va la vida.[121]

Según las mejores investigaciones, lo hemos entendido todo al revés. Si quisiéramos que nuestros hijos fueran felices, lo último que haríamos sería comunicarles que su felicidad es nuestro objetivo. Cuanto más enérgicamente vas a la caza de la felicidad, más probabilidades tienes de decepcionarte.[122] Esto es cierto independientemente de las condiciones objetivas de tu vida.

«Sabemos que la búsqueda de la felicidad de uno mismo se asocia en realidad con una baja función psicológica, y esta, a su vez, con más síntomas depresivos —me dijo Chentsova Dutton—. Sabemos que las personas que desean intensamente ser felices no son particularmente felices, y que el deseo de ser feliz actúa como un factor de vulnerabilidad».

Piensa en tus abuelos. Mi abuela, que se crio en la pobreza, disfrutaba con los pequeños regalos de la vida: una bola de helado de chocolate, una sencilla fiesta de cumpleaños familiar con una tarta casera nada estética, las figurillas con letras hebreas que encontraba en la tienda de antigüedades de algún país dejado de la mano de Dios. Cada una de estas cosas le producía la repentina alegría que siente alguien que jamás esperó que su vida pudiera llenarse de felicidad.

Al insistir en que la felicidad sea su objetivo, colocamos a los niños en una encrucijada. Dutton afirma que, por un lado, «buscar la felicidad» tiende a deprimirlos más; y, por otro, sen-

121. Deseamos tanto presenciar el mejor día de la vida de nuestros hijos que intentamos fabricarlo. Este es el origen de los bailarines motivadores en las fiestas de bar mitzvá. No confiamos en que nuestros adolescentes sientan la alegría por sí mismos: pagamos a extáticos profesionales para que convenzan a nuestros hijos de que se lo están pasando como nunca.

122. Mauss, Iris B., *et al.*, «Can seeking happiness make people unhappy? Paradoxical effects of valuing happiness», *Emotion*, 11, 4 (2011), pp. 807-815. Véase también Sharkey, Lauren, «The surprising link between depression and the pursuit of happiness», *Medical News Today*, 16 de enero de 2020, <www.medicalnewstoday.com/articles/327493>.

tirse deprimidos se recompensa socialmente. Así, los niños «amplían de forma natural la señal que mandan sobre lo mucho que sufren».

Cody, estudiante de último curso de un instituto público de Brooklyn, me dijo lo mismo. Hace una generación, los chicos se identificaban con lo que él llama sus «fortalezas»: la deportista, el chico popular, el miembro del equipo de matemáticas, la guapa de la clase. Pero hoy, eso está prohibido. «Identificarte con tus fortalezas ahora no está bien visto, porque algunas personas pueden manipularte haciéndote creer que eres un privilegiado por tenerlas».

¿Y qué hay de malo en que se identifiquen con sus problemas? «Pues, en mi opinión, que no se molestan en solucionarlos».

Cody insistió en aclarar que no hablaba de los que sufrían una depresión grave, sino de los chicos normales y corrientes. Una vez que consiguen que otros estudiantes validen sus problemas de salud mental, «no salen de esa rutina», dice.

Cuarto paso de una mala terapia: valida las preocupaciones de los niños y adáptate a ellas

«Mason solo come espaguetis con mantequilla». «A Harper le dan miedo los perros. ¿Le importaría encerrar al suyo durante nuestra visita?». «Parece que su hija tiene ansiedad por los exámenes. Voy a escribir una nota al colegio para que le permitan hacerlos sin limitación de tiempo». ¿Te suena?

Pero los terapeutas no son los únicos que validan y se adaptan a la ansiedad de los niños; los padres también. Sin embargo, los terapeutas lo hacen al mismo tiempo que pretenden tratarla. «Sin querer, pueden mandar el mensaje de que los pacientes deben preocuparse mucho por los estímulos que producen ansiedad», me dijo Ortiz. «Hemos descubierto que los terapeutas propensos a sufrir ansiedad tienden a ser sobreprotectores en sus intervenciones con los pacientes».

Para el niño, tal vez suponga un alivio a corto plazo que un terapeuta acepte que los perros *pueden dar* miedo y proponga estrategias para evitar al labrador color chocolate del vecino. Pero hacerlo también puede reafirmar la preocupación, dando a entender que cruzarse con un perro es como encontrarse con un puma: una emergencia digna de una acción evasiva en toda regla. Así que, sí, los terapeutas pueden reforzar los miedos exagerados de un niño o adolescente. Y pueden empeorar la ansiedad de los niños.

Un principio básico de terapias como la TCC es que la aversión extrema de un niño a, por ejemplo, la suciedad, puede estar basada en la falsa creencia de que la suciedad es perjudicial. La mejor forma de derribar ese pensamiento desadaptativo es que el niño tenga contacto directo y repetido precisamente con aquello a lo que teme.[123] Si tu hijo tiene miedo a los perros, pídele que acaricie uno.[124] En el caso de un paciente con fobia a los gérmenes y trastorno obsesivo-compulsivo que se lava las manos cien veces al día, el terapeuta puede insistir en que toque un inodoro y, finalmente, meta la mano en la taza sucia de un váter. En una ocasión, Ortiz llevó a un paciente a hacerlo y a que luego se limpiara la mano en una almohada y durmiese sobre ella.

«Una vez que pueden pasar por situaciones así de extravagantes, los miedos habituales que suelen preocuparles no parecen tan grandes. Comparativamente, tocar el pomo de tu propia puerta después de haber metido la mano en la taza del váter se vuelve algo sin importancia».

La «terapia de exposición» es un método progresivo de la TCC que anima a los pacientes a enfrentarse a las cosas que les incomodan. Es una de las pocas terapias con un historial probado de beneficios. Aunque un gran número de terapeutas afirman utilizar los métodos de la TCC, solo una parte de ellos están formados en ella o ponen en práctica sus métodos basados en la evidencia.[125]

---

123. Julian, Kate, «The anxious child, and the crisis of modern parenting», *The Atlantic*, mayo de 2020, p. 32.

124. *Ibidem.*

125. «La NACBT [Asociación Nacional de Terapeutas Cognitivo-Conductuales] se formó en respuesta a una tendencia creciente de profesionales de la

Los psicólogos y orientadores escolares suelen hacer lo contrario: reforzar la preocupación de un niño mediante la validación y la adaptación.[126] Interactúan con el profesor, aparentemente en nombre del niño, para aligerar la carga de trabajo en casa o ponerle deberes hechos a medida para él si el plan de estudios estándar parece causarle demasiado estrés. Nada de esto fomenta el desarrollo de las herramientas naturales del niño para hacer frente a sus preocupaciones o superar situaciones estresantes.

La adaptación priva a los niños de la oportunidad de superar un reto y los hace «en realidad menos capaces», afirma Ortiz. Obliga a una niña a dormir en una casa asolada por los ronquidos de sus hermanos, el silbido del viento o el crujido de las vigas, y acabará durmiendo. Y lo que es más importante: se dará cuenta de que puede hacerlo.

Ortiz subraya que todos necesitamos práctica para soportar el malestar, tanto emocional como físico. Si practicamos lo necesario, aprenderemos a tolerarlo mejor. Si no lo hacemos, puede que *empeoremos*. Y, sin embargo, muchos adultos se empeñan en

salud mental que se etiquetan a sí mismos como «terapeutas cognitivo-conductuales» cuando en realidad su práctica real de asesoramiento/psicoterapia no se parecía a la TCC», National Association of Cognitive-Behavioral Therapists, <https://www.nacbt.org>. Véase también Brown, Harriet, «Looking for evidence that therapy works», *The New York Times*, 25 de marzo de 2013, <https://archive.nytimes.com/well.blogs.nytimes.com/2013/03/25/bus cando-pruebas-de-que-la-terapia-funciona>. («Una encuesta de 200 psicólogos publicada en 2005 descubrió que solo el 17 por ciento de ellos utilizaban la terapia de exposición [una forma de TCC] con pacientes con trastorno de estrés postraumático, a pesar de las pruebas de su eficacia». El artículo continúa señalando que «La TCC se refiere a una serie de tipos de psicoterapia estructurados y directivos que se centran en los pensamientos que subyacen a los sentimientos del paciente y que a menudo incluyen terapia de exposición y otras actividades. Por el contrario, muchos pacientes son sometidos a una especie de enfoque de popurrí: un poco de esto, un poco de aquello, en gran parte derivado más de los prejuicios y la formación del terapeuta que de los últimos resultados de la investigación. E incluso los profesionales que afirman utilizar tratamientos basados en la evidencia rara vez lo hacen»).

126. Kate Julian, *op. cit.*

eliminar toda molestia e incomodidad de la vida de los niños como si de toxinas se tratara.

Le pregunté a la neuropsicóloga y escritora Rita Eichenstein por qué hay tantas fobias y tanta ansiedad entre los niños de hoy. «Hay privación sensorial. En cuanto el recién nacido sale del hospital para ir a casa, se le coloca en la sillita del coche, de espaldas —dice—. La guardería está impoluta. Ahora todo está en silencio. Usan máquinas de ruido blanco. No se ensucian. No interactúan con la suciedad del mundo exterior. No experimentan el caos en su forma cotidiana».

Desterrar el caos cotidiano del entorno de un niño es precisamente lo contrario de lo que haríamos si quisiéramos dar lugar a un adulto capaz de disfrutar del intrínseco sabor agridulce de la vida, de los pequeños placeres que nunca podríamos advertir si nuestra vida fuera un parque de atracciones de algodón donde no nos vamos a hacer ni un rasguño.[127] Rogamos a los médicos que den ansiolíticos a nuestros hijos, a los profesores que les hagan exámenes sin ponerles tiempo. Les compramos viseras de plástico para que el agua de la ducha no les caiga sobre los ojos y retiramos cuidadosamente las semillas de sesamo del pan de sus hamburguesas.[128] No solo nos estamos volviendo locos nosotros: estamos haciendo que nuestros hijos se vuelvan más temerosos y menos tolerantes con el mundo.

Quinto paso de una mala terapia: vigila, vigila, vigila

En décadas pasadas, los padres se preocupaban sobre todo por los peligros *físicos* que amenazaban a sus hijos: los desconocidos, cruzar la calle y cosas por el estilo. Pero cuando la paterni-

---

127. Ravella, Shilpa, «Rethinking the origins of inflammatory diseases», *The Wall Street Journal*, 6 de octubre de 2022, <https://www.wsj.com/articles/rethinking-the-origins-of-inflammatory-diseases-11665068467>.

128. Cleary, Belinda, «"I had to pick off the burger bun's sesame seeds": parents share the desperate lengths they've gone to in order for their kids to eat», *Daily Mail*, 17 de mayo de 2021, < https://www.dailymail.co.uk/femail/article-9589673/Parents-share-hilarious-lengths-theyve-gone-kids-eat.html>.

dad dio un giro terapéutico y empezamos a preocuparnos por los daños emocionales, nos dimos cuenta de que *nunca* podríamos quitarles ojo. Al fin y al cabo, un niño que se rompe un brazo suelta un grito, pero un niño traumatizado por las burlas no emite sonido alguno. Necesitábamos contar con mucha más información, las veinticuatro horas del día. Necesitábamos que los adultos vigilaran a nuestros hijos, que los terapeutas, psicólogos escolares y orientadores estuvieran dispuestos a radiografiar con todo lujo de detalles sus emociones. Esperábamos que los vigilaran y nos informaran.

«Los niños de hoy están siempre bajo la mirada de un observador —afirma Peter Gray, profesor de Psicología del Boston College y autor del clásico libro de texto sobre Psicología—. En casa, los padres los observan. En la escuela, los observan los profesores. Fuera del colegio, participan en actividades dirigidas por adultos. Apenas tienen intimidad».

Me bastó un momento de reflexión para darme cuenta de que estaba en lo cierto y de que suponía un cambio radical con respecto a la experiencia de generaciones anteriores. En el colegio, mis hijos tienen «monitores de recreo», profesores que se involucran en cualquier conflicto que surja en el patio y que avisan a los niños cuando las barras de los columpios están resbaladizas por la lluvia. En el autobús, «monitores de autobús». Después del colegio, muchos niños que conozco se dirigen a actividades extraescolares —clases de escalada, ukelele o jiu-jitsu— supervisadas por un adulto.

Uno podría pensar que esto es mejor que dejar que los niños vayan por el mundo sin supervisión. Los adultos suelen dar mejores ejemplos de comportamiento que los niños. Los padres aconsejan mejor que los amigos. Los profesores insisten en que las normas se cumplan y frenan el acoso escolar. Y *todos ellos* se asegurarán de que los niños no se enfrenten a situaciones sexuales o consuman drogas. Cuanta más vigilancia mejor, ¿no es así?

En realidad, según Gray, añadir supervisión a la vida de un niño equivale a añadirle ansiedad. «Cuando los psicólogos hacen investigaciones en las que quieren añadir un elemento de estrés y comparar a personas que hacen algo mientras lo sufren con otras que no, ¿cómo añaden estrés? Simplemente meten a un observador», explica. «Si te observa alguien que parece estar evaluando tu rendimiento, entra en juego un factor de estrés».

En la última generación, hemos llegado a pensar que el tiempo sin supervisión es peligroso, un espacio propicio para los traumas infantiles, el acoso y el abuso. Es mejor que un monitor establezca reglas claras para jugar al balón prisionero en el patio del colegio e insista en que todos jueguen limpio a que un niño se sienta excluido. Es mejor contratar monitores de autobús que arriesgarse a que un niño se lleve el dinero del almuerzo de otro. Es mejor que los padres sigan el paradero de sus hijos adolescentes con una aplicación que preguntarse dónde están o confiar en que lleguen a casa sanos y salvos. Sin embargo, esta vigilancia incesante ha infestado la infancia de estrés.

Gray señala que, si bien es cierto que los adolescentes no pueden mantener relaciones sexuales si se los vigila, tampoco pueden disfrutar de su intimidad. Dicho de otro modo: quedar para jugar, pero con supervisión, no deja lugar al juego (o al menos no si nos referimos a la actividad evolutiva que confiere grandes beneficios psicosociales y nos enseña a llevarnos bien con otros seres humanos).

El verdadero juego, el que favorece el desarrollo, implica riesgo, negociación y privacidad con respecto a los adultos:[129] el fuerte o la casa del árbol que construíamos para impedir que nos vieran. En cambio, advierte Gray, estamos viviendo un «experimento de privación del juego» en el que profesores, padres y terapeutas instruyen sin cesar a los niños sobre sentimientos y emociones, pero rara vez les proporcionan el espacio

---

129. Gray, Peter, «Risky play: why children love it and need it», *Psychology Today*, 7 de abril de 2014, <https://www.psychologytoday.com/us/blog/freedom-learn/201404/risky-play-why-children-love-it-and-need-it>. Véase también Caron, Christina, «Risky play encourages resilience», *The New York Times*, 21 de julio de 2020, <https://www.nytimes.com/2020/07/21/parenting/risky-play.html>.

o la privacidad para desarrollar las capacidades que son objeto de sus interminables monsergas. «Hemos eliminado las cosas que alegran a los niños y las hemos sustituido por otras que provocan ansiedad, y que también nos provocarían ansiedad a ti y a mí».

A los niños les divierte el peligro, descubrir cosas, mancharse. Los juegos cuyas reglas inventan con ese gracioso elenco de personajes a los que llaman amigos. Y no se van a dejar engañar por los inventos de su mamá: ese *slime* hipoalergénico y sin tóxicos que ruega a las niñas hacer todas juntas con el kit que ha comprado en Amazon. «¿A que es divertido? ¡Qué asquito! ¿Verdad, chicas?». Vale que es inofensivo, pero no va a servirles para desahogarse, poner a prueba sus límites o calibrar la relación con sus compañeras. No les ayuda a conocerse a sí mismas y, en el proceso, a descubrir qué tipo de actividades o personas podrían llegar a amar algún día.

Sexto paso de una mala terapia: reparte diagnósticos a discreción

Tu hijo de 5 años se pasea por el aula de preescolar distrayendo a los demás niños. La profesora se queja: no es capaz de seguir con su brillante lección sobre la letra *e*. Cuando invita a todos los niños a sentarse con ella en la alfombra para cantar una canción, él se queda mirando por la ventana, observando a una ardilla que corretea por una rama. A ella le gustaría que lo llevaras a un especialista para que lo evaluase.

Y eso haces. Es un buen colegio y quieres caer bien a la profesora y a la dirección. Lo llevas al pediatra, que te dice que parece TDAH (trastorno por déficit de atención con hiperactividad). Sientes cierto alivio, por fin sabes lo que le pasa. Y comienzan las intervenciones que transformarán a tu hijo en el alumno atento que su profesora quiere que sea.

Pero dar con el diagnóstico de tu hijo tiene consecuencias. Que un niño crezca creyendo que le pasa algo en el cerebro no es baladí. Incluso los profesionales de la salud mental son más propensos a interpretar como patológico un comportamiento ordinario del paciente si se les informa de su diagnóstico.[130]

«Un diagnóstico nos dice que una persona no solo tiene un problema, sino que está enferma», afirma el Dr. Linden. «Uno de los efectos secundarios que observamos es que la gente se entera de lo difícil que es su situación, cosa que antes no pensaban. Es desmoralizante».

Nuestra noble cruzada social para desestigmatizar la enfermedad mental tampoco protege al adolescente del determinismo que se cierne sobre él —el ser consciente de que tiene una limitación— una vez que se le hace el diagnóstico. Aunque mamá lo haya disfrazado con buenas palabras, él ha pillado lo que pasa. Un terapeuta ocupacional lo ha declarado discapacitado para el aprendizaje y un neuropsicólogo ha dicho que es neurodivergente. Ya no tiene opción de dejar de ser vago. Se ha reducido su sentido de la eficacia. La declaración oficial de un médico significa que no puede mejorar su situación por sí mismo. Solo la ciencia puede curarlo.[131]

Identificar un problema importante suele ser lo correcto. Tengo amigos que sufrieron dislexia durante años, y me han contado que descubrir el nombre de su problema (y la guinda: que no, que efectivamente no eran idiotas) supuso un alivio tremendo. Pero también he hablado con padres que buscaron un diagnóstico —en un caso concreto— para un niño de preescolar perfectamente normal que no hacía caso a su madre. A veces, el niño arremetía contra ella o le pegaba. Tardaba una eternidad en ponerse los zapatos. Varios neuropsicólogos le hicieron evaluaciones y decidieron que estaba «dentro de la normalidad». Pero los padres siguieron buscando, convencidos de que debía haber algún nombre para la testarudez del niño. No se les pasó por la

130. Véase Rosenhan, David, «On being Sane in insane places», *Science*, 179, 4070 (1973), pp. 250-258.

131. Como señaló un equipo de investigadores, dar a alguien un diagnóstico «puede alterar su autopercepción, ya que posteriormente interpreta la mayoría o la totalidad de sus experiencias como manifestaciones de la anormalidad inherente al "proceso de enfermedad" implicado por el descriptor», Charles M. Boisvert y David Faust, *op. cit.*, pp. 244-259.

cabeza que, al perseguir un diagnóstico, también podían estar endosándole un nuevo concepto negativo de sí mismo.

Séptimo paso de una mala terapia: drógalos

Primero hay que diagnosticar y luego medicar. No obstante, si Lexapro, Ritalin y Adderall fueran la solución, el deterioro de la salud mental de los jóvenes habría terminado hace décadas.[132]

Alterar la química cerebral de tu hijo es una de las decisiones más importantes que puedes tomar como progenitor, pero para muchos psiquiatras infantiles y demasiados pediatras no es más que echar una firma y arrancar la hoja de un talonario de recetas.[133]

Steven Hollon es profesor titular de Psicología en la Universidad Vanderbilt, donde estudia la etiología y el tratamiento de la depresión. «Hay que tener mucho cuidado con empezar a dar antidepresivos a niños y adolescentes», me dijo. Es aún más inflexible respecto de ansiolíticos como Xanax y Klonopin. «Cualquier cosa que te haga sentir mejor en treinta minutos va a ser como mínimo psicológica o fisiológicamente adictiva, y lo más probable es que acabe siendo ambas cosas».

Le pregunté si en caso de que no hubiera una crisis psicológica grave deberíamos interrumpir el desarrollo adolescente introduciendo antidepresivos. «Los biólogos evolutivos dirían que no, que forma parte de la vida. Se aprende a lidiar con el dolor a bregar con la pérdida». Necesitamos desarrollar esas capacidades para nuestra propia supervivencia. «Las cosas que puedes aprender a hacer a veces duelen un poco, a veces dan miedo. Pero las que se pueden aprender es mucho mejor aprender a hacerlas que depender de una sustancia química».

---

132. *Prozac nation* fue un superventas antes de que naciera el primer niño de la generación Z.

133. Sulkin, Maya, «America's love affair with Adderall», *The Free Press*, 14 de junio de 2023, <https://www.thefp.com/p/america-addicted-to-adderall-shortage>.

En el caso de los niños y adolescentes hay muchas menos pruebas de la eficacia de los antidepresivos que en el de los pacientes
adultos.[134] Las que la demuestran son mucho menores.[135] Y los niños
son, por definición, un objetivo en movimiento, que experimenta
cambios tan rápidos que los médicos corren el riesgo de medicarlos
para tratar circunstancias que pronto habrán dejado atrás.

Y hay que tener en cuenta los efectos secundarios de los medicamentos que se prescriben a un adolescente que de por sí ya
tiene problemas: aumento de peso, insomnio, disminución del
deseo sexual, náuseas, fatiga, nerviosismo, riesgo de adicción,[136]
y, por supuesto, un síndrome de abstinencia a veces brutal.[137] Por
razones que no se comprenden muy bien, el suicidio sigue siendo un efecto secundario de los antidepresivos.[138]

134. Hetrick, Sarah, *et al.*, «New generation antidepressants for depression in children and adolescents: a network meta-analysis», *Cochrane Library*,
24 de mayo de 2021. («En general, las deficiencias metodológicas de los ensayos aleatorizados dificultan la interpretación de los resultados con respecto a la
eficacia y la seguridad de los antidepresivos más recientes»).

135. Hetrick, Sarah, *et al.*, «Best evidence suggests antidepressants aren't
very effective in kids and teens. What can be done instead?», *The Conversation*,
24 de mayo de 2021, <https://theconversation.com/best-evidence-suggests-
antidepressants-arent-very-effective-in-kids-and-teens-what-can-be-done-
instead-160758>. Véase también Cheung, Amy H., *et al.*, «The use of antidepressants to treat depression in children and adolescents», *Canadian Medical
Association Journal*, 174, 2 (2006), pp. 193-200, <https://www.cmaj.ca/
content/174/2/193.full>; Garland, Jane E., «Facing the evidence: antidepressant treatment in children and adolescents», *Canadian Medical Association Journal*, 170, 4 (2004), pp. 489-491, <www.ncbi.nlm.nih.gov/pmc/arti
cles/PMC332716>; Ioannidis, John P. A., «Effectiveness of antidepressants: an
evidence myth constructed from a thousand randomized trials?», *Philosophy,
Ethics, and Humanities in Medicine*, 3 (2008), p. 14, <https://www.ncbi.nlm.nih.
gov/pmc/articles/PMC2412901>.

136. Información sobre la prescripción de Ritalin en el sitio web de Novar-
tis: <https://www.novartis.com/us-en/sites/novartis_us/files/ritalin_ritalin-
sr.pdf>.

137. Gabriel, Matthew, «Antidepression discontinuation syndrome», *Canadian Medical Association Journal*, 189, 21 (2017).

138. Food and Drug Administration, «Suicidality in children and adolescents being treated with antidepressant medications», Archivo de la FDA, 5 de

Pero, posiblemente, el riesgo más serio de los antidepresivos, los ansiolíticos y los estimulantes sea el efecto *primario* de los propios fármacos: poner a un joven bajo medicación cuando aún se está acostumbrando a sentir su propio cuerpo y a adaptarse a él. Hacer que se sienta menos él, impedirle sentir la emoción del ingenio espontáneo, ese pinchazo de furia ante las injusticias, el impulso animal que se siente al detectar una oportunidad —un romance, una vacante, un puesto en el equipo— y lanzarse a por ella. Obligarle a ser un lejano espectador de su propia vida.

Muchos adultos, acostumbrados a tomar Xanax para superar una situación difícil, se ven tentados a hacer lo mismo con sus hijos adolescentes. Pero el impacto que genera en un niño empezar a tomar medicación psicotrópica no tiene ni punto de comparación. Cada experiencia de su vida —todas esas «primeras veces»— estará ahora mediada por este acompañante químico: cada triunfo, cada punzada de deseo y remordimiento. Cuando se empieza a medicar a un niño, se corre el riesgo de aturdirlo emocionalmente justo en el momento en que está aprendiendo a calibrar los riesgos y a gestionar los altibajos de la vida. Al hacer que experimente bajo anestesia las vicisitudes del éxito y el fracaso, el amor, la pérdida y la decepción, cuando se enfrenta a ellos por primera vez, le estás privando de la musculatura emocional

---

febrero de 2018, <https://www.fda.gov/drugs/postmarket-drug-safety-infor
mation-patients-and-providers/suicidality-children-and-adolescents-being
-treated-antidepressant-medications>. Es posible que te suene esta historia:
*algunos pacientes se vuelven suicidas después de tomar un antidepresivo por-
que el fármaco les dio motivación, motivación que utilizaron para llevar a cabo
el suicidio.* Al menos un pediatra me lo contó. Pero es una historia sin más, sin
respaldo probatorio. Simplemente no sabemos por qué los antidepresivos aumentan el riesgo de suicidio en algunos pacientes. Véase Reeves, Roy R., «An-
tidepressant-induced suicidality: an update», *CNS Neuroscience & Therapeu-
tics*, 6, 4 (2010), pp. 227-234, <www.ncbi.nlm.nih.gov/pmc/articles/PMC6
493906>; Oberlander, Tim F.; y Miller, Anton, «Antidepressant use in children and adolescents: practice touch points to guide pediatricians», *Pediatrics
& Child Health*, 16, 9 (2011), pp. 549-553, <www.ncbi.nlm.nih.gov/pmc/
articles/PMC3223889>.

que necesitará como adulto. Una vez expuesto a los medicamentos, es probable que crea que no puede afrontar la vida con plenas facultades y, gracias a haber pasado la adolescencia echando mano de ellos, puede que incluso tenga razón.

Si puedes aliviar la ansiedad, la depresión o la hiperactividad de tu hijo sin medicarlo, merece la pena que pongas tu vida patas arriba para hacerlo.

Octavo paso de una mala terapia: anima a los niños a compartir sus «traumas»

«Un trabajo realmente bueno e informado sobre el trauma no se traduce en que consigas que la gente hable de ello —me dijo Richard Byng, médico y especialista en salud mental—. Más bien lo contrario».

Byng ayuda a expresidiarios de Plymouth (Inglaterra) a habituarse a la vida fuera de prisión. Muchos de ellos sufrieron abusos atroces cuando eran niños o adolescentes. Y, sin embargo, este especialista afirma que la clave a veces está en *no* hablar de sus traumas.

Según Byng, uno de los fallos más significativos de la psicoterapia es su negativa a reconocer que no a todo el mundo le ayuda hablar de sus problemas. A su juicio, muchos pacientes salen perjudicados.

«Si sé que alguien ha sufrido un trauma, lo que suelo hacer es mencionarlo muy por encima. Me limito a reconocer que sí, vale, parte de por qué te encuentras así se debe a que te han pasado cosas malas. Y dejamos el tema. Lo que sí intento hacer, sin embargo, es hablar de lo que pasa en el presente».

¿Que no ayuda a todo niño que ha sufrido graves adversidades «compartir» sus traumas? ¿Que el hecho de hablar de su dolor pasado no necesariamente le alivia? ¿Que hablar de una experiencia traumática, incluso con un terapeuta cualificado, puede a veces aumentar el sufrimiento? Tendrías que ver mi cara de estupefacción.

Byng afirma que los terapeutas ayudarían más a los pacientes si adoptaran un enfoque más humilde, uno que «entienda que hay personas que no quieren hablar de sus cosas. Que entienda que algunas personas necesitan irse y estar solas, pero también que otras precisan de apoyo, y que es difícil saber lo que necesita cada uno y lo que puede ser de ayuda».

No obstante, muchos profesores, orientadores y terapeutas hoy dan por sentado lo contrario: «Los niños no pueden seguir con sus vidas hasta que no hayan examinado a fondo y asimilado su dolor». En *El indomable Will Hunting*, película ganadora de dos Óscar, el protagonista (interpretado por Matt Damon) solo puede escapar de su traumático pasado y conquistar a la chica después de haber explorado a fondo con su terapeuta (interpretado por Robin Williams) su historial de abusos infantiles. En los abarrotados cines de todo el país, a todo el mundo se le encogió el corazón y le brotaron lágrimas, y la mente estadounidense renovó su fe en el milagro curativo de la terapia conversacional. Fuera de Hollywood, revivir recuerdos tristes suele crear más problemas de los que resuelve.

Hay terapias, como la dialéctica conductual, que adoptan un mejor enfoque que el del modelo que insiste en que solo puedes curarte si te ves obligado a «hablar de ello». Este otro enfoque resulta mejor y, en opinión de Byng, implica «aceptar que te han hecho daño y reconocer que solo tú puedes cambiar las cosas», sin presionar a la gente para que hable de su dolor. Con todo, admite que «es bastante difícil de conseguir».

Y, sin embargo, suele ser lo mejor para los pacientes. De nuevo, parece que una dosis de represión es una herramienta psicológica bastante útil para seguir adelante, incluso para los más traumatizados.

Rara vez se lo permitimos a los niños; al contrario, les exigimos que localicen cualquier sentimiento oscuro y lo compartan. Y tal vez ya estemos viendo los frutos: una generación de niños incapaces de ignorar el dolor, por insignificante que sea.

Noveno paso de una mala terapia: anima a los jóvenes a cortar el contacto con su familia «tóxica»

El psicólogo clínico y escritor Joshua Coleman ha dedicado toda su carrera a estudiar un fenómeno conocido como «distanciamiento familiar»: hijos ya adultos que cortan el contacto con sus padres, que se niegan a hablarles e incluso que les impiden ver a los nietos. Una encuesta nacional a gran escala confirma el reciente aumento de este fenómeno: casi el 30 por ciento de los estadounidenses de 18 años o más habían cortado relaciones con algún familiar.[139]

¿Esos padres condenados al ostracismo suelen ser maltratadores? Coleman afirma que, en términos generales, no. Desde su consulta, ha observado que los adultos que sufrieron malos tratos de niños suelen culparse a sí mismos por ello. «A menudo, están más interesados en rescatar lo que puedan del amor de sus progenitores».

Entonces, ¿qué pasa? ¿Por qué tantos jóvenes de hoy parecen tan reacios a relacionarse con ellos? Da igual lo pesada que sea, no dejas de quedar con tu madre solo porque te saque de quicio. (Le cuelgas, esperas cinco minutos, vuelves a llamar, actúas como si no hubiera pasado nada y, de paso, le pides como si tal cosa que recoja a tus hijos del entrenamiento de fútbol).

Coleman me explica que cuando los padres se enfrentan a los hijos adultos que han cortado la relación con ellos, la explicación más típica que les dan es: «"Pues mira, mi terapeuta me ha dicho que abusaste emocionalmente de mí o que he sufrido incesto emocional. O que tienes un trastorno narcisista de la personalidad". Los padres, por supuesto, responden poniéndose a la defensiva, y el hijo interpreta su respuesta como una prueba de que está en lo cierto».

---

139. Véase Pillemer, Karl, *Fault lines: fractured families and how to mend them*, Avery, Estados Unidos, 2020. Esto supone al menos sesenta y siete millones de estadounidenses separados. Pillemer cree que esto puede subestimar el problema, ya que muchos son reacios a reconocer su distanciamiento familiar.

Y añade: «Llevo mucho tiempo queriendo escribir un artículo con un título tipo "La mayor amenaza para la relación con tus hijos no es la paternidad, sino el terapeuta al que acabarán yendo"».

Según Coleman, una de las ideas más dañinas que se han filtrado en el torrente cultural es que toda la infelicidad de los adultos se debe a un trauma infantil. A partir de esta afirmación infundada e infalsable, los terapeutas han hecho infinitos destrozos.

Así es precisamente como la terapia suele animar a los jóvenes a entender su existencia. Si tu carrera no va bien, si tienes problemas en tus relaciones, si estás insatisfecho con tu vida, ponte a buscar tus traumas infantiles ocultos. Y puesto que los padres son los máximos responsables de tu infancia, cualquier «trauma infantil» que se haya desenterrado se entiende inevitablemente como una acusación hacia ellos.

El distanciamiento familiar es uno de los principales riesgos yatrogénicos de la terapia, y no solo porque suela generar una profunda angustia en los padres, sino también porque priva al hijo de una importante fuente de estabilidad y apoyo, y lo hace durante generaciones. El distanciamiento se traduce en nietos que crecen sin la ayuda de unos abuelos cariñosos que vayan a buscarlos al colegio o que templen el mal humor de sus padres. Y lo que es peor: deja a esos nietos con la impresión de que descienden de personas terribles. Gente tan retorcida que mamá no les deja entrar en casa. Incluso el mendigo del supermercado recibe un saludo y una moneda de vez en cuando... ¿pero la gente de la que provengo? Seguramente tienen que haber hecho algo imperdonable.

Los niños aprenden que todas las relaciones son prescindibles, incluso dentro del binomio padres-hijos. Mamá cortó la relación con sus propios padres, así que nada me impide creer que no haría lo mismo conmigo si yo también hiciera algo que le molestara.

Décimo paso de una mala terapia: crea dependencia del tratamiento

Según el Dr. Byng, los terapeutas pueden dañar la capacidad de acción y la confianza en uno mismo. La dependencia del tratamiento es un riesgo yatrogénico habitual de la terapia. «Creo que esa es probablemente la explicación más sencilla del problema: que estamos enseñando a la gente que no son seres humanos válidos».

Una paciente acostumbrada a consultar todo con su terapeuta puede llegar a convencerse de que nunca podrá actuar sin la aprobación expresa de una figura de autoridad. Un joven al que los adultos hayan enseñado a buscar la aprobación antes de asumir pequeños riesgos jamás se sentirá capaz de afrontar los retos que consideramos intrínsecos a la edad adulta: hacer nuevos amigos, superar una ruptura, elegir carrera universitaria.

Mi amiga Evelyn dirige un importante laboratorio en una de las principales instituciones de investigación biomédica de Estados Unidos. Cada año, desde hace quince, examina a cientos de candidatos con el fin de contratar a un selecto grupo de universitarios recién licenciados para que investiguen durante un año. Los candidatos proceden de las mejores universidades del país, donde por lo general cumplieron con todos los requisitos necesarios para ejercer la medicina. Algunos incluso han publicado en revistas académicas. En fin, que no son unos inútiles. Sean cuales sean las dificultades de su generación, los empleados de Evelyn representan la *crème de la crème* de los que tienen las cosas claras.

El año pasado, cuando la llamé por su cumpleaños y le mencioné el tema de mi libro, enseguida se animó. En la última década, ha observado un cambio notable en los jóvenes.

«Tienen mucho miedo. Temen equivocarse. Temen dar con una idea en el laboratorio y ponerla a prueba. Tienen miedo de no ser "increíbles". —Sonaba frustrada—. Es como si prefirieran no ponerse con ello a descubrir que no lo son. Tienen tanto miedo... —Enmudeció un instante pensando en sus hijos, aún pequeños—. No quiero criar así a los míos».

Yo le pregunto cómo sabe que es el *miedo* lo que los constriñe y no, pongamos por caso, la falta de experiencia o la cautela. Lo sabe porque ellos mismos se lo dicen. «Gran parte de mis tutorías con ellos giran en torno a su estado psicológico, su experiencia en el laboratorio y cómo se encuentran emocionalmente». Le informan a menudo de su salud mental, esperando que a ella le interese. No sabe exactamente de dónde se han sacado tal cosa —que informar sobre la salud mental sea una parte importante de la investigación con células—, pero ha aprendido a aceptarlo.

Cuando Evelyn estaba en el instituto, dirigía sus propios experimentos en el Instituto Nacional de Salud, bajo la supervisión de un biólogo celular. Ahora, no consigue que *universitarios* con una base académica infinitamente mejor hagan lo propio. «Podrían investigar lo que quisieran. Me encantaría que hicieran sus propios experimentos». Aunque tienen los conocimientos científicos básicos para triunfar en medicina, afirma que carecen de la más mínima voluntad. En comparación con los jóvenes que contrató hace una década, «no tienen capacidad de iniciativa», dice.

Detecto en su voz una oleada de exasperación. «A uno de ellos le tuve que decir: "¿Estás aquí para darme la jeringuilla de suero cuando te la pida? *¿De verdad* que quieres venir aquí para eso? Tienes los recursos, así que ve y haz algo científico"».

Parece dura, pero en realidad no lo es. Es dulce, amable y cariñosa. Le encanta despertar la curiosidad científica y posee ingentes reservas de paciencia. A un becario le propuso que diseñara su propio experimento y lo llevara a cabo. ¿Su respuesta? «Estoy trabajando en ello. Primero quiero tener claras mis habilidades». «¿Qué es eso de "trabajar en ello"? ¿Y cuándo vas a hacerlo, *dentro de seis meses*?».

—Parecen más infantiles, ¿no? —me aventuro a decir.

—¡Sí! —dice ella—. Están «formándose». Se están «preparando», me dicen: «Estoy adquiriendo estas habilidades. Voy a lanzarme, lo prometo». El nivel de satisfacción respecto a lo que producen es muy bajo. Es decir, se exigen a sí mismos lo mismo que un estudiante mucho más joven y menos preparado.

Lo que Evelyn describe es precisamente un caso de «dependencia del tratamiento». Al desconfiar de sí mismo, el paciente desarrolla un «locus de control externo» y es reacio a correr el tipo de riesgo temerario del que, de otro modo, podrían nacer una aventura amorosa o un éxito profesional.

Hipocondríacos emocionales

Una mala terapia fomenta la hiperconcentración en los estados emocionales propios, lo que a su vez empeora los síntomas. Esto me recordó a algunas personas que he conocido y que parecían sufrir hipocondría. La chica del equipo de fútbol que casi nunca salía al campo, pero que siempre tenía una misteriosa lesión y llegaba al colegio con un vendaje, un collarín o unas muletas, un dolor que ninguna radiografía podía explicar. O la joven activista por la justicia social a la que entrevisté, que estaba de baja y posponía sin parar nuestras quedadas a causa de sus «migrañas» o la enfermedad de Lyme, o de toda una letanía de dolencias siempre cambiantes.

¿Era posible que los expertos en salud mental estuvieran convirtiendo a los jóvenes en hipocondríacos emocionales? ¿Qué es la hipocondría?

Según Arthur Barsky, catedrático de Psiquiatría de la Facultad de Medicina de Harvard y experto mundial en hipocondría (ahora conocida como «trastorno de síntomas somáticos» o «trastorno de ansiedad por enfermedad»), la hipocondría es un trastorno de ansiedad. Los hipocondríacos sienten ansiedad por su salud y sus síntomas físicos.

No es que sean débiles ni se imaginan su dolor, pero tampoco sufren necesariamente *más* que otras personas. Simplemente están demasiado atentos a los dolores normales que todos sentimos.

«El hipocondríaco interpreta sus sensaciones corporales normales de forma irreal, convencido de que son signo de una enfermedad»,[140] afirmaba Barsky en su libro *Worried sick*. Esa hiperconcentración —una especie de ansiedad por el cuerpo— basta para ampliar los síntomas físicos.

«A las mujeres las aterroriza el cáncer de mama. Se examinan el pecho con tanta frecuencia que les empieza a doler. Y dicen: "¡Jesús! Debe de estar inflamado". Lo que hacen es empeo-

---

140. Barsky, Arthur J., *Worried sick: our troubled quest for wellness*, Little, Brown & Co., Estados Unidos, 1988, pp. 50-51.

rarlo». Los tratamientos más eficaces para la hipocondría, según el Dr. Barsky, son las modificaciones conductuales que obligan a quien la padece a dejar de atender mental y físicamente a su dolor.

Le pregunté qué hipocondríacos se resisten más al tratamiento, y son los que han convertido su angustia en lo que él llama un «principio organizador». Se unen a grupos online en los que se habla de sus misteriosas enfermedades, dejan de ir a trabajar y reorganizan su vida social prestando una atención capital a sus síntomas. Necesitan poco menos que un rescate: algo que los distraiga de sí mismos y los saque de este bucle mental autodestructivo.

Pero una mala terapia hace precisamente lo contrario: genera una concentración total en los sentimientos, amplifica la desregulación emocional, aumenta la sensación de desesperanza, de incapacidad, y genera una impotencia paralizante frente a una creciente oleada de sentimientos.

Lejos de llevarse a cabo en el diván del psicoanalista, hoy en día la mala terapia la ponen en práctica —tanto terapeutas como no terapeutas— con casi todos los niños. Y el epicentro de estas prácticas muy probablemente sea el colegio de tus hijos.

Parte II

La terapia se propaga por el aire

No se me ocurre un área que precise de más aprendizaje socioemocional que las matemáticas.

RICKY ROBERTSON,
consultor educativo

4

Intromisión socioemocional

La primera vez que me sugirieron que mi hija, que entonces tenía 7 años, padecía «mucha ansiedad», no estaba en el pediatra, sino en una reunión de padres y profesores. «Mira mucho el reloj conforme se acerca el final del día — dijo la ayudante del profesor—. Parece que perder el autobús le genera mucha ansiedad. Pensamos que debía saberlo».

Que un profesor de la generación pasada advirtiese que una niña de 7 años miraba mucho el reloj al final de una jornada escolar de nueve horas era algo poco probable, y menos aún que hiciera una observación tan irrelevante en una reunión de padres, como si de la revelación de un mago se tratara.

Yo sabía que era el primer año que mi hija cogía el autobús sin sus hermanos mayores, así que no había nadie que pudiera avisar al conductor si no llegaba a tiempo. Pero, además, a su abuelo le desagrada llegar tarde; y a su padre también; *y a mí.* Preocuparse por la puntualidad es algo muy normal en nuestra familia. Y, sin embargo, una profesora que había conocido a mi hija hacía apenas unos meses me dijo que aquello era motivo de preocupación, insinuando que debíamos ir a que vieran qué le pasaba.

La mayoría de los niños estadounidenses de hoy no van a terapia. Sin embargo, la gran mayoría va a la escuela, donde terapeutas y no terapeutas los diagnostican arbitrariamente. Según una encuesta realizada a médicos del área de Washington, D.C., los profesores eran *más proclives* a ser los primeros en sugerir un diagnóstico de TDAH en los niños.[141] Probablemente por este motivo, una de las principales organizaciones sin ánimo de lucro dedicadas a la salud mental de los adolescentes, el Child Mind Institute, ofrece un «comprobador de síntomas» online específicamente diseñado para ayudar a los padres o *profesores* a informarse sobre «posibles diagnósticos».[142]

Empecé a preguntarme qué más se estaba haciendo en las escuelas para mejorar la «salud mental» de los niños. Estaba de suerte. Cada año, el estado de California lleva a cabo una conferencia de tres días para los profesores de escuelas públicas con el fin de mostrar su amplia gama de servicios de apoyo emocional y de mejora del comportamiento. Me inscribí al segundo.

Así fue como, en julio de 2022, me reuní con más de dos mil profesores de escuelas públicas en el Centro de Convenciones de Anaheim, justo al lado de Disneylandia.[143] Los tatuajes en los tobillos iban a juego de flamantes pedicuras, había chaquetillas de punto con botones por todas partes y alguna que otra cresta mohicana cortaba el aire del salón, lo bastante helado como para cortarte también el aliento.

Hablamos de la «ciencia del cerebro» basándonos en un vídeo de YouTube que muchos de nosotros habíamos visto.[144] En él se explicaba que este es como una mano, con el pulgar doblado hacia la palma. «Nuestra amígdala cerebral ejerce un papel cru-

141. Sax, Leonard, «Who first suggests the diagnosis of attention-deficit/hyperactivity disorder». *Annals of Family Medicine*, 1, 3 (2003), pp. 171-174, <https://www.ncbi.nlm.nih.gov/pmc/articles/PMC1466583.2/>.

142. The Child Mind Institute, <https://childmind.org/symptomchecker>. («Mi relación con el niño es: profesor»).

143. California denomina a su programa de modelo extensivo «Sistemas de Apoyo de Varios Niveles», o MTSS.

144. Tuve que buscar el vídeo en YouTube después de la conferencia. «Brain and amygdala hand model explains how thoughts and emotions fuel anxiety», [vídeo], YouTube, 1:58, 16 de mayo de 2018, <www.youtube.com/watch?v=2xeDcPBD5Fk&t=4s>.

cial en las situaciones graves», decía la voz en *off*. Sonaba bien.
Nos sentimos neurocientíficos.

Lamentamos las cargas que tenían que asumir los orientadores escolares, quienes habían pasado a formar parte de la planti-
lla de psicólogos y supervisaban las escuelas públicas del mismo
modo que los responsables de la diversidad e inclusión controlan
la universidad. Desconfiábamos de estos nuevos jefes, pero hubo
que admitir que tenían un gran trabajo por delante. Nuestros
hijos estaban chalados. (La palabra que nos esmeramos en usar
fue *desregulados*). Los orientadores supervisaban ahora de forma rutinaria la calidad socioemocional de nuestra enseñanza,
olfateaban los trastornos emocionales de nuestros alumnos y de-
cidían las tareas que debían suprimirse o las calificaciones que
debían ajustarse al alza.

Hablamos de la necesidad de dar a los niños «descansos cerebrales», del poder salvador de los «minutos de *mindfulness*» y
de la importancia de terminar cada día con una «conclusión optimista». Nuestro ámbito era el «niño en su totalidad», lo que
significaba que, además de las académicas, debíamos evaluar y
hacer un seguimiento de sus capacidades «sociales y emocionales». Teníamos un objetivo: la «educación que tuviese presentes
los traumas». Nos comprometimos a tratar a *todos* los niños
como si hubieran sufrido algún trauma debilitante.

Las entrevistas posteriores que mantuve con docenas de profesores, orientadores escolares y padres de todo el país disiparon
cualquier tipo de duda: los terapeutas no eran los únicos que
llevaban a cabo una mala terapia con los niños. Esta se había
propagado por el aire. Durante más de una década, los profesores, orientadores y psicólogos escolares han estado jugando al
«loquero», introduciendo los riesgos yatrogénicos de la terapia
entre los escolares, una amplia población que se ha visto presa
de ellos.[145]

145. Si los psicólogos académicos reconocen que las intervenciones terapéuticas conllevan riesgo de yatrogenia, ¿por qué no son más recelosos respecto de las intervenciones psicológicas en la escuela? Un estudio reciente señaló
que deberían serlo. «El riesgo de daños yatrogénicos y efectos adversos de las

«Control de las emociones»: tomar constantemente la temperatura emocional de cada niño

Olvídate del saluda a la bandera: es más probable que los profesores de hoy inauguren la jornada escolar haciendo un «chequeo de emociones».

La orientadora escolar Natalie Sedano aconsejaba a los profesores reunidos en la sala de conferencias preguntar a los niños cosas del tipo: «¿Cómo os sentís hoy? ¿Estáis radiantes cual margaritas y henchidos de dicha? ¿O soy como una mariquita y salgo volando si me acerco demasiado a vosotros?».

Esto causó gran entusiasmo entre el público, y los profesores se lanzaron a compartir sus propios «chequeos de emociones». Una de las profesoras explicó una forma de llevarlos a cabo que había oído en un curso de formación: a diario, tomaba prestado el lenguaje de un vídeo viral de TikTok en el que el dueño de Noodle, un carlino de 13 años, comparte el estado de ánimo de su perro y les pregunta a sus hijos si sienten que es un día de «huesos» o «sin huesos». Si Noodle se sienta erguido, ¡es un día de huesos! Si se deja caer, nada de huesos ese día.

«¡Qué divertido! Me encanta. ¡Gracias por compartirlo!».

A nadie le preocupaba que el hecho de que los niños clasificaran su día como «sin huesos» desde que se levantan pudiera hacerles sentir que sería un «mal día» durante el resto de la jornada. (Intenté convencer a algunos de mis compañeros de mesa de que tal vez centrarse tanto en los sentimientos era demasiado, pero no hubo manera).

Con todo, no pude evitar recordar lo que había aprendido de Kennair y Linden. Ellos habrían dicho que esta incesante atención a los sentimientos probablemente acabaría socavando la estabilidad emocional de los niños.

---

intervenciones mentales en la escuela, incluso en una minoría de adolescentes, supone un problema de salud pública potencialmente enorme», escribieron los investigadores. Foulkes, Lucy; y Stringaris, Argyris, «Do no harm: can school mental health interventions cause iatrogenic harm?», *BJPsych Bulletin*, 47, 5 (2023), pp. 1-3.

Le pregunté a Kennair qué deberíamos comunicarles entonces si quisiéramos *ayudarlos* con la regulación emocional. «Creo que les diría "preocúpate menos. Rumia menos". Intenta verbalizar menos cada cosa que sientes. Intenta autocontrolarte y ser con *menos* frecuencia consciente de lo que haces».

Pero el control de las emociones plantea otro problema: tiende a inducir en los niños una *orientación al estado*, lo que potencialmente perjudica a sus habilidades para completar las tareas escolares que tienen por delante.[146]

«Cuando quieres, por ejemplo, escalar una montaña, si al cabo de dos pasos empiezas a preguntarte "¿cómo me siento?", siempre te quedarás abajo».

Numerosos estudios psicológicos avalan esta afirmación.[147] Una persona tiene más probabilidades de completar una tarea difícil si adopta una *orientación a la acción*, es decir, si se centra en el trabajo que tiene por delante. Si, por el contrario, piensa en sí misma, es menos probable que la lleve a cabo.

Apenas habíamos empezado la jornada escolar y las cosas ya pintaban mal. No obstante, decidí dar una oportunidad a los expertos en salud mental. A fin de cuentas, solo intentaban ayudar.

Al psicólogo del colegio le encantaría hablar contigo

Hoy día, pocos centros escolares creen poder arreglárselas sin un nutrido equipo de especialistas, compuesto normalmente por un psicólogo escolar, un equipo de orientadores y un puñado de trabajadores sociales. Los arrebatos de los alumnos, que antes po-

---

146. Véase, por ejemplo, Birk, Max V., *et al.*, «Just a click away: action-state orientation moderates the impact of task interruptions on initiative», *Journal of Personality*, 88, 2 (2020), pp. 373-390, <www.ncbi.nlm.nih.gov/pmc/articles/PMC7064891>.

147. Véase, por ejemplo, Krohler, Alena; y Berti, Stefan, «Taking action or thinking about it? State orientation and rumination are correlated in athletes», *Frontiers in Psychology*, 10, (2019), p. 576; Gropel, Peter, *et al.*, «Action versus state orientation and self-control performance after depletion», *Personality and Social Psychology Bulletin*, 40, 4 (2014), pp. 476-487.

dían acarrearles un castigo, una expulsión o una visita al director ahora propician una visita programada con un orientador o un psicólogo escolar.

En 2022, California anunció un plan para contratar a diez mil orientadores más con el fin de hacer frente a la mala salud mental de los jóvenes.[148] Un reciente proyecto de ley del estado de California, que tiene muchas posibilidades de aprobarse, asigna 50 millones de dólares a la contratación de más equipos de trabajadores sociales y profesionales de la salud mental en las escuelas públicas.[149] Lo que significa que, por mucha terapia escolar que los niños hayan recibido ya, es probable que pronto reciban todavía más.

Michael Giambona, psicólogo educativo de California, ofrece sesiones individuales de terapia a sus alumnos de secundaria durante la jornada escolar. También intercede habitualmente por ellos de cara a sus profesores.

«Mis profesores tienen formación especial para trabajar con individuos que necesitan mejorar su conducta y su salud mental —me dijo—. Así que saben cómo gestionar ciertas situaciones. Nos reunimos semanalmente y hablamos de lo que le pasa a cada alumno y de cómo podemos acercarnos a ellos y apoyarlos cuando lo necesiten».

Sonaba prometedor: adultos formados para tratar los trastornos específicos de los niños y adaptar el desarrollo de las clases en consonancia.

Sin embargo, la terapia en las escuelas encierra un problema, un compromiso ético que, podría decirse, corrompe su esencia misma. En una profesión muy poco regulada, los terapeutas siguen teniendo algunas líneas deontológicas claras. Y una de las que más es —o al menos *era*— la prohibición de las «relaciones duales».

148. Modan, Naaz, «California plans to double school counselors amid shortage», *K-12 Dive*, 5 de agosto de 2022, <https://www.k12dive.com/news/california-plans-to-double-school-counselors-amid-shortage/628991>.

149. Ley para enmendar las secciones 124174, 124174.2, 124174.3 y 124174.4 del Código de Salud y Seguridad, A.B. 912 (Cal. 2023), <https://leginfo.legislature.ca.gov/faces/billNavClient.xhtml?bill_id=202320240AB 912>.

Como bien explica la psicóloga y escritora Lori Gottlieb, «la relación en la sala de terapia debe ser independiente, separada de cualquier otra y con cierta distancia».[150] «Para evitar una infracción ética conocida como relación dual, no puedo tratar ni recibir tratamiento de ninguna persona de mi entorno: ni de los padres de un niño de la clase de mi hijo, ni de la hermana de unos compañeros de trabajo, ni de la madre de un amigo, ni de mi vecino».

Esta barrera ética existe para proteger al paciente de que se aprovechen de él. Al revelar a su terapeuta sus secretos y debilidades más profundos, cualquiera que posea semejante conocimiento de la vida privada de su paciente podría sentirse tentado de usar ese poder de forma indebida. Por eso la profesión prohíbe las «relaciones duales».

No es así en el caso de los orientadores, los psicólogos escolares y los trabajadores sociales, que mantienen una doble relación con todo niño que acude a ellos. Ellos conocen a los mejores amigos del niño; incluso pueden tratar a algunos de ellos en terapia. Conocen a sus padres y a los de sus amigos. Conocen al chico del que está enamorada una chica y saben qué ocurrió entre ambos y cómo terminó la relación. Conocen a sus compañeros de equipo, a sus entrenadores y al profesor que le hace pasar un mal rato. Y no informan a los padres, sino a la dirección del centro. No deja de ser asombroso que permitamos este tipo de relaciones en la escuela.

La American Counseling Association parece haber prestado atención a este problema evidente. En 2006, revisó su Código ético y, aunque seguía prohibiendo las relaciones sexuales con los pacientes *mientras se los trataba*, decidió que las relaciones duales «no sexuales» ya no estaban prohibidas, especialmente las que «pudieran ser beneficiosas para el paciente».[151]

150. Gottlieb, Lori, *Deberías hablar con alguien. Una psicóloga, su terapeuta y un viaje revelador por el alma humana*, Ediciones Urano, Barcelona, 2021.

151. Hermann, Mary A.; y Robinson-Kurpius, Sharon, «New guidelines on dual Relationships», *Counseling Today*, 9 de diciembre de 2006, <https://ct.

A medida que los orientadores escolares y los psicólogos empezaron a verse a sí mismos como «defensores» de los estudiantes, empezaron a llevar una relación dual con ellos: eran terapeutas, intermediarios académicos y asesores de padres a partes iguales.[152] Hoy día, los orientadores escolares y los psicólogos suelen evaluar, diagnosticar y tratar a los estudiantes con terapia individual, se reúnen con sus amigos, interceden con sus profesores y se cruzan con ellos en el comedor. Tiene sentido que a una adolescente que acaba de pasar una hora con el orientador escolar contándole a lágrima viva sus más profundos secretos le dé miedo enfadar a alguien con tanto poder sobre su vida.

Pero ¿ejercen los orientadores escolares y los trabajadores sociales una influencia indebida sobre los niños?

En los dos últimos años, me he visto tan inundada de historias de padres cuyos orientadores escolares animaban a sus hijos a adoptar una identidad de género distinta, incluso a cambiarse el nombre sin siquiera comunicárselo, que he llegado a preguntarme si realmente existía *algún* orientador escolar bueno. Una de las madres que entrevisté me contó que el del instituto de su hijo le había dado la dirección de un albergue local para jóvenes LGTBQ donde refugiarse y emanciparse de unos padres de lo más cariñosos.

---

counseling.org/2006/12/new-guidelines-on-dual-relationships>. Véase también Kaplan, David, «2006 ethics update: allowing dual relationships», *Counseling Today*, 27 de marzo de 2006, <https://ct.counseling.org/2006/03/ ct-online-ethics-update-9>; Kaplan, David, *et al.*, «New mandates and imperatives in the revised ACA Code of Ethics», *Journal of Counseling and Development*, 87 (2009), pp. 241-256, <www.counseling.org/Kaplan/man dates.pdf>.

152. American School Counselor Association 2022, *ASCA ethical standards for school counselors* menciona las palabras «defender», «defendiendo» o «defensa» treinta y siete veces: <www.schoolcounselor.org/getmedia/44f3 0280-ffe8-4b41-9ad8-f15909c3d164/EthicalStandards.pdf>. «Defendemos a los alumnos y actuamos en su nombre. Colaboramos con todas las partes interesadas posibles y, a veces, esa colaboración tiene que empezar por educar también a algunas de nuestras partes interesadas», dijo Sandi Logan-McKibben, orientadora escolar y consultora educativa, a la audiencia de profesores reunida en la conferencia de tres días.

Hay buenos orientadores escolares, entrevisté a varios de ellos; pero la jerarquía no es la correcta. Concede a un líder los poderes de un monarca y tal vez les regale la libertad a sus súbditos, pero ¿qué le ata a sus promesas? Eso implica depositar demasiada confianza en la conciencia de un solo orientador.

Llegados a este punto, podrías responder: «Afortunadamente, mi hijo nunca ha ido a ver al orientador escolar». Pero lo más probable es que *ni siquiera lo sepas*. En California, Illinois, Washington, Colorado, Florida y Maryland, los menores a partir de los 12 o 13 años tienen derecho por ley a acceder a la atención en salud mental sin precisar del permiso paterno. Las escuelas no solo no tienen la obligación de informar a los padres de que sus hijos se reúnen regularmente con un orientador escolar, sino que incluso se les puede impedir descubrirlo.[153]

Siempre que uno de los padres no lo prohíba expresamente, el orientador escolar puede llevar a cabo una sesión de terapia

---

153. Véase, por ejemplo, «Consent», California School-Based Health Alliance, <www.schoolhealthcenters.org/resources/sbhc-operations/student-records-consent-and-confidentiality/consent>, que establece que los niños de 12 años o más tienen derecho a recibir servicios de salud mental, incluidos los prestados en la escuela, sin permiso ni conocimiento de los padres; Illinois: «School-based health center consent for mental health services», SHIF Healthcare, <https://sihf.org/media-library/documents/Behavioral_Health_Consent_Form_School-Based_.pdf>; Washington: «Seattle world school teen health center», Seattle Schools, <https://sws.seattleschools.org/wp-content/uploads/sites/89/2021/10/ParentConsentLetter-ADA.pdf>; Colorado: «Colorado lowers age of consent for psychotherapy services to 12 years old», *National Law Review*, 16 de julio de 2019, <www.natlawreview.com/article/colorado-lowers-age-consent-psychotherapy-services-to-12-years-old>; Florida: «Complete information consent package with principal signature», Southeast High School, 1 de junio de 2020, <www.manateeschools.net/cms/lib/FL02202357/Centricity/Domain/1268/Complete%20information%20consent%20package%20with%20Principal%20signature.pdf>, (No se requiere el consentimiento del padre o tutor para los servicios de salud mental ambulatorios); Maryland: «Lower age for consent took effect October 1», Maryland Psychiatric Society, 1 de noviembre de 2021, <https://mdpsych.org/2021/11/lower-age-for-consent-took-effect-october-1>, (No se requiere el consentimiento de los progenitores para que los niños de 12 años o más accedan a la atención de salud mental).

con su hijo menor de edad sin el consentimiento parental;[154] y se anima a los orientadores a «juzgar por ellos mismos» qué información obtenida en las sesiones con menores pueden ocultarles.[155]

Incluso en los estados que exigen que se informe a los progenitores del tipo de terapia que reciben sus hijos en la escuela, los trabajadores sociales del centro tienen libertad para reunirse informalmente con un niño y preguntarle sobre su orientación sexual, su identidad de género o el divorcio de sus padres, puesto que este tipo de conversaciones no suelen considerarse «terapia».[156]

154. Glosoff, H. L.; y Pate, Robert H., «Privacy and confidentiality in school counseling», *Professional School Counseling*, 6 (2002), <https://www.researchgate.net/publication/234700799_Privacy_and_Confidentiality_in_School_Counseling>.

155. Véase, por ejemplo, Monger, Craig, «"Bad things happen behind closed doors all the time between kids and adults"- Concerned parents address school mental health counselors», *1819 News*, 17 de agosto de 2022, <https://1819news.com/news/item/bad-things-happen-behind-closed-doors-all-the-time-between-kids-and-adults-concerned-parents-address-school-mental-health-counselors>. Véase también <https://www.antiochschools.net/Page/13767> (donde se afirma que el consentimiento de los padres no es necesario para el asesoramiento escolar en California). Véase también Gissen, Lillian, «Furious Washington father claims his son's high school prescribed the teen anti-depressants without telling him», *Daily Mail*, 4 de julio de 2022, <www.dailymail.co.uk/femail/article-10981133/Father-caims-sons-high-school-prescribed-teen-anti-depressants-without-telling-him.html>; Carlson, Nancy, «To tell or not to tell: the fine line between minors' privacy and others' right to know», *Counseling Today*, octubre de 2017, <www.counseling.org/docs/default-source/ethics/ethics-columns/ethics_october-2017_minor-privacy.pdf?sfvrsn=a25522c_6>.

156. Véase, por ejemplo, Justin Spiro [@Jusrangers], Twitter, 21 de marzo de 2023, <https://twitter.com/jusrangers/status/1638276568521887747?s=51&t=G7jT0d-EVW3Jp1M5AFCx_w>. «En Nueva York, los niños no pueden recibir "terapia" sin el consentimiento de los padres, pero pueden reunirse regularmente con los trabajadores sociales del centro escolar. Siempre insisto en que los niños se abran a los padres, pero ¿por qué hemos de poner otra barrera a la orientación si los niños no están listos para decírselo inmediatamente a sus padres?». Véase también Justin Spiro [@jusrangers], Twitter, 21 de marzo de 2023, <https://twitter.com/Jusrangers/status/1638279628291821570>.

La terapia de grupo Behemoth: aprendizaje socioemocional

Desde que su escuela adoptó el aprendizaje socioemocional en 2021, la Srta. Julie[157] empieza el día indicando a sus alumnos de 10 años de Salt Lake City que se sienten en una de las sillas de plástico que ha colocado formando un círculo. «¿Cómo os sentís esta mañana?», les preguntaba, llevando a cabo una versión más profunda del «control de emociones». Hasta que un día, fue al grano: «¿Qué es lo que de verdad os entristece ahora mismo?

Cuando le llegó el turno, un niño empezó a murmurar algo sobre la nueva novia de su padre. Entonces, todo se vino abajo. «De repente, se puso a llorar. Y empezó a decir "Creo que mi padre me odia. No para de gritarme"», me contó Laura, la madre de otro alumno.

Otra niña anunció que sus padres se habían divorciado y, también, rompió a llorar.

Una tercera dijo estar preocupada por el hombre con el que salía su madre.

En cuestión de minutos, la mitad de los niños estaban sollozando. Llegó la hora de dar Matemáticas y nadie estaba por la labor. Pensar que el padre de aquel niño le odiaba era muy triste. ¿Y si sus padres los odiaban también a ellos?

«Aquello marcó el resto del día —dice Laura—. Todos se pusieron tristes y estuvieron de bajón durante mucho tiempo. Les costó salir de esa situación».

Una segunda madre del colegio me confirmó que la noticia del llanto en masa como si se hubiese celebrado una reunión de

---

«Creo que es una conversación importante. Permítanme plantearles una hipótesis: Un estudiante de secundaria viene a mi consulta diciendo que se siente mal por la separación de sus padres. Lo evalúo y no hay tendencias suicidas. No quiere que sus padres sepan que está hablando conmigo porque cree que se enfadarán. ¿Lo despido inmediatamente y lo dejo sin mi apoyo y sin el de sus padres? ¿O me reúno con él unas cuantas veces y le ayudo a descubrir cómo hablar con sus padres sobre lo que siente?».

157. Nombre cambiado para no avergonzar a una profesora que se limitaba a hacer precisamente lo que le indicaban sus administradores.

Alcohólicos Anónimos se había extendido por todo el colegio. Salvo que en esta reunión había niños de primaria que luego corrieron a contarles a sus amigos lo que el resto había confesado.

Gracias al aprendizaje socioemocional (ASE), estas escenas son cada vez más habituales en las aulas de Estados Unidos. En 2013, *The New York Times* relató una escena casi idéntica que tuvo lugar después de que un profesor de California dirigiera una sesión de aprendizaje socioemocional similar con sus alumnos de preescolar.[158]

«Sobre todo con los niños, lo que siembras es lo que recoges —me dijo Laura—. Y siento que con esto del aprendizaje socioemocional en lugar de flores, lo que se está sembrando son las malas hierbas».

Los defensores de este aprendizaje afirman que casi todos los niños de hoy han sufrido graves experiencias traumáticas que los incapacitan para aprender. También insisten en que hacer que un educador organice un intercambio de experiencias traumáticas entre los alumnos de la clase antes del almuerzo los ayudará a curarse. Pero ninguna de las dos afirmaciones tiene fundamento.

Lo más probable que ocurra es precisamente lo que observó la Srta. Julie: niños por lo demás felices que acaban sintiéndose abatidos, y un niño con problemas serios que ve cómo alguien que no está en condiciones de remediarlo expone públicamente su dolor.

Cuando escuché por primera vez la expresión *aprendizaje socioemocional*, supuse que se trataba de un movimiento cursi pero necesario para que los niños se tranquilizaran. O tal vez era el nuevo nombre de lo que antiguamente llamaban «educación del carácter»: tratar a la gente con amabilidad, discrepar con respeto, no ser un imbécil. Sus defensores insisten en que al fi-

158. Kahn, Jennifer, «Can emotional intelligence be taught», *The New York Times*, 11 de septiembre de 2013, <https://www.nytimes.com/2013/09/15/magazine/can-emotional-intelligence-be-taught.html>.

nal se llega a eso, aunque a través de la vía algo tortuosa de la salud mental.

A veces descrito por sus partidarios más entusiastas como «una forma de vida»,[159] el aprendizaje socioemocional es el monstruo de los planes de estudio que anualmente devora *miles de millones* en gasto educativo y más del 8 por ciento del tiempo de los docentes.[160] (Muchos de ellos afirman que intentan asegurarse de que el aprendizaje socioemocional se produzca *durante todo el día*).[161] A través de preguntas y ejercicios, el aprendizaje socioemocional empuja a los niños hacia una serie de reflexiones personales con el objetivo de enseñarles «autoconciencia», «conciencia social», «habilidades para relacionarse», «gestión personal» y «toma responsable de decisiones».[162] (Al menos una variante, el «ASE transformativo», encaja el examen de conciencia de los ni-

159. Como dijo una escuela de Illinois: «El ASE es más que un proceso, una metodología, un plan de estudios: es una forma de vida». «Social Emotional Learning», Stevenson High School, <https://www.d125.org/about/sel>.

160. Se gastan 1720 millones de dólares solo en materiales educativos de aprendizaje socioemocional. «United States social and emotional learning (SEL) market report 2022: instructional materials were $1.72 billion, up 25.9% Y-o-Y and are forecast to increase at a lower rate in 2023-2024», *GlobeNewswire*, 17 de noviembre de 2022, <https://www.globenewswire.com/news-release/2022/11/17/2557934/0/en/United-States-Social-and-Emotional-Learning-SEL-Market-Report-2022-Instructional-Materials-were-1-72-Billion-up-25-9-Yo-Y-and-are-Forecast-to-Increase-at-a-Lower-Rate-in-2023-2024.html>; Krachman, Sara Bartolino, *et al.*, «Accounting for the whole child», ASCD, 1 de febrero de 2018, <https://www.ascd.org/el/articles/accounting-for-the-whole-child>.

161. Langreo, Lauraine, «How much time should schools spend on social-emotional learning?», *Education Week*, 24 de mayo de 2022, <https://www.edweek.org/leadership/how-much-time-should-schools-spend-on-social-emotional-learning/2022/05>.

162. «Una diferencia importante entre el ASE y la educación del carácter es que algunos enfoques de la educación del carácter se centran en el desarrollo de jóvenes moralmente responsables, y esa no es la característica definitoria del ASE. Es importante hacer esta distinción. Enseñar moral y valores puede suscitar dudas respecto a si se pueden cambiar y si la instrucción es responsabilidad de las familias o de las escuelas». Kim Gulbrandson, «Character education and SEL: what you should know», 6 de julio de 2018, Committee for Children,

ños en el marxismo puro y duro, según reconoce de manera sincera y escalofriante el departamento de educación de una ciudad de California).[163]

El «profundo compromiso» con el aprendizaje socioemocional de la profesora Kendria Jones implica hacer partícipes a los alumnos de su infancia y crecimiento con una madre drogadicta.[164] A sus alumnos de 11 y 12 años les cuenta cómo es ser madre soltera tras la muerte del padre de su hijo. «Soy muy vulnerable con ellos», declaró a *Education Week*.

Curiosamente, si Jones fuera terapeuta, esta revelación de información se consideraría contraria a la ética. Cuando un terapeuta se sienta inclinado a compartir su vida personal para satisfacer sus propias necesidades, debe abstenerse de hacerlo para así dar prioridad a las del paciente.[165] Y aquí es donde las cosas se complican: los profesores no están formados en psicoterapia y tampoco están sujetos a sus directrices éticas. Organizar una sesión de «intercambio emocional» puede sonar bien, pero por lo general los terapeutas las llevan a cabo siguiendo unas directrices éticas que impiden que puedan sacar provecho de sus pacientes o traicionarlos inadvertidamente.

A veces, cuando un niño se deja caer en la alfombra para llevar a cabo los minutos de reflexión de la mañana, no está de hu-

---

<https://www.cfchildren.org/blog/2018/07/character-education-and-sel-what-you-should-know>.

163. «Transformative Social-Emotional Learning (T-SEL)», Oficina de Educación del Condado de Sonoma, consultado el 16 de agosto de 2023, <https://www.scoe.org/pub/htdocs/transformative-social-emotional-learning.html>. («El ASE Transformativo es una forma de ASE dirigida a redistribuir el poder para promover la justicia social a través de una mayor participación en la vida escolar y cívica»).

164. Klein, Alyson, «Why it's so hard to weave social-emotional learning into academics», *Education Week*, 7 de noviembre de 2022, <https://www.edweek.org/leadership/why-its-so-hard-to-weave-social-emotional-learning-into-academics/2022/11>.

165. Sadighim, Sherry, «The big reveal: ethical implications of therapist self-disclosure», Society for the Advancement of Psychotherapy, 2014, <https://societyforpsychotherapy.org/the-big-reveal-ethical-implications-of-therapist-self-disclosure>.

mor para manifestar una experiencia dolorosa, por más que escuchar que Austin se encontró a sus padres practicando sexo pueda ampliar los horizontes emocionales de la clase. Esto plantea un problema a los profesores-terapeutas: ¿cómo conseguir que los niños hablen de su vida emocional cuando no quieren hacerlo?

Una de las ponentes de la conferencia, Amelia Azzam, coordinadora regional de salud mental de las escuelas públicas del condado de Orange, contó una historia que parecía responder a este dilema. Conocía a una ayudante que le seguía la pista a un alumno de 12 años durante el almuerzo. Ella «se sentaba a comer en la misma mesa que él, y siempre le saludaba. Y tenían trato cordial». Hasta que un día él le cuenta que su padre va a salir de la cárcel. «Nadie más lo sabía», dice Azzam.

Los buenos terapeutas saben que presionar a un niño para que comparta su trauma en la escuela puede ser contraproducente. Los buenos terapeutas están formados precisamente para no fomentar la rumiación. Sin embargo, el personal escolar que hace las veces de terapeuta casi nunca se da cuenta de que podría estar haciendo justo eso cuando acecha a un niño en el almuerzo, esperando que se abra para hablar del encarcelamiento de su padre minutos antes de un examen de Historia.

«A veces, la gente no habla, no comparte... No es resiliente —decía Ricky Robertson, consultor educativo, a la audiencia de profesores—. Eso es una amputación emocional».

Sarah: el personal escolar que juega a hacer de terapeuta con mis hijos está jugando con fuego

Sarah es una profesora casada con una médica. Ella y su mujer tienen a su cargo a tres niños del programa de familias de acogida del que ambas forman parte. Los tres sufrieron abusos sexuales y físicos antes de que las autoridades los sacaran de la casa de su madre biológica. Todos tienen serios problemas de aprendizaje.

Uno de los primeros recuerdos de su hija es haber comido arena de la caja del gato. Al describir lo que vio cuando sacó a los niños de la casa de sus padres biológicos, «el detective se puso a llorar allí mismo», me contó Sarah.

Ella y su esposa pagan a profesionales cualificados para que trabajen con cada uno de los niños de forma continuada. Tener que enviarlos a la escuela pública, con tantos profesores y orientadores deseando hacer de terapeutas aficionados, no deja de ser una fuente de angustia para Sarah.

«Mis hijos no tienen por qué avergonzarse de su origen. No han hecho nada malo», me dice con voz ahogada, como de cuerda de guitarra demasiado tensa. Pero los profesores que imparten a los niños lecciones socioemocionales «no entienden las secuelas que pueden dejar las palabras que utilizan, y que hacen que un niño, durante una simple tarea, socioemocional o no, pueda sentirse menos que los demás. Al tratar de hacer lo correcto, en realidad perjudican a mi hija».

—¿Cómo la perjudican?

—No entienden la gravedad de su situación.

Cuando los profesores husmean despreocupadamente en el dolor pasado de los hijos de Sarah en aras de la «unidad» de la clase y del desarrollo de la empatía, ponen en riesgo todo el trabajo que ellos han hecho en la terapia real para hacer frente a los recuerdos de sus primeros años de vida y ponerles un cerco, lo que afectará al resto de la jornada escolar. «Eso no está bien», dice Sarah, refiriéndose a las constantes invitaciones de los profesores a que los niños compartan sus experiencias traumáticas.

Para justificar la necesidad de esta «atención informada sobre el trauma» —y la total presión que existe para persuadir a los niños de que los hagan públicos— varios educadores me pusieron el ejemplo de un alumno cuyo padre había muerto esa misma mañana. ¿Era ese un buen día para insistir en que Hayley hiciera su examen de Álgebra? No, no lo era. Al parecer, la única forma de que un profesor sepa si debe posponer un examen es pedir a toda una clase de niños que compartan por turnos sus traumas.

Me pregunto cómo los educadores consiguen salirse con la suya con un pretexto tan obvio. Pero lo consiguen. Durante más de una década, han estado aumentando y ampliando silenciosamente sus intervenciones, transformando cada escuela en una clínica ambulatoria de salud mental, atendida en gran parte por personas sin formación real en la materia.

Le pregunté a Christine, profesora y directora de una escuela pública en Oregón durante dos décadas, por qué se les dice a los profesores que asuman que un día uno de sus alumnos puede sufrir una terrible pérdida. ¿No sería un poco como recibir todas las mañanas a los niños con un cargamento de vendas, presuponiendo que uno de ellos acaba de sobrevivir a un choque frontal?

«Ah, no, si a mí no me tienes que convencer —dijo Christine—. Creo que hay que admitir que los niños vienen de contextos diferentes, y los hay que pueden haber discutido con sus padres antes de empezar las clases, pero eso no tira por tierra que puedan aprender».

Antes, los educadores creían que lo *mejor* que podías hacer por un niño desfavorecido era mantener las expectativas altas respecto a su conducta. Enseñarle que el caos que pueda haber en su casa no menoscaba el orden que los mayores establecerán en la escuela. Animarle a refugiarse en las sólidas expectativas con las que su profesor le recibirá cada día. Y —sobre todo cuando no te haya dado *ningún* indicio de que necesita que se haga alguna excepción con él— demostrarle que das por hecho que es capaz de cumplirlas.

En lo que a malas decisiones terapéuticas se refiere, las escuelas acumulan unas cuantas: inducir la orientación hacia el estado a través del análisis de las emociones; animar a los niños a centrarse en sus sentimientos, lo que puede hacer que los malos permanezcan; tratar a los niños con terapia en el centro escolar, con el consiguiente riesgo de yatrogenia, especialmente cuando no se respeta el límite ético de la «relación dual».

A partir de ahí, la cosa empeora.

Aprendizaje socioemocional: enseñar resiliencia tratando a cada niño como si estuviera irremediablemente roto

Los ejercicios socioemocionales suelen animar a los niños a rememorar un momento en el que se sintieron tristes, asustados o vulnerables. Por ejemplo, Second Step, uno de los planes de estudios socioemocionales más populares, pide a los alumnos de 13 y 14 años que cuenten lo siguiente:

- «¿Has pasado alguna vez la noche en el hospital?».
- «¿Ha fallecido alguien cercano a ti?».
- «¿Has perdido alguna vez la final de un campeonato o una competición importante?».
- «¿Vas a ceremonias religiosas?».
- «¿Te has preocupado alguna vez por la seguridad de un ser querido?».
- «¿Alguna vez has pasado mucha vergüenza?».
- «¿Has cambiado alguna vez de colegio?».
- «¿Se han burlado alguna vez de ti?».[166]

Para que no pienses que los profesores pueden darse por satisfechos con un simple «sí o no», el ejercicio indica lo siguiente: «Por cada respuesta afirmativa, plantéate: "¿Cómo fue/es?"». *¿Cómo te hizo sentir?*

Aunque se pide a los niños que involucren a sus padres en la tarea, muchos de ellos responderían de forma natural: «¿Qué demonios le importa esto al colegio?». Los padres saben que muchos empleados del centro tienen que informar por obligación, y que tienen a los servicios sociales a solo una llamada de teléfono. Es lógico suponer que algunos padres se nieguen a colaborar, por lo que el niño completará la tarea por su cuenta.

Cualquier cosa que los niños divulguen es susceptible de ser fácilmente almacenada por los profesores. Empresas como Panorama Education proporcionan el software que les permite registrar sus propias observaciones de las capacidades sociales y emocionales de los alumnos, y todo lo que estos puedan haber

166. Second Step, «Empathy and communication: working in groups», grado 8, lección 6, «Additional handout: building empathy», Comité para la Infancia, 2008, 251, <https://assets.ctfassets.net/wjuty07n9kzp/7v4DVtKW DduiidyzFTwilf/b0ff74c636e6029ae57fe585f57d00f9/G8_Handout_ Packet.pdf>.

aprendido en las sesiones periódicas y no oficiales de terapia de grupo. Así, una vez confesado, un incidente puede perseguir al niño durante el resto de su vida académica. Por ejemplo: «Te empiezo a conocer ahora, a tus dieciséis años, pero aquí dice... [clic, clic] que tú y un primo tuyo os tocasteis de forma inapropiada en preescolar. ¿Quieres hablar de ello?».

El ASE debería ser el objetivo en toda clase, sí, incluso en la de Matemáticas

Los niños no pueden aprender hasta que sus necesidades socioemocionales estén cubiertas. Y es evidente que *no* lo están. Ergo, el aprendizaje «socioemocional» debe integrarse en todas y cada una de las asignaturas.[167]

Giambona me recitó la teoría, que cada vez me resultaba más familiar: si estos niños tienen ataques de pánico en clase, no pueden aprender. «Da igual que les estés enseñando a escribir o la Segunda Guerra Mundial: no podrán hacerlo».

Cierto. Si un niño está en plena crisis emocional, puede resultarle difícil concentrarse en el Álgebra. Sin embargo, para aquellas vicisitudes emocionales que no implican la fuga disociativa, ¿no podría *Matar a un ruiseñor* proporcionar una distracción digna?

Los entusiastas del aprendizaje socioemocional interrumpen alegremente las Matemáticas, el Inglés o la Historia porque, para los verdaderos creyentes, la educación no es más que un vehículo para sus lecciones socioemocionales, el nacho de maíz que lleva el guacamole directamente a la boca del niño. «No se me ocurre una materia que necesite más aprendizaje socioemocional que las Matemáticas», dijo Robertson en la sala de conferencias.

Pero ¿cómo se las arregla un profesor para hacer del aprendizaje socioemocional el objetivo de una clase de Matemáticas?

---

167. En palabras de una escuela de Illinois: «SEL es más que un proceso, una metodología, un plan de estudios: es una forma de vida». «Aprendizaje socioemocional», Stevenson High School.

Para descubrir la respuesta, asistí a una presentación titulada «Integrar el aprendizaje socioemocional en las Matemáticas».

Nuestro simulacro de clase comenzó con —lo has adivinado— un debate sobre nuestros sentimientos respecto a las matemáticas. «Ansiedad», dijo más de un docente. Los presentadores nos mostraron una serie de «problemas matemáticos» de nivel preescolar que nos llevaban a mirar un montón de formas y preguntarnos: «¿Cuál no encaja?». Al final, revelaron la respuesta correcta: *Todas encajan. No hay respuestas erróneas. Todo el mundo gana. ¿Lo ves?*, no era tan difícil.

Empecé a preguntarme si no se trataba de una estratagema del Partido Comunista Chino para aniquilar la competencia matemática de los estadounidenses. Me dirigí a la profesora de Matemáticas de secundaria que estaba a mi lado y le pregunté cómo podría incorporar ese tipo de enfoque en Álgebra II. Me miró fijamente, con el rictus congelado en la comisura de los labios. Parecía pensar que el Gran Hermano nos estaba observando.

El único sentimiento que, aparentemente, nunca se afirma en el enfoque socioemocional es la sospecha de que las conversaciones emocionales puedan acabar reemplazando al verdadero aprendizaje. Un buen número de niños acuden a clase con la esperanza de aprender geometría y no malgastar su limitado tiempo lectivo en conversaciones sobre su salud mental con el profesor de Matemáticas. Se mire por donde se mire, a esos niños solo se les puede hacer sentir perdidos y solos.

En la mente de los defensores del aprendizaje socioemocional, los niños sanos son los que comparten su dolor durante la clase de Geometría. Así es como un profesor sabe que están emocionalmente regulados: están dispuestos a llorar por el bien de la clase.

Enseñar a los niños a ser amigos (y otras intromisiones inútiles)

Muchas lecciones socioemocionales pretenden enseñar a los niños a ser amigos. Una lección para alumnos de 9 años incluye consejos para los padres: «Comparte con tu hijo la opinión que tienes de la amistad».[168] Y «si tu hijo se pelea con un amigo o dice que ya no le gusta, habla con él de lo que ha pasado». Puede que los autores piensen que los niños son un caso perdido, pero lo que salta a la vista es que se creen que los padres somos imbéciles.

Los materiales incluso incluyen un guion para que los padres practiquen con sus hijos. Cosas del tipo: «Dile: "Lo siento. ¿Quieres volver a ser mi amigo?". Dile: "Me gustas mucho y quiero que vuelvas a ser mi amigo". Dile: "Siento haber herido tus sentimientos"».

¿Qué dónde está el problema? No está nada claro que hacer amigos sea el tipo de habilidad que los seres humanos *puedan* aprender en una clase o con un folleto.

«Hay al menos dos sistemas cerebrales diferentes para el aprendizaje —me dijo Abigail Marsh, psicóloga y neurocientífica de la Universidad de Georgetown—. Por un lado, está el aprendizaje semántico, que consiste en aprender información de los libros que luego forma parte de la memoria explícita». El estudio de, pongamos por caso, la guerra de Secesión estadounidense es un buen ejemplo de este tipo de aprendizaje: lo mejor es leer sobre ella (no empezar una).

El aprendizaje explícito y el implícito representan procesos neuronales diferentes.[169] El aprendizaje explícito o semántico sirve para aplicar la ecuación de segundo grado: es *intencional,* se basa en reglas, dominarlo requiere un esfuerzo consciente y suele esfumarse si no se pone a prueba de forma rutinaria.[170]

168. «Friends and Friendships», PATHS Parent/Caregiver Handout, lección 19, 2.

169. Véase Yang, Jing; y Ping, Li, «Brain networks of explicit and implicit learning», *PLoS ONE* 7, 8 (2012), <https://journals.plos.org/plosone/article?id=10.1371/journal.pone.0042993>.

170. Véase Schuchard, Julia; y Thompson, Cynthia K., «Implicit and explicit learning in individuals with agrammatic aphasia», *Journal of Psycholinguist Research*, 43, 3 (2014), pp. 209-224, https://www.ncbi.nlm.nih.gov/pmc/articles/PMC3766481>; Ziegler, Esther; Edelsbrunner, Peter A.; y Stern, Elsbeth, «The relative merits of explicit and implicit learning of contrasted al-

El aprendizaje implícito requiere de procesos neuronales diferentes y se adquiere principalmente *haciendo*: acciones como subirte la cremallera o abrocharte los botones del pantalón, golpear una pelota y lavarte los dientes son un ejemplo de este tipo de aprendizaje. No se suelen aprender a través de los libros, el recuerdo de cómo hacerlas permanece en nosotros incluso sin ponerlas a prueba y cuando las llevamos a cabo no consultamos para nada los pasos a seguir.

Mucho antes de que los seres humanos pudieran resolver una ecuación de segundo grado, la supervivencia de nuestra especie dependía en gran medida de que fuéramos extraordinariamente buenos haciendo amigos. Puede que los padres nos hayan orientado un poco, a menudo a través de fábulas, como hacían también en su día las escuelas, mucho antes de que los educadores pensaran que para hacer amigos hacía falta una remilgada señora al frente de la clase que impartiera un plan de estudios socioemocional.

Niños de todas las generaciones anteriores hacían amigos sin echar mano de instrucciones explícitas. ¿Por qué, de repente, este aspecto de la vida de un niño requiere la supervisión del orientador escolar? «Las habilidades interpersonales se adquieren en la vida real principalmente a través del ensayo y error», me dijo Kennair. La regulación emocional también se aprende así. Te ponen una mala nota en un examen. Te enfadas y lloras. Los compañeros te miran raro y te rehúyen. La próxima vez, estudias más o aprendes a tomarte la decepción de otra manera.

Kennair afirma que la regulación emocional no se aprende en una clase. A gestionar la decepción de no entrar en el equipo de baloncesto se aprende *no entrando en el equipo de baloncesto*, no en clase.

Los ejercicios de aprendizaje socioemocional suelen dar por hecho que si los niños conversan sobre una hipotética decepción

gebra principles», *Educational Psychology Review* (2018), <https://ethz.ch/content/dam/ethz/special-interest/dual/educeth-dam/documents/forschung-und-literatur/literatur-zur-lehr-und-lernforschung/Ziegler_2017.pdf>.

podrán saltarse esa dolorosa experiencia y alcanzar directamente la madurez y la competencia social. Sin embargo, no hay otro modo de adquirir aptitudes para la amistad que no sea intentando hacer un amigo. No hay forma real de aprender a superar el fracaso salvo esforzarse hasta que, finalmente, consigues tu objetivo.

Un ataque furtivo a la patria potestad

Una lección de aprendizaje socioemocional deja claro lo que muchas otras se limitan a insinuar: los adolescentes deben espiar a sus padres e informar a sus profesores. No, no es broma.

En un ejercicio de Second Step titulado «Deberes: Superespía...» se anima a los alumnos de 12 años a jugar a un juego que bien podría llamarse *El héroe de la Unión Soviética*. «Eres un investigador privado. Has sido contratado por una fuente anónima para "espiar" a tu familia. La fuente quiere averiguar los diversos sentimientos que uno o más miembros de tu familia tienen mientras llevan a cabo tareas domesticas. No podrás hablar con tu familia (¡no te deben descubrir!), así que tendrás que utilizar tus agudas dotes de observación».[171]

Adelante, frótate los ojos y léelo de nuevo.

El ejercicio continúa: «Empieza con una persona. Anota lo que observas en sus expresiones faciales, su lenguaje corporal, su tono de voz y sus palabras. Luego, a partir de estas pistas, adivina lo que puede estar sintiendo. Después, intenta hacer lo mismo con otro miembro de la familia».

Pero los autores de Second Step no nacieron ayer. ¿Crees que van a dejar esta pistola humeante a la vista de cualquier periodista escéptico? El ejercicio concluye, de forma algo forzada: «Cuando hayas completado la hoja, enséñasela a un adulto de tu familia a ver si adivina a quién espiabas».

---

171. Second Step, «Homework: I spy», grado 7, lección 1, Comité para la Infancia, 2008, 117, <https://assets.ctfassets.net/wjuty07n9kzp/5xHHFYVC VAxE1Ogc9TamlD/0c48c7875cba04aed33f21584f29b6f5/G7_Homework. pdf>.

Como si un alumno de 12 años fuera tan tonto como para decirle a su madre que la estaba espiando, anotando sus comentarios privados para el orientador escolar. Eso solo llevaría a un «desencuentro con el familiar adulto», sobre el que el material pide que los niños den cuenta en la siguiente lección.[172]

Muchos de los ejercicios socioemocionales piden a los alumnos que consideren conflictos típicos que podrían tener con sus propios padres. En un ejemplo, el padre de Willa, una alumna de 13 años, «ha impuesto la norma de que él tiene que saber en todo momento dónde se encuentra su hija y ella debe pedir permiso antes de ir a cualquier sitio. Willa cree que, como tiene 13 años, ya no tiene que hacerlo. Su padre debería confiar más en ella».[173]

Hay una lección en la que mamá y la abuela no se ponen de acuerdo sobre el tiempo que el niño debe pasar delante de una pantalla,[174] otra en la que un «supervisor adulto» de una actividad extraescolar (un sustituto obvio de mamá) se empeña en que un niño termine de hacer los deberes antes de ponerse a jugar,[175] y otra en la que una madre prohíbe repetidamente a su hija adolescente ir en vaqueros a una boda.[176]

Se anima a los niños a que hablen de sus familias, evalúen las normas de los progenitores en cada caso y juzguen si son razonables. El orientador escolar flota por encima de todo como una

172. Second Step, «Homework: life experiences timeline», grado 7, lección 2, Comité para la Infancia, 2008, 143, <https://assets.ctfassets.net/wjuty 07n9kzp/5xHHFYVCVAxE1Ogc9TamlD/0c48c7875cba04aed33f21 584f29b6f5/G7_Homework.pdf>.

173. Second Step, «Recognizing others' perspectives», Student Handout, grado 8, unidad 4, lección 22, 2020, 1-2, <https://assets.ctfassets.net/wjuty07 n9kzp/3ZUNxHZDHcVCcyCMD2uzhS/5091602a8b65fe32faaab388ba 51f181/ssms-g8-u4-22-student-handout-2021.pdf>.

174. Second Step, grado 4, unidad 3, lección 11.

175. Second Step «Homework: winning the battle», grado 7, lección 3, Comité para la Infancia, 2008, 171, <https://assets.ctfassets.net/wjuty07 n9kzp/5xHHFYVCVAxE1Ogc9TamlD/0c48c7875cba04aed33f21584f 29b6f5/G7_Homework.pdf>.

176. Second Step, «Homework: the clothing case», grado 8, lección 4, Comité para la Infancia, 2008, 193.

gran sacerdotisa y pregunta, de diferentes maneras: «¿Cómo te sientes? ¿Concluimos que los padres tienen razón en este caso?».

El mejor resultado «socioemocional», nos dicen, es un compromiso, el escenario *win-win* en el que padres y adolescentes se encuentran a mitad de camino: *¿Y si te pones unos vaqueros y un top elegante?* Rara vez, por no decir nunca, las lecciones contemplan que la norma de los padres deba seguirse sin más. La idea es que padres e hijos existen en pie de igualdad (aunque, por supuesto, el orientador escolar supervisa a ambos).

Los ejercicios jamás parecen tener en cuenta que socavar la relación de un niño, incluso con padres imperfectos, crea de por sí un daño psicológico. ¿Cómo diablos puede una niña sentirse segura si se ha minado su fe en que sus padres son los que saben lo que más le conviene o quienes de verdad velan por sus intereses?

Denigrar ocasionalmente a los padres ante sus hijos resulta ser un rasgo característico del aprendizaje socioemocional. Mamá y papá son solo «cuidadores», proveedores de servicios y, encima, incompetentes,[177] hasta tal punto que incluso pueden llegar a ser perjudiciales para la salud mental de sus hijos. Presentan obstáculos para el florecimiento de los niños, como la «negatividad parental».[178] «Con todo, los padres y cuidadores con intenciones positivas no siempre saben por dónde empezar —o cómo ayudar— en lo que respecta al aprendizaje socioemocional», señala Panorama Education.

No se trata de simples bromas en la sala de profesores, de funcionarios que se desahogan mientras hacen uso del microondas comunitario con el clásico *tupper* de estofado. Se trata de

177. Sapp, Jeff, «Why frogs and snakes never play together: a *pourquoi* of prejudice: a play in 3 acts», Learning for Justice, grado K-2, <https://www.learningforjustice.org/classroom-resources/texts/why-frogs-and-snakes-never-play-together-a-pourquoi-of-prejudice-a-play>.

178. El epígrafe «A supportive classroom environment: blonging and emotional safety» de la Guía CASEL sobre el ASE en la escuela cita: Learning for Justice, *Critical practices for anti-bias education, teaching tolerance: a project of the southern poverty law center*, 2016, <https://www.learningforjustice.org/sites/default/files/201706/PDA%20Critical%20Practices_0.pdf>.

por qué se dedican a mandar «consejos» a los padres sobre cómo hablar con sus hijos de las noticias o incluso de los acontecimientos de la vida. Del motivo por el que han creado todo un compendio de lecciones socioemocionales «en casa» para que los padres practiquen con sus hijos. Todo ello basado en la creencia de que, como reza una de las lecciones, los padres son a menudo «obstáculos» para el desarrollo de los niños.[179]

De hecho, un ejercicio de Second Step para alumnos de secundaria incluye el siguiente ejemplo: «Vera quiere unirse a un escuadrón de élite con superpoderes. ¿Puedes identificar los obstáculos a los que podría enfrentarse?». Entre los «obstáculos internos» están las «dudas sobre sí misma». Entre los «obstáculos externos» están «otros estudiantes que dicen que no es lo bastante buena» y que «mis padres no me dejan practicar en casa».[180]

Probablemente, esta sea la razón por la que las escuelas se han ido encerrando cada vez más en una suerte de secretismo. Prueba a pedir que te den un ejemplar del cuaderno de trabajo socioemocional de tu hijo; fíjate en lo difícil que es conseguirlo. Una profesora me dijo que los orientadores de su instituto animaban a los niños a pasar por el centro de orientación para asistir a sesiones de terapia informal que nunca se registraban ni se comunicaban a los padres.

Le pregunté a Elizabeth, profesora de Ciencias en un instituto de Oregón, si había visto alguna vez a profesores u orientadores que, basándose en las conversaciones socioemocionales que habían tenido con los niños, hubiesen denunciado a los servicios sociales a sus padres, buenos y cariñosos. «Sí —respondió sin dudar—. Los orientadores lo hacen. Los directores también».

---

179. Véase, por ejemplo, Second Step, «Overcoming Roadblocks 1», folleto para el alumno, grado 7, unidad 1, lección 5, Committee for Children, 2020, <https://assets.ctfassets.net/98bcvzcrxclo/1fyRvZO01HcZFQiLfulUbf/8e8bf1e4757b050b9fb996d0a9d3fdce/handout-ms-g7-u1-05-sample.pdf>.

180. «Unit 1, lesson 5, overcoming roadblocks 1» Griffin Counselors [vídeo], YouTube, 22 de septiembre de 2020, <https:www.youtube.com/watch?v=9MsPz_iFzYE>.

El aprendizaje socioemocional se parece mucho al Sacro Imperio Romano. Ni es social, ni es bueno para la salud emocional, ni es algo que se pueda aprender. Parecía incuestionable que las escuelas seguirían enseñándolo durante décadas.

Volví a pensar en la desgarradora escena de la clase de la Srta. Julie, y en el niño que se fue aquel día a su casa, después de haber sido insoportablemente expuesto. Puede que los niños lo trataran con simpatía o incluso con lástima, pero ¿era eso lo que él quería?

Los entusiastas del aprendizaje socioemocional esgrimirían en su defensa que toda la clase salió beneficiada de aquella lección práctica de sensibilidad y amabilidad. Pero fíjate en lo que en realidad ocurrió aquel día: en nombre del «aprendizaje socioemocional», los educadores tomaron el dolor privado del niño y lo convirtieron en un «momento pedagógicamente aprovechable».

No dejaba de preguntarme cuándo pensaría ese niño, si es que no lo había pensado ya, que lo habían utilizado.

5

Las escuelas están llenas de sombras

Cuando mis gemelos tenían 10 años, uno de ellos llegó a casa del colegio con un anuncio: «El Sr. Bryan me odia».

—¿Quién?

—El profesor ayudante. Solo se preocupa por Isaac. Si *Isaac* levanta la mano, el Sr. Bryan avisa al profesor para que lo llame. Si Isaac tiene una pregunta, él se la responde. Si yo tengo una pregunta, el Sr. Bryan no me hace ni caso.

Aunque el colegio había enviado listas de los profesores ayudantes, yo nunca había oído hablar del «Sr. Bryan». Le aseguré a mi hijo que era imposible que un profesor ayudante se preocupara de un solo alumno. Debían de ser imaginaciones suyas.

Mi hijo, sin embargo, no había tenido una mala interacción con el profesor ayudante. Había visto una sombra. Nuestro colegio estaba lleno de ellas.

En los colegios privados se les dice «sombras», pero en los públicos oirás que los llaman «técnicos educativos» o «paraprofesionales». En parte guardaespaldas, en parte profesores de educación especial, los «maestros sombra» son educadores contratados privadamente por los padres o colocados por los colegios públicos para estar cerca de determinados niños, se supone que para facilitar su aclimatación a la clase.[181]

---

181. Véase «Related service providers & interveners», National Resource Center for Para-educators, <https://nrcpara.org/resources/report/demogra phics>. «Actualmente hay más de 525 000 paraeducadores empleados en

Hace más de una década, los maestros sombra hacían posible que los niños con autismo o graves dificultades de aprendizaje permanecieran en un aula con niños neurotípicos y evitaran el estigma de ser enviados a «educación especial».[182] Siguen haciéndolo, solo que ahora prestan el servicio a niños con un abanico mucho más amplio de necesidades de comportamiento.

Hoy, los colegios públicos asignan maestros sombra para seguir a niños con problemas que abarcan desde leves dificultades de aprendizaje hasta tendencias violentas, y los colegios privados aconsejan a los padres acomodados que contraten «sombras» para seguir a niños neurotípicos por casi cualquier motivo. Para ayudar a un niño a hacer amigos en el patio, para calmar a uno que se revuelve en su asiento, para ayudar a otro a *tener éxito* y divertirse en la escuela. «¿Crees que es un buen momento para levantar la mano? ¿Por qué no compartes tu merienda con Paige? ¿Qué tal si le haces un cumplido a la muñeca de Anne? Ya está bien de abrazos: puede que a Sebastian no le guste que le toquen».

Más supervisión, más dependencia de un adulto, menos práctica en manejarse solos, menos incentivos para que crean que *pueden* hacerlo. Pero ¿hay también menos estigma? Aunque muchos profesores confunden a la clase a la hora de determinar qué adulto es la «sombra» de un niño («¡El Sr. Bryan es nuestro nuevo profesor ayudante!»), muchos de los alumnos de primaria con los que hablé parecen darse cuenta de todos modos. Es el de la camiseta de *Star Trek* que va detrás de Brayden de camino a las barras del patio.

---

puestos ETC en todo el país. De ese número, aproximadamente 290 000 están empleados en programas exclusivos de educación general y especial, aulas autónomas y de recursos, servicios de transición y entornos de la primera infancia que atienden a niños y jóvenes con discapacidades. (Un dato fundamental, y muy difícil de obtener, es el número de paraeducadores que trabajan individualmente con cada alumno)».

182. «Las "sombras" están en primera línea para ayudar a los alumnos con discapacidad», explica la cartilla *Directrices para las sombras escolares*. Liau, Alex; y Dr. Baker, Jed, *School shadow guidelines*, Future Horizons Inc., Estados Unidos, 2015, p. 1.

Si contratar a un maestro sombra de verdad excede tu presupuesto escolar, el psicólogo del centro suele recomendar dar a un niño un *fidget* o juguete antiestrés como alternativa para tranquilizarlo. Por lo visto, la teoría es la siguiente: «Todos los niños poseen una cantidad finita de estrés. Si un niño tiene demasiado, puede desviar parte de él hacia un juguete concreto, dejándole con una cantidad menor y más manejable de inquietud».

A pesar de ese razonamiento demoledor, necesitaba ver esto con mis propios ojos. Compré una docena de juguetes antiestrés y los apilé sobre mi escritorio o los fijé a mi silla. El cojín con púas de goma inflable que permite a un niño inquieto rebotar en el sitio. La banda elástica gigante que se sujeta a las patas de la silla, una especie de guimbarda para los pies. Los tubos de acordeón fluorescentes que emiten un divertidísimo gemido al expandirlos y contraerlos. Los cubos con pulsadores y botones en cada uno de sus lados, que puedes presionar, hacer rodar y girar adelante y atrás. Las bolas de goma que parecen anémonas de mar. Los dedos de un muñeco de Lego, si los Lego tuvieran dedos y no simples palas por manos.

«Lo estás haciendo todo mal —me dijo mi hijo cuando me vio dándoles la vuelta en mi mesa, pulsando los botones y moviendo varias palancas a la vez—. Lo usas como una mujer de mediana edad».

Le pedí que me enseñara cómo los usan los niños en clase. Cogió el dodecaedro y empezó a frotarlo maníacamente, dándole vueltas, con la cabeza inclinada sobre el artilugio, como si este se alimentara de su concentración. Parecía uno de esos chicos que participan en los concursos del cubo de Rubik, donde genios de Asia lo hacen girar y lo ordenan en cuestión de segundos.

Pregunté a mis hijos cómo podía alguien prestar atención en ese contexto.

Pregunta absurda. No lo hacen.

Cuando los investigadores pusieron a prueba los juguetes antiestrés para ver si mejoraban la atención de los niños, descubrieron que cuando se utilizaban se producía un descenso inicial del nivel de actividad, y después *empeoraba la atención general* de los niños que los usaban.[183] El Dr. Ortiz me resumió los resultados: «Probablemente sea una pérdida de dinero, y quizá el efecto sea exactamente el contrario del que buscan los adultos».

Daba la impresión de que habíamos dado con un problema que afectaba a muchas de las adaptaciones en materia de salud mental en la escuela: inútiles en el mejor de los casos; destructivas en el peor. Y ahora, gracias a los expertos, omnipresentes.

Adaptación y evasión

La teoría de la adaptación académica es sencilla, y humana: ¿realmente tiene sentido exigir a un niño con dislexia que complete las preguntas de destreza lingüística en una evaluación de aptitudes en el mismo tiempo que uno sin dislexia? O, peor aún, ¿conviene ocultarle que no llega al nivel de comprensión lectora que corresponde a su curso?

Estas exigencias constituyeron en su día el grueso de las adaptaciones académicas. Ahora son la cola del león.[184] Los orientadores escolares —los «defensores» de los alumnos en la escuela— presionan a los profesores para que disculpen los retrasos o las ausencias, perdonen las faltas de asistencia, permitan a un alumno pasearse por el colegio en mitad de la clase, suban notas, reduzcan o eliminen los deberes, ofrezcan exámenes orales en lugar de escritos y proporcionen asientos preferentes a los alumnos que carecen incluso de un diagnóstico oficial.

Sheryl, profesora de Inglés en un instituto público de Wisconsin, me contó que ya no puede bajar la nota de un alumno por

183. Graziano, P. A.; García, A. M.; y Landis, T. D., «To fidget or not to fidget, that is the question: a systematic classroom evaluation of fidget spinners among young children with ADHD», *Journal of Attention Disorders*, 24, 1 (2020), pp. 163-171, <https://journals.sagepub.com/doi/full/10.1177/1087054718770009>.

184. La Sección 504 de la Ley de Rehabilitación de 1973, que prohibía la discriminación de estudiantes con problemas de aprendizaje, también exigía que las escuelas hicieran adaptaciones razonables para dichos alumnos, como permitir exámenes no cronometrados para quienes lo necesitaran.

entregar tarde un trabajo. Su director le exige que acepte cualquier tarea, siempre y cuando esta se entregue antes de que acabe el semestre —y, a veces, incluso antes de que acabe el curso—. «He tenido muchos alumnos que intentaban entregar dieciocho semanas de trabajo justo antes de que acabara el semestre», explica.

Pero ¿no supone eso un cúmulo desmesurado de trabajo para el profesor? Sí, en efecto. Sheryl siempre soñó con ser profesora. Ahora, a los 31 años, ya se está planteando dejarlo.

Las justificaciones psicológicas para solicitar estas adaptaciones suelen ser vagas: «"He tenido un día duro o estaba lidiando con mi identidad de género". Así todo el rato», comenta David, profesor de Música en un instituto público, al explicar cómo se ha abusado de las adaptaciones. Una reunión rápida con un orientador es suficiente para conseguir dos semanas más para entregar un trabajo u obtener cualquier otra dispensa académica.

David es un atractivo treintañero, serio y entusiasta en su papel de pastor de los jóvenes. Tiene el pelo castaño rojizo, rapado a los lados, y una barba bien recortada a juego. Habla abiertamente de la confusión que él mismo vivió como estudiante gay en el armario durante la secundaria. Sin embargo, está muy agradecido de que sus profesores nunca permitieran que esa nebulosa emocional se convirtiese en una excusa para no dominar el violín.

Según él, rebajar las expectativas de niños perfectamente capaces que manifiestan un ligero malestar mental los perjudica. «Una de mis alumnas de último curso entra en clase diciendo: "Hoy no puedo tocar. Estoy pasando un día durísimo psicológicamente". Si yo llego a decirle eso a cualquiera de mis directores de orquesta, me habría dicho: "Lo siento, coge tu instrumento. Estamos ensayando. Siento mucho que tengas un problema en este momento. El violín, o la viola, o lo que sea que toques te ayudará"».

David cree que ayudar a sus alumnos a dominar un instrumento es mucho mejor para su sensación de bienestar y de logro que cualquier otra cosa que se pueda conseguir permitiéndoles evitar el trabajo duro. Pero afirma que, una vez que interviene un orientador escolar, cualquier «adaptación» que se pida, por poco razonable o innecesaria que sea, se convierte en algo a lo que es casi imposible oponerse.

Siguiendo el consejo del orientador de su hijo en el instituto, Angela, miembro de un equipo de producción de televisión, permitió que su hijo Jayden, un chico muy inteligente pero ansioso, obtuviera una adaptación curricular para poder hacer exámenes no cronometrados durante sus tres últimos años de instituto. El orientador fue amable y Jayden parecía necesitar ese tiempo extra para hacer los exámenes de Matemáticas, pero en lugar de animarlo a esforzarse más o aliviar su carga emocional, la adaptación pareció mermar sus ganas de intentarlo.

«Me arrepiento mucho, porque lo utilizaba como una muleta. En plan: "No entregaré el trabajo en el tiempo estipulado porque tengo derecho a acogerme a las adaptaciones por discapacidad" —dice Angela—. Pensábamos que le estábamos ayudando, y me di cuenta de que nada de todo aquello ayudaba».

Justicia reparadora: una reunión amistosa con el acosador escolar

En 2021, Oscar, el hijo de 12 años de Stephanie, empezó el nuevo curso en un colegio público de Manhattan que resultó ser muy parecido a un reformatorio. Oscar evitaba beber agua durante el día; le aterrorizaba el cuarto de baño. «Los chicos entraban allí y se peleaban, y escribían todo tipo de cosas desagradables en las puertas —me contó Stephanie—. Había caca en el suelo».

La violencia escolar se desató tan a menudo ese año que los estudiantes crearon su propio grupo de Snapchat para catalogar las reyertas.[185]

---

185. Algar, Selim, «Manhattan school plagued with violence, parents say concerns neglected», *New York Post*, 4 de febrero de 2022, <https://nypost.com/2022/02/04/parents-feel-neglected-at-middle-school-beset-by-violence>.

«Había peleas realmente violentas. Y no me refiero a esas chicas que sueltan una bofetada. Hablo de tres chicas agarrando a otra del pelo, tirándola al suelo, y empezando a darle patadas en la cabeza y en las costillas, y puñetazos en la cara», relató.

Un chico golpeó tres veces la cabeza de Oscar con la puerta metálica de una taquilla. A la tercera, le hizo un corte en la mejilla. Si la herida llega a estar un centímetro más arriba, podría haber perdido la visión en un ojo.

Según Stephanie, ninguno de los acosadores de Oscar fue suspendido, y entonces supe por qué: la «justicia reparadora».[186]

En 2014, el presidente Obama publicó una carta amenazando a las escuelas con la pérdida de fondos si continuaban suspendiendo y expulsando a un número desproporcionado de niños pertenecientes a minorías. Esto planteó a los centros un dilema: ¿cómo mantener el orden sin castigos? La «Carta a los estimados colegas» daba la solución: «prácticas restaurativas, asesoramiento y sistemas estructurados de intervenciones positivas».[187] Los niños violentos fueron rebautizados como niños que sufren. Las escuelas dejaron de suspenderlos o expulsarlos. Y así nació una nueva y revitalizada era de la salud mental en las escuelas públicas.

«Justicia reparadora» es el nombre oficial del enfoque terapéutico escolar que reetiqueta todo mal comportamiento como

186. «El concepto de prácticas restaurativas tiene sus raíces en la justicia reparadora, una forma de ver la justicia penal que se centra en reparar el daño causado a las personas y a las relaciones más que en castigar a los delincuentes (si bien la justicia reparadora no excluye el encarcelamiento de los delincuentes u otras sanciones). Originada en la década de 1970 como mediación entre víctimas y delincuentes, en la década de 1990 la justicia reparadora se amplió para incluir también a las comunidades de atención, con la participación de las víctimas y los familiares y amigos de los delincuentes en procesos de colaboración denominados "conferencias" y "círculos"». Costello, Bob; Wachtel, Joshua; y Wachtel, Ted, *Restorative circles in schools: building community and enhancing learning*, International Institute for Restorative Practices, Estados Unidos, 2010.

187. «Joint "Dear colleague" letter», Departamento de Educación, Oficina de Derechos Civiles, 8 de enero de 2014, <https://www.ed.gov/about/offices/list/ocr/letters/colleague-201401-title-vi.html>.

una llamada de auxilio. Su principal práctica es el círculo restaurativo, un ritual de dudoso origen nativo-americano en el que un profesor indica a los alumnos en conflicto que se sienten en un círculo con sus compañeros y compartan por turnos su dolor. Para indicar a quién le toca hablar, se pasan un testigo o tótem, que puede ser desde una piedra preciosa hasta un palito de helado con ojos saltones. (Hasta aquí llega el respetuoso homenaje a los nativos americanos).

Como se trata de una suerte de terapia, los profesores suelen pedir explícitamente que quienes están «fuera del círculo» no se enteren de nada (léase: los padres). «Lo que se comparte en el círculo se queda en el círculo —aconseja una profesora a sus alumnos en el blog educativo *Edutopia*—. No se puede compartir fuera del aula la historia de nadie. Protege la historia de los demás».[188]

Pero ¿y si se produce acoso escolar? ¿Y si un niño golpea repetidamente la cabeza de otro contra una taquilla? Acosador y víctima se reúnen en un círculo restaurativo para enfrentarse y compartir su dolor en beneficio de la clase.

Ray Shelton, profesor de primaria en una escuela pública de California, cree que los círculos restaurativos constituyen un abuso. «Hacen recaer gran parte de la responsabilidad en la víctima. Porque tienen que enfrentarse a la persona que les ha hecho daño, hablar y tratar con ella cuando puede que no quieran hacerlo. Eso los revictimiza, ¿sabes?». El agresor se ve obligado a disculparse delante de la clase, pero se presiona a la víctima no solo para que acepte sus disculpas, sino para que ofrezca las suyas propias, por lo que sea que haya hecho para provocar a su agresor.

Y lo peor de todo es que esto no parece frenar la violencia. En 2021, un alumno de 12 años que medía 1.80 lanzó a otro niño por una ventana y solo recibió una suspensión escolar, lo que según Rhyen Staley, entonces profesora de secundaria en el centro, era «básicamente un aislamiento». Más tarde, ese mismo año, el

---

188. Davenport, Mary, «Using circle practice in the classroom», *Edutopia*, 16 de agosto de 2018, <https://www.edutopia.org/article/using-circle-practice-classroom>. (El artículo enlaza con el documento «Setting up a circle: an overview»).

alumno amenazó con apuñalar a otro, y solo lo expulsaron de forma definitiva tras amenazar reiteradamente a otra alumna de su curso con que iba a «cargársela de una puta vez».

Varios profesores me contaron que, salvo en las circunstancias más extremas, gracias a la justicia reparadora los colegios públicos ya no castigan ni expulsan a los chavales. Hasta que cometen actos criminales atroces, a los niños violentos se los mantiene en la escuela y se les asignan sombras bajo el *ethos* terapéutico de «*tratar, no castigar*». Nikolas Cruz llevaba años cometiendo actos violentos y amenazadores en su instituto. Se le asignó una sombra: su madre.[189] Tiempo después, el asesino de Parkland se cobraría diecisiete vidas.

Todos los profesores con los que hablé me confirmaron que el enfoque está fracasando. Las técnicas terapéuticas no sustituyen a un sistema que castiga la violencia.

«El problema es que la gente tiene miedo de opinar en contra de ello, especialmente los que están dentro», afirma Staley. «Por

---

189. Pollack, Andrew; y Eden, Max, *Why Medow died*, Post Hill Press, Estados Unidos, 2019, p. 96. Véase también James, Emma, «Hulking 6'6 boy, 17, who "viciously beat his teaching aide unconscious" is held on $1 million bond, will be charged as an adult and faces up to 30 years in prison-after being arrested three times for battery in 2019», *Daily Mail*, 28 de febrero de 2023, <https://www.dailymail.co.uk/news/article-11802533/Teen-knocked-teacher-arrested-THREE-times-battery-charged-adult.html>. (En febrero de 2023, un corpulento estudiante de primer año de secundaria de Florida llamado Brendan Depa, de 120 kilos y dos metros de altura, lanzó por los aires a la paraprofesional («sombra») que le había sido asignada cuando ella le quitó la Nintendo Switch con la que había estado jugando durante la clase. La paraprofesional cayó al suelo de cabeza y perdió el conocimiento con el impacto. Pero Depa se puso a pisotear y golpear su cuerpo inerte de todos modos, hasta que cinco miembros del profesorado de la escuela pudieron sacarlo de allí. Depa es «discapacitado conductual», y cuando fue detenido por el incidente, la defensora de la salud mental Sue Urban adujo que había sido tratado injustamente. A los niños con discapacidad conductual, dijo Urban, «se les da margen para tener estos dispositivos, para que cuando pierdan los estribos o si no entran en ese espacio mental, puedan tener las consolas o teléfonos o sus dispositivos de confort, [con el fin de que] puedan calmarse». Depa —que había sido detenido tres veces por agresión cuando tenía 13 años— fue puesto bajo custodia).

un lado, porque creen a pies juntillas que va a funcionar, que solo hay que darle más tiempo. Y, por otro, porque si se manifiestan en contra temen perder su trabajo». Staley me dijo que había dejado la enseñanza, en parte como respuesta al caos que se vio obligado a observar en silencio.

Un metaanálisis de RAND demostró que las escuelas que aplicaban la justicia reparadora estaban fracasando. En la enseñanza media, los resultados académicos empeoraron en los centros con prácticas restaurativas. No se redujeron los incidentes violentos ni las infracciones relacionadas con armas de fuego, no hubo menos suspensiones de alumnos varones, ni siquiera disminuyó el número de arrestos. «Esto, por supuesto, plantea la cuestión de si las prácticas restaurativas pueden ser eficaces para frenar los comportamientos más violentos, al menos en un período de aplicación de dos años», escribieron los autores.[190] Una cuestión que, presumiblemente, les gustaría ver resuelta a los aterrorizados alumnos no violentos de la escuela.

«La justicia reparadora destruye y arruina las escuelas —me dijo Daniel Buck, profesor de secundaria en Wisconsin—. Porque si los chicos saben que pueden salirse con la suya sin consecuencias, lo harán».[191]

La delincuencia aumenta. El caos campa a sus anchas. Y el sistema que elevó el daño emocional al nivel del daño físico acabó disculpando el daño físico en nombre del bienestar emocional.

190. Augustine, Catherine H., *et al.*, *Can restorative practices improve school climate and curb suspensions? An evaluation of the impact of restorative practices in a mid-sized urban school district*, RAND Corporation, Estados Unidos, 2018, p. 71, <https://www.rand.org/pubs/research_reports/RR2840.html>. («Esto, por supuesto, plantea la cuestión de si las prácticas restaurativas pueden ser eficaces para frenar el comportamiento más violento, al menos en un período de implementación de dos años»).

191. Curiosamente, el tirador de la escuela de Parkland había sido sometido a toda la gama de «justicia reparadora» dentro del sistema escolar de Florida antes de vaciar un rifle semiautomático en sus pasillos, asesinando a diecisiete estudiantes.

Anarquía terapéutica

Kelly trabajó 7 años como orientadora en un centro público de secundaria y bachillerato al norte del estado de Nueva York, hasta que en 2021 decidió que ya no podía soportar más aquel manicomio. Los alumnos le daban con la puerta en las narices y la acosaban por los pasillos. Algunos salían de clase para pasearse por el centro cuando les daba la gana. Siempre que alegaran que su salud mental lo requería, todo comportamiento disruptivo era disculpado o bienvenido.

Kelly protestó, pero enseguida se dio cuenta de que era una *rara avis*. Las adaptaciones curriculares, como los «pases sin hora», permitían a cualquier estudiante que adujera estar «en crisis» cambiar horas lectivas por sesiones con el orientador. Los estudiantes se aprovechaban de un sistema que parecía considerarlos incapacitados. «Lo utilizaban durante la clase que menos les gustaba», afirma Kelly.

En los últimos años, centros escolares de todo el país vienen registrando problemas de comportamiento mucho peores. «Pregunta a cualquiera que haya trabajado en alguna de las decadentes escuelas públicas de Estados Unidos y casi todos te dirán lo mismo: el mayor problema no es la calidad de los docentes —escribió un profesor en el *New York Post* en 2018—.[192] Todos los profesores de escuelas públicas a los que entrevisté lo decían: el comportamiento de los niños ha empeorado en la última década».

Christine, encargada de supervisar la programación socioemocional en los centros de secundaria de Oregón, declaró que las tasas de desregulación de los estudiantes se han disparado desde al menos 2016. «Los chicos colapsan, se enrabietan, gritan, arrojan cosas, lloran, amenazan con suicidarse, insultan a los docentes y, en general, se comportan mal».

192. Henderson, Cinque, «Failing public schools should be blamed on out-of-control kids», *New York Post*, 14 de septiembre de 2018, <https://nypost.com/2018/09/14/failing-public-schools-should-be-blamed-on-out-of-control-kids>.

Todos los profesores con los que he hablado han observado un aumento de las rabietas, la violencia, los gritos dirigidos al profesor, el lanzamiento de objetos en el aula, los portazos, los abucheos; y todo ello en la última década. Los profesores me comentaron que daba la impresión de que los chicos no controlan su comportamiento. Y gran parte del problema, según ellos, es un régimen escolar que no exige disciplina a los alumnos, al considerarla una petición poco razonable, cuando no poco desarrollada.

«Si les digo que paren para intentar corregirles cuando tocan una nota, hay chicos de 14 o 15 años que se limitan a tirar el arco al suelo como críos enrabietados —dice David, el profesor de la orquesta del instituto—. Abundan los berrinches».

Pero ¿cómo sabía que los alumnos que se comportaban de este modo no necesitaban simplemente medicarse? «La mayoría ya toman antidepresivos», me dijo. Lo sabe porque hablan abiertamente de lo que toman y también porque a veces figura en archivos internos compartidos con los docentes.

Como sus clases de música abarcan los cuatro cursos de secundaria, David suele tener más de cien alumnos al año. A diferencia de los que tenía hace una década, afirma que hoy hay muchos más estudiantes emocionalmente impredecibles o que parecen zombis. «La mayor parte del tiempo tienes la sensación de estar hablando con un mueble».

Los chicos, en el mejor de los casos, no parecen beneficiarse de las terapias, los medicamentos y las adaptaciones que se les ofrecen. No pueden o no quieren controlar sus arrebatos emocionales. No pueden o no quieren hacer los deberes a tiempo. En mayor número del que los profesores recuerdan haber visto nunca, no pueden o no quieren *valerse* por sí mismos.

David me pone dos ejemplos recientes que lo demuestran. En el primer concierto del año, varios chicos se le acercaron con sus corbatas de clip en la mano, sin saber cómo ponérselas. «No me preguntaban cómo hacer un nudo Windsor», me aclaró. *Querían que él se las* colocara. «Una de las madres me miró. Me había visto haciendo lo propio todo el día y me dijo: "Estos chicos no tienen remedio". Tiarrones de 15 y 16 años y es como si estuvieras tratando con niños de 8 o 9».

En otra convocatoria reciente, David estaba enfrascado en reuniones, así que les dijo a sus alumnos de secundaria que almorzaran por su cuenta. Un chico de 16 años se le acercó y le dijo que no sabía cómo hacerlo. «Hay un bar justo enfrente», le dijo David. El chico llevaba dinero, pero no sabía cómo conseguir el almuerzo. Llevaba 16 años sin entrar solo en una tienda y comprarse un bocadillo.

La gran justificación: el trauma infantil

Después de que el consultor educativo Ricky Robertson utilizara la palabra *trauma* media docena de veces en una de las sesiones de trabajo de la conferencia de tres días a la que asistí, le susurré a mi compañero de asiento que debíamos empezar a jugar a uno de esos típicos juegos de beber. Por suerte, no teníamos alcohol o aquello habría acabado con dos víctimas mortales. En el transcurso de una hora, Robertson utilizó la palabra *trauma* 105 veces.

A medio camino entre el diagnóstico y el Macguffin, ningún otro concepto se invocó con más frecuencia en la conferencia de docentes de la escuela pública que la noción de que todos estos niños habían sufrido una «experiencia adversa en la infancia» o «ACE» (por sus siglas en inglés), coloquialmente conocida como «su trauma».[193] En la mente e imaginación de muchos de los educadores de hoy, la mejor manera de ayudar a los niños desfavorecidos es dar por hecho que todos han sufrido daños, y tratarlos *en masa* con intervenciones generalizadas de salud mental, como si la terapia fuese como verter fluoruro en el agua que bebes.

193. La noción de que la salud mental y la salud física de un niño están determinadas en última instancia (y arruinadas) por el número de ACE que acumulan se basa en una controvertida pieza histórica de investigación psicológica: Felitti, Vincent, *et al.*, «Relationship of child abuse and household dysfunction to many of the leading causes of death in adults», *American Journal of Preventative Medicine*, 14, 4 (1998), pp. 245-258, <https://www.ajpmonline.org/article/S0749-3797(98)00017-8/fulltext>.

La idea de que incluso es posible contar las experiencias adversas en la infancia de un niño para determinar su daño a futuro parte de un famoso estudio que pretende demostrar que aquellos que hayan sufrido cuatro o más de las siguientes circunstancias tendrán una salud física y mental por debajo de la media en etapas posteriores de su vida.[194] Las ACE son:

1. Maltrato físico
2. Abuso sexual
3. Abuso emocional
4. Abandono físico
5. Negligencia emocional
6. Enfermedad mental
7. Divorcio o ruptura de los padres
8. Abuso de sustancias en el hogar
9. Violencia contra la madre
10. Miembro del hogar encarcelado[195]

El estudio de las ACE sostiene que estos factores son comunes, están interrelacionados y tienen un pernicioso efecto acumulativo sobre la salud mental y física. Si te has criado con una madre drogadicta que padecía una enfermedad mental y abusaba sexualmente de ti, puede que tengas más probabilidades de sufrir adicción o quedarte sin hogar, padecer enfermedades crónicas o caer presa de la violencia domestica o el suicidio. El estudio sugiere que, por término medio, a medida que aumenta la puntuación ACE en una población, también se eleva la concentración de marcadores inflamatorios en sangre. El desafío y la utilidad para los investigadores de la salud pública se hicieron evidentes: reducir las puntuaciones ACE de una generación a la siguiente y observar cómo se disipan todo tipo de problemas de salud pública.

194. *Ibidem.*

195. «Adverse childhood experiences prevention strategy», Centros para el Control y la Prevención de Enfermedades, septiembre de 2020, p. 2, <https://www.cdc.gov/injury/pdfs/priority/ACEs-Strategic-Plan_Final_508.pdf>.

En una entrevista telefónica, el Dr. Harrison Pope, profesor de Psiquiatría de la Escuela de Medicina de Harvard, tildó el estudio de las ACE sobre el trauma infantil de «clásico ejemplo de estudio metodológicamente defectuoso».

Si queremos averiguar si el trauma causa alguna patología, hay una forma rigurosa de proceder: *prospectivamente*. Se busca a niños que hayan sufrido un trauma y se documenta el trauma *in situ*. A continuación, se envía a un grupo de investigadores, que no sepan qué grupo ha sufrido experiencias traumáticas reales y documentadas, para que diez o veinte años más tarde comprueben si los sujetos en cuestión presentan una mayor incidencia de enfermedades y psicopatologías que aquellos que, en condiciones similares, no han sufrido ninguna.

En cambio, si se procede retrospectivamente, tal y como hace el estudio de las ACE, si solo se seleccionan adultos y se les pregunta por su *historial* de traumas, es muy probable que el grupo encuestado se seleccione de forma sesgada. Los adultos que saben que están sufriendo en el presente están motivados para encontrar explicaciones en su pasado y presentan un alto grado de sugestión respecto a aquellas que el investigador encuentre interesantes. En todo grupo de personas que sufren alguna psicopatología es probable, además, que existan múltiples variables de confusión: factores distintos del trauma que pueden haber causado el problema actual. Entre las variables de confusión se incluyen, por ejemplo, la genética, y todas las influencias que un padre alcohólico puede dejar entrar por la puerta sin darse cuenta (como la mala gente).

Pero aunque el estudio de las ACE *demostrara* que las poblaciones que han experimentado diversos tipos de trauma en la infancia tienden a presentar, de media, diferentes riesgos para la salud en la edad adulta, no ha sido este el principal uso que se ha hecho de dicho estudio —que se ha citado más de 32 000 veces desde su publicación en 1998 en más de 150 revistas—, el cual ha cobrado vida propia. Se utiliza de forma rutinaria como método de diagnóstico con niños concretos, como si uno pudiera limitarse a contar las ACE de un niño y predecir sus males futuros.

Uno de los autores del estudio original, Robert Anda, manifestó recientemente su preocupación por el mal uso que se estaba haciendo de él. En una conferencia afirmó que las categorías de ACE son medidas «crudas», nunca pensadas para aplicarse a evaluaciones de riesgo *individual*. Los investigadores que citan el estudio no suelen tener en cuenta la variabilidad de la respuesta humana a los factores de estrés experimentados en la infancia. Algunos niños superan sin problemas las circunstancias adversas.

«Aplicar el riesgo medio de un gran estudio epidemiológico a una persona concreta no es apropiado, ya que ofrece una media de esa gráfica de dispersión con la que se representa la exposición real a la adversidad. A diferencia de reconocidas medidas de cribado como la presión arterial o el colesterol, que utilizan normas de referencia de medición y puntos de corte o umbrales para la toma de decisiones clínicas, la puntuación ACE no es un marcador estandarizado de la exposición de los niños al estrés».[196]

Las categorías de ACE incluyen tener un «miembro del hogar encarcelado». En el conjunto de la población, puede ser un indicador válido de riesgo elevado de problemas de salud futuros. Sin embargo, no puede aplicarse a nivel individual al no distinguir, por ejemplo, entre estos dos casos: uno en el que la madre soltera y única cuidadora de un niño es encarcelada por traficar con heroína; y otro en el que al tío Marv, que vive con la familia, lo han metido en la cárcel por fraude a su seguro médico. A nivel individual, hay grandes diferencias respecto a las probabilidades de que esos dos niños salgan adelante. A uno lo colocarán en un hogar de acogida, sabiendo que su madre es una traficante de drogas; y el otro negará con la cabeza al pensar en el chiflado tío Marv.

El peligro de confundir ambos escenarios, que se produce cuando las escuelas intentan aplicar las ACE como una herramienta de detección a nivel individual, es —lo has adivinado— la

196. Agradezco al maravilloso escritor Robert Pondiscio que me indicara esta conferencia. Véase Pondiscio, Robert, «Researchers warn about misuses of a common measure of childhood trauma», Thomas B. Fordham Institute, 22 de abril de 2020, <https://fordhaminstitute.org/national/commentary/researchers-warn-about-misuses-common-measure-childhood-trauma>.

yatrogenia. Los centros educativos tienden a sobrestimar el riesgo al que se enfrenta la persona. «Si sobreestiman el riesgo, pueden remitir a las personas a tratamientos y servicios que no necesitan y que no solo pueden hacerles perder el tiempo, sino que pueden entrañar algún riesgo», explicó Anda a su audiencia.

El escandaloso uso indebido del concepto de las ACE por parte del sistema educativo para rebajar las expectativas de millones de niños estadounidenses procede, de hecho, de una elección anterior de los autores del estudio. El propio nombre «ACE» —una sigla que, sustantivada, en inglés podría entenderse como una alusión a la excelencia— es una gran maniobra de distracción. Anda afirma que es una «medida para mostrar cómo la adversidad se acumula para aumentar el riesgo» en una población. Pero lo cierto es que no hace nada de eso.

El estudio no demuestra que los inmigrantes en Estados Unidos, cuyas vidas están llenas de «adversidades», tengan más probabilidades de cargar a sus hijos con enfermedades mentales y físicas a largo plazo. Por supuesto que no. Eso se debe a que la mayoría de las ACE del estudio original no son simplemente medidas de adversidad, al menos no tal y como se utiliza comúnmente la palabra; son medidas de *disfunción*.

La pobreza, la lucha por conseguir un empleo, el estrés de tener varios trabajos a la vez, de no entender nunca del todo la sociedad en la que vives; la gestión de la nostalgia por la cultura de tu país de origen, tu lengua materna y tu familia de origen: eso son las *adversidades*. El dolor de no encajar nunca en la escuela, de llevar la ropa equivocada, de soportar la carga de las altas expectativas de tu familia; la culpa de lo mucho que han luchado para que tú puedas vivir en Estados Unidos: eso resulta una *adversidad*. Y nada de eso se acumula para producir malos resultados a largo plazo. (Hay buenas razones para creer que incluso puede producir *mejores* resultados en los niños).

La diferencia entre adversidad y lo que yo llamo disfunción no es baladí. Un niño cuya madre es adicta a la heroína no es *simplemente* alguien que ha sufrido abusos emocionales o abandono. No es simplemente alguien cuya madre a menudo llegaba tarde a buscarle al cole, demasiado cansada por la noche como para poder preguntarle qué tal le había ido el día.

Un niño cuya madre es heroinómana o alguien a quien su pareja maltrata con frecuencia sabe que el hecho de que no acuda a buscarle al colegio puede ser un indicio de que esté muerta o agonizando en alguna parte. *Y puede que tenga razón.* Incluso las más pequeñas incoherencias de su madre pueden presagiar cosas peores: recaídas, delincuencia, la posibilidad de que pronto le abandone. Cada vez que su madre entra por la puerta, trae consigo la amenaza de lo que sea o de quienquiera que haya llevado con ella a casa.

Tal vez los niños que han sufrido lo que los investigadores originales llamaron «ACE» necesiten cuidados especiales. A algunos de ellos les puede resultar difícil librarse del tormento que les persigue hasta la escuela. La cuestión, para estos niños, puede que no sea si deben recibir apoyo de salud mental o no, sino qué tipo de apoyo.

Eso está lejos de afectar a la mayoría de los niños, y es peligroso confundir a los que han sufrido años de abusos sexuales o han estado sometidos al hambre o a maltratos deliberados por parte de progenitores que se supone que los quieren con aquellos que se han enfrentado a la «adversidad». Crecer con un padrastro que te pega o te viola no tiene nada que ver con sentir la presión de aceptar un trabajo después de clase porque tus padres tienen dificultades para pagar las facturas. No se parece en nada a levantarte temprano para preparar la comida a tus hermanos pequeños porque tu padre, un buen hombre que tiene tres trabajos, aún no ha vuelto del turno de noche. Ni siquiera es como perder a tu amado padre por culpa del cáncer. Si tus padres te pegan o abusan sexualmente de ti, en lo que respecta a tu educación, su presencia en tu vida introduce peligro, incertidumbre y tormento emocional del tipo más severo e impredecible. Esto es muy diferente del dolor de perder a un padre cariñoso cuyo recuerdo y ejemplo aún aprecias.

Los educadores engrosan a su antojo la lista de los ACE cuando les parece (o por la causa política de turno), dando por hecho que dichas experiencias tienen las mismas consecuencias sobre la salud a largo plazo. Durante los tres días que duró la conferencia, oí hablar del «trauma generacional e histórico de la colonización», del trauma de los «niños inmigrantes o refugiados» que han tenido que asumir responsabilidades de adultos en sus familias, del trauma de la contaminación, del cambio climático y, por supuesto, del «trauma histórico» de haber nacido negro en Estados Unidos.

«El 50 por ciento de los niños de una clase normal de Estados Unidos han sufrido dos ACE. Eso sin contar la pandemia», entonó Robertson ante la nutrida audiencia de profesores.

«Todo es un trauma —me dijo Christine, la profesora de escuela pública en Oregón—. El trauma de levantarse a diario, ser negro y saber que ahí fuera existe la supremacía blanca; eso es un "trauma"», dice, escéptica. Y enumera una serie de traumas que se supone que los educadores deben buscar. «El trauma de saber que tus padres están estresados ante la posibilidad de quedarse sin casa, el trauma de un divorcio, del suicidio, de no sentir que tienes reconocida tu identidad de género».

Christine es negra. No cree que haber crecido siendo negro en Estados Unidos convierta a un niño en víctima de un trauma psicológico. Pero su opinión parece oponerse a la de los orientadores blancos de su escuela pública.

«Creo que estamos destruyendo a nuestros hijos al decirles que no pueden superar lo que les duele. Y no digo que no haya racismo. No digo que no haya gente que haga cosas realmente malas y sea horrible. Lo que digo es que decirles a nuestros hijos que son víctimas constantes no les ayuda en nada», afirmó.

Y, sin embargo, cree que ese es precisamente el mensaje que transmiten los educadores con sus intervenciones «informadas sobre el trauma» y «socioemocionales». «Básicamente estás diciendo que todos los que son negros son estúpidos, están demasiado traumatizados, no tienen capacidad para triunfar. Es tal locura que ya ni siquiera reconozco a la gente con la que trabajo la mitad de las veces. Pero también admito que todos los que pensamos "esto es una locura" tememos alzar la voz».

Los niños de entornos problemáticos son los que más tienen que perder con las adaptaciones

El psicólogo y escritor Rob Henderson pasó gran parte de su infancia en hogares de acogida. Hoy escribe elocuentemente sobre niños que han sufrido las circunstancias más miserables. Lo que necesitan es también lo que tan pocos adultos de su alrededor están dispuestos a proporcionarles: expectativas altas. «La gente piensa que si un joven procede de un entorno desordenado o con privaciones debe tener un nivel de exigencia bajo. Esto es erróneo. Hay que exigirle mucho. De lo contrario, se hundirá al nivel de su entorno», escribe.[197]

Henderson presenta una serie de estudios psicológicos revisados por expertos que demuestran que «los jóvenes solo hacen lo que se espera de ellos». Los que proceden de familias estables y acomodadas necesitan menos presión externa para motivarse. Los que han vivido circunstancias problemáticas necesitan *más*. De hecho, Henderson sugiere que les vendría mucho mejor recibir una educación que buscar subterfugios y oportunidades para evitar obtenerla.

No hay ninguna buena razón para creer que la mayoría de los niños están traumatizados. Las mejores investigaciones indican lo contrario: incluso entre las personas que han sido víctimas de circunstancias desgarradoras, la resiliencia es la norma.[198] Los sucesos perturbadores se entienden mejor como «*potencialmente* traumáticos», lo que significa que cabe la posibilidad de que no dejen una huella psicológica duradera y, desde luego, no necesariamente negativa.[199]

197. Henderson, Rob, «No one expects young men to do anything and they are responding by doing nothing», Rob Henderson's Newsletter, 24 de abril de 2022, <https://robkhenderson.substack.com/p/no-one-expects-young-men-to-do-anything>.

198. Véase Bonanno, George A., *The end of trauma: how the new science of resilience is changing how we think about PTSD*, Basic Books, Estados Unidos, 2021.

199. *Ibidem.*

Sin pruebas claras de lo contrario, la mejor hipótesis de trabajo sería que una niña que llega a la escuela en circunstancias no ideales *puede* regular sus emociones, *puede* completar sus tareas de Matemáticas, puede cumplir con las altas expectativas. Y, en caso de duda, si se la trata como si *pudiera*, es más probable que consiga *hacerlo*.

Los educadores se cuidan de no mencionar la «resiliencia», pero la imagen que pintan es la de una fragilidad psicológica irremediable. Cuando hablan de «resiliencia», la mayoría de las veces se refieren a «ayudar a los niños a desarrollarla». Sin embargo, la resiliencia no es algo que los expertos contribuyan a desarrollar, sino un proceso que se produce por sí solo, a lo largo del curso normal de la vida, afrontando sus retos y superándolos.

Lo mismo sucede con la regulación emocional. Si fracasas, te echan del equipo. Y a pesar de ello la vida sigue. Estás listo para afrontar otro reto, quizá preparándote mejor la próxima vez. O eligiendo un camino completamente distinto, uno que se adapte mejor a tus gustos y talentos.

¿Y qué pasa con la cultura del victimismo? «Es una cultura antirresiliencia», me dijo Kennair. Al tratar a los niños como si tuvieran un defecto incipiente, es muy probable que los educadores les estén haciendo un daño real. No es de extrañar que tantos niños se sientan incapaces de hacer cambios positivos en sus vidas. Los educadores les han dicho una y otra vez: *no podéis*.

6

Los reyes del trauma

Mi abuela materna —la mujer más optimista y emprendedora que he conocido— llegó al mundo siendo una matricida. En 1927, su madre murió al darla a luz, un hecho que dos de sus insufribles hermanos mayores rara vez le permitieron olvidar. Durante sus primeros años de vida, una serie de primos de Washington y Filadelfia se encargaron de cuidarla y alojarla. Al no recibir suficiente leche, a mi abuela le salieron los dientes grises. La escasa alimentación frenó su crecimiento.

Su padre viudo no la podía criar, aunque las historias variaban en cuanto al motivo para no hacerlo. Se murmuraba, en yidis, que un pariente había abusado de ella mientras vivía en su casa. Otros afirmaban que a su padre —un inmigrante ruso sin recursos, poco instruido y desbordado por las circunstancias— simplemente le gustaba demasiado ir al hipódromo.

Cuando mi abuela cumplió 6 años tuvo su primer golpe de suerte. Su hermana mayor, Clayre, conoció a un chico. A los 18 años, la espalda de Sammy abarcaba el ancho de la puerta y casi rozaba el dintel con la coronilla. Sus estudios no pasaban de los niños de 9 años. Pero en la América de la década de 1930 eso importaba menos que el tamaño de sus manos, la fuerza de sus brazos y su hambre feroz de trabajo. Había mantenido a su propia familia desde que tenía 8 años; dos personas más no le suponían una gran carga. Clayre se casó con Sammy, acogieron a mi abuela y la criaron.

Cuando tenía 16 años, mi abuela fue con otras compañeras de clase a una fiesta de pijamas un sábado por la noche. A la mañana siguiente, las chicas cogieron un autobús para ir a nadar a una piscina pública. Mi abuela volvió a casa con un terrible dolor de cabeza. Al cabo de unas horas, el dolor se le había extendido al cuello. Cuando mi abuela no pudo bajar la barbilla sin hacerse daño, Clayre llamó al médico de la familia, que confirmó el diagnóstico de poliomielitis espinobulbar. Ordenó el aislamiento de mi abuela en el hospital Gallinger.[200] Clayre quemó toda la ropa de mi abuela.

En la época en que los gigantescos pies de Sammy pisaban la playa de Normandía, mi abuela cumplía 17 años con un pulmón de acero, con grandes dificultades para respirar e incapaz de tragar. Las visitas familiares se hacían con mímica a través de la ventana del pasillo: un saludo, una sonrisa, un beso lanzado al aire. La temida enfermedad duró un año, hasta que, un día, la lengua y la faringe de mi abuela se revitalizaron lo suficiente como para tragar una cucharadita de agua. Las enfermeras se agolparon junto a su cama para presenciar sus primeros sorbos.

Si lloró por haber perdido todo un año de instituto, mi abuela nunca lo mencionó. Sus memorias inéditas recogen el día en que salió en camilla del hospital. «Recuerdo lo bonito que estaba el cielo, las nubes blancas flotando y el olor limpio del aire fresco mientras me metían en la ambulancia para ir a casa».

Durante su penúltimo año en la Universidad George Washington, mi abuela conoció a Buddy, un chico judío de Virginia que había pasado la guerra enseñando a los cadetes del Cuerpo Aéreo del Ejército, con mejor vista y menos duchos en Matemáticas, lo que necesitaban saber. Se casaron y Buddy y ella criaron a tres hijos. A lo largo de los años, alojaron a una sucesión de

200. El hospital pasó a llamarse D. C. General Hospital en 1953. Cerró en 2001. Véase «Gallinger Municipal Hospital psychopathic ward», Wikipedia, <https://en.wikipedia.org/wiki/Gallinger_Municipal_Hospital_PsychopathicWard>.

parientes en apuros y niños de acogida con los que ella tenía buenas razones para identificarse. Terminó la carrera de Derecho en el turno de noche y se convirtió en una de las primeras juezas de la historia de Maryland.[201] Y hasta el último año de su vida, a los 94 años, con su ágil mente ablandada por la edad, se aferró a un sentimiento que jamás la abandonaría: cada día de vida era un milagro.

Pero, en este sentido, mi abuela no era extraordinaria. Posiblemente conozcas a personas de aquella Generación Grandiosa que superaron privaciones similares y pensaban igual. Mi abuela, huérfana de madre, soportó la pobreza, la polio y la guerra mundial. Y, sin embargo, nunca se le habría ocurrido responder a una encuesta de la forma en que lo hizo recientemente un joven estadounidense aparentemente normal nacido en 1990. «He crecido en el siglo XXI, donde las catástrofes ocurren cada veinte minutos».[202]

O como otro nacido en 1999, que respondió a la misma encuesta y que, de algún modo, se las arregló para salir de la cama y ofrecer este luminoso pensamiento: «No tenemos futuro ni esperanza. Somos el fin de la historia».

Sabemos exactamente lo que pensaba la generación de mi abuela sobre la guerra y la agitación política de su época porque llevaban diarios, escribían cartas y colaboraban en revistas como *Seventeen*, una publicación presuntuosa de aquel tiempo. Una ojeada a los números de *Seventeen* de la década de 1940 revela una hornada de «adolescentes» —término que acababa de nacer— vigorosos, testarudos y críticos con la generación que los había llevado a la penuria económica y a la guerra.

Denuncian los prejuicios raciales y la intolerancia religiosa de sus padres y profesores. Se muestran rebosantes de descaro,

201. Estrada, Louie, «Bess Lavine, half of mother-daughter judge team, dies at 94», *The Washington Post*, 5 de octubre de 2022, <https://www.washingtonpost.com/obituaries/2022/10/05/bess-lavine-prince-georges-judge-dead>.

202. Esta afirmación y las que la siguen están tomadas de encuestas recogidas en Karla Vermeulen, *op. cit.*

convencidos de que podrían —y lo harían— construir un mundo mucho mejor que el que sus padres les habían dado. («De todos modos, no podríamos hacerlo peor que ellos», escribió una adolescente en una carta publicada en la revista).[203] Si las esperanzas patrióticas no era más que un papel que interpretaban, entonces estos jóvenes actores del método lograron al final convencerse a sí mismos.

La mayoría de las generaciones estadounidenses soportaron penurias nacionales. Sin embargo, no hubo una oleada de suicidios entre los jóvenes sureños durante la Guerra Civil ni durante la Reconstrucción. Tampoco la hubo entre los adolescentes de la Gran Depresión, aunque estos sí fuesen testigos de muchos en aquella época.[204] No hubo una oleada de suicidios entre los jóvenes después de Pearl Harbor, cuando un gran número de ellos fueron enviados a la guerra. Ni durante la crisis de los misiles de Cuba, cuando el mundo se apagó como un televisor estropeado, ni durante las interminables oleadas de desilusión que acompañaron a la guerra de Vietnam. Los *boomers*, que creen haber afrontado algunos de los capítulos más terribles de la historia de Estados Unidos (segregación, Vietnam, Watergate), suelen ser los primeros en reconocer que pudieron iniciar, y de hecho iniciaron, un cambio positivo.

La mayoría de los que presenciaron la caída de las torres el 11-S no desarrollaron un trastorno de estrés postraumático.[205]

203. «Our school's fight», *Seventeen*, diciembre de 1947, p. 128.

204. Aunque todos los grupos de edad experimentaron un aumento de las tasas de suicidio durante la Gran Depresión, este se limitó en gran medida a los adultos, y los efectos más dramáticos los sufrieron los mayores de 35 años. Véase Luo, Feijun, «Impact of business cycles on US suicide rates, 1928-2007», *American Journal of Public Health*, 101, 6 (2011), pp. 1139-1146, <https://www.ncbi.nlm.nih.gov/pmc/articles/PMC3093269/>.

205. Bonnano, George, *The end of trauma: how the new science of resilience is changing how we think about PTSD*, Basic Books, Estados Unidos, 2021, p. 50. («De hecho, la mayoría de los que habían soportado la exposición directa a lo que estaba resultando ser el atentado terrorista más devastador registrado en Estados Unidos aún no habían desarrollado TEPT. Sin embargo, aún era pronto y muchos observadores esperaban que las cifras de TEPT siguieran

Esto fue así incluso entre quienes perdieron a miembros de su familia en aquel salvaje acto de asesinato en masa. George Bonnano, un investigador en resiliencia y trauma de la Universidad de Columbia, llevó a cabo una serie de estudios con el fin de aprender de quienes presenciaron los atentados del 11-S o perdieron en ellos a seres queridos. Su investigación descubrió que, tras el *shock* inicial del atentado, el patrón más común que mostraban quienes perdieron a gente cercana o fueron testigos directos del atentado era «una trayectoria estable de funcionamiento saludable a lo largo del tiempo».[206] Dicho de otro modo: resiliencia.

Durante miles de años, esperábamos que la mayoría de las personas que sufrían una desgracia, incluso de proporciones colosales, se recuperaran. Los investigadores confirman que la inmensa mayoría de los que sufren incluso grandes adversidades, abandonados a su suerte, son capaces de hacer precisamente eso:[207] levantarse, volver a la carga, intentarlo de nuevo. Hay quienes afirman incluso que podemos *mejorar* —volvernos más fuertes, más listos, más decididos, más agradecidos— gracias a los mil golpes que implica atravesar una infancia difícil.

Y entonces algo cambió. Abandonamos nuestra fe en la capacidad del ser humano para superar la adversidad y les dijimos a nuestros hijos que no podrían recuperarse, y menos aún salir fortalecidos. «Creo que un gran problema de la psicología académica es que se ha limitado a los privilegiados y ricos», afirma Camilo Ortiz. Apenas hay expertos en salud mental que, como él, hayan sido pobres, y menos aún que hayan sufrido la migración forzosa o el encarcelamiento de sus padres.[208] Es fá-

aumentando. Y entonces, para sorpresa de casi todo el mundo, las tasas descendieron precipitadamente»).

206. Bonnano, George, «Resilience in the face of potential trauma», *Current Directions in Psychological Science*, 14, 3 (2005), pp. 135-138.

207. George Bonanno, *The end of trauma...*, *op. cit.*, pp. 43-53.

208. Véase Ngayama Hall, G. C., «Diversity in clinical psychology», *Clinical Psychology: Science and Practice*, 13, 3 (2006), pp. 258-262. (Nótese la falta de diversidad en el campo de la psicología clínica).

cil que exageren el grado en que los trastornos menores dejan cicatrices en la psique de los adolescentes.

Con todo, los terapeutas tomaron las riendas de la cultura e insuflaron vida a un fantasma que aún nos persigue: el «trauma infantil».

Un montón de juguetes rotos

Hoy, los orientadores y psicólogos escolares invitarían a sus consultas a una niña huérfana de madre como mi abuela, le preguntarían por su vida familiar y se asegurarían de que todos sus profesores supieran que había pasado por algo muy duro. Buscarían pequeños indicios de que no lo estaba superando y, como era una niña inteligente, ella captaría lo que aquello significaba: estaba dañada. Porque no tenía madre, porque su familia era pobre, porque eran inmigrantes, porque había sobrevivido a abusos y a una enfermedad casi mortal, los adultos la vigilarían en busca de indicios de problemas. Sus expectativas sobre lo que podría hacer, lo que podría conseguir, se reducirían sobremanera. En la jerga de los orientadores escolares de hoy, mi abuela era como mínimo una «niña con cuatro ACE», golpeada por cuatro experiencias adversas en la infancia, lo que supondría todo tipo de problemas físicos y de comportamiento.

Actualmente, nadie se atrevería a castigar a una niña con la biografía de mi abuela por mal comportamiento, ni a bajarle la nota si no terminaba una tarea. ¿No había sufrido ya bastante? El mero hecho de salir adelante sería un logro milagroso para esta traumatizada joven. Si los ojos de los docentes no transmitían este mensaje, seguramente lo harían sus visitas periódicas al orientador escolar.

Como cultura, estamos cautivados por la noción del trauma infantil: recelosos de infligirlo, ansiosos por detectarlo. Los libros que insisten en que todos tenemos traumas ocultos de nuestra infancia viven en las listas de los más vendidos. No se mueven.

¡Y qué alivio es descubrir los nuestros! *Por eso estoy necesitado; por eso no puedo llegar a tiempo al trabajo; por eso me cuesta tanto mantener relaciones.* Eso nos libera. No es que hayamos pasado por alto importantes defectos de carácter en nuestras parejas o que hayamos amueblado nuestras vidas equipándonos para el caos: drogas, redes sociales y porno. No, la fuente de nuestra infelicidad es el trauma de nuestra infancia, similar a una enfermedad: otro menoscabo inmerecido. El trauma coloca un techo sobre nuestras cabezas. ¿Cuánto podemos crecer? Nada. Como tampoco podemos abrir la puerta de par en par y salir de ese angosto espacio: el trauma nos ha clavado los zapatos al suelo.

La gran socióloga israelí Eva Illouz señala que el cuento del trauma está escrito a partir de su final: desde la insatisfacción adulta actual hasta la epifanía de una infancia pasada en una familia disfuncional. «¿Qué es una familia disfuncional? Una familia en la que no se satisfacen las necesidades de uno. ¿Y cómo sabe uno que sus necesidades no fueron satisfechas en la infancia? Simplemente observando la situación actual —escribe Illouz—. La naturaleza de la tautología es obvia: cualquier dificultad presente apunta a una herida pasada».[209]

Al igual que las predicciones de los adivinos y los tarotistas, la explicación del trauma infantil para la insatisfacción adulta es infalible. (No se puede refutar jamás). ¿Cómo *sabemos* que no fracasamos en nuestro trabajo o en nuestras relaciones por el dolor no resuelto de haber sido azotados por papá, gritados por mamá o acosados en el instituto? No lo sabemos. No lo sabremos nunca. La idea es escurridiza, evade un juicio serio y, como parece explicar todos nuestros problemas y nos libera de la responsabilidad de solucionarlos, se desmorona con suma facilidad.

Sumo sacerdote de la iglesia del trauma

Bessel van der Kolk es considerado «el psiquiatra vivo más famoso del mundo».[210] Su libro canónico, *El cuerpo lleva la cuenta,*

209. Illouz, Eva, *Saving the modern soul: therapy, emotions, and the culture of self-help*, University of California Press, Estados Unidos, 2008, p. 175.

210. Carr, Danielle, «Tell me why it hurts: how Bessel van der Kolk's once controversial theory of trauma became the dominant way we make sense of our

ha vendido tres millones de ejemplares y ha dominado la lista de los más vendidos de *The New York Times* durante cientos de semanas, con la facilidad de un atleta olímpico compitiendo en un torneo de instituto. Prácticamente en todos los lugares a los que fui mientras investigaba para este libro conocí a personas que me dijeron que este psiquiatra les había cambiado la vida.[211] De él aprendieron que sus cuerpos almacenaban el trauma de su infancia, que estaba congelado para siempre como un cavernícola con lanza en un museo de historia natural.

Van der Kolk, que sigue impartiendo talleres sobre traumas, se ha convertido en un gurú para millones de personas. Su sedoso pelo cano complementa una seductora insistencia en que siente profundamente tu dolor. Su acento del norte de Europa nos recuerda —si no a Freud— a alguien ambiguamente serio en asuntos de la mente. Van der Kolk incluso pasó unos años en Harvard como profesor asociado de Psiquiatría antes de perder su afiliación a la Escuela de Medicina de Harvard y trasladarse a la Universidad de Boston.[212]

Todo ello sugiere que su teoría sobre el trauma infantil —que él denomina «la epidemia oculta»— debe tomarse muy muy en serio. ¿El problema? Que según varios de los mejores psicólogos y psiquiatras de la actualidad, la teoría de Van der Kolk es una patraña.

¿Lleva el cuerpo la cuenta? Literalmente, no ¿Y en sentido figurado? Tampoco

Van der Kolk publicó su superventas en 2014, pero está basado en una idea que expuso por primera vez en un artículo de 1994

---

lives», *New York Magazine*, 31 de julio de 2023, <https://nymag.com/intel ligencer/article/trauma-bessel-van-der-kolk-the-body-keeps-the-score-profile. html>.

211. Me puse en contacto con el Dr. Van der Kolk por correo electrónico para una entrevista. Respondió rápida y afirmativamente a la solicitud, y luego interrumpió abruptamente la comunicación.

212. Interlandi, Jeneen, «A revolutionary approach to treating PTSD», *The New York Times*, 22 de mayo de 2014, <https://www.nytimes.com/2014/05/ 25/magazine/a-revolutionary-approach-to-treating-ptsd.html>.

con el mismo nombre.[213] La «memoria» del «trauma» está «codificada en las vísceras, en las emociones desgarradoras y en los trastornos autoinmunes, y en los problemas del esqueleto y de los músculos».[214] La memoria traumática puede almacenarse en cualquier parte: en el hipocampo del cerebro, que nos asalta con preocupaciones; en el hombro que nos duele; en los glóbulos blancos que no aparecen. Según él, los trastornos autoinmunes, la ansiedad, la depresión, el TDAH, el asma, las migrañas, la fibromialgia e incluso el cáncer pueden tener su origen en un trauma infantil.[215]

En 1994, Van der Kolk invitó a su laboratorio a ocho sujetos que decían estar atormentados por recuerdos de sucesos traumáticos. Les pidió que recordaran las experiencias mientras estaban tumbados dentro de un escáner PET que rastreaba la actividad cerebral. Esperaba que aparecieran puntos brillantes en la amígdala cerebral, que se activa con las emociones intensas. Sin embargo, según Van der Kolk, sus amígdalas cerebrales parecían activarse en exceso, como si sus cuerpos se enfrentaran a una amenaza *presente*. También observó una disminución de la actividad en el área de Broca del hemisferio izquierdo, un centro del habla.[216]

«Cuando algo recuerda el pasado a una persona traumatizada, su hemisferio derecho reacciona como si el suceso traumático estuviera ocurriendo en el presente. Pero como su hemisferio izquierdo no funciona bien, es posible que no sean conscientes de que están reexperimentando y recreando el pasado: simplemente están furiosos, aterrorizados, enfurecidos, avergonzados o paralizados».[217]

213. Van der Kolk, B. A., «The body keeps the score: memory and the evolving psychobiology of posttraumatic stress», *Harvard Review Psychiatry*, 1, 5 (1994), pp. 253-265, <https://pubmed.ncbi.nlm.nih.gov/9384857>.

214. Van der Kolk, Bessel, *El cuerpo lleva la cuenta: cerebro, mente y cuerpo en la superación del trauma*, Vintage Español, Barcelona, 2024.

215. *Ibidem*. Véase también Maté, Gabor, *El mito de la normalidad: trauma, enfermedad y sanación en una cultura tóxica*, Tendencias, Barcelona, 2023.

216. Bessel van der Kolk, *op. cit.*

217. *Ibidem*.

186 · Mala terapia

De estos estudios nació una tesis. Cualquiera de nosotros podría verse abocado a este estado de «lucha o huida» por «recuerdos corporales» a los que no siempre podemos acceder, o que no podemos articular. Y si de repente nos encontrábamos enfurecidos o aterrorizados por razones que no podíamos explicar, ahora sabíamos por qué: era la memoria del trauma.

«Lo que ha ocurrido no puede deshacerse», escribe Van der Kolk. Lo único que se puede hacer es trabajar con un terapeuta para desenterrar y revisar el trauma. «Lo que *sí* puede tratarse son las huellas del trauma en el cuerpo, la mente y el alma; la sensación de opresión en el pecho que puede etiquetarse como ansiedad o depresión; el miedo a perder el control; estar siempre alerta ante el peligro o el rechazo; el autodesprecio; las pesadillas y los *flashbacks*; la niebla que te impide seguir con la tarea y dedicarte plenamente a lo que estás haciendo; el hecho de ser incapaz de abrir plenamente tu corazón a otro ser humano».

En una época en la que tanta gente se siente perdida e insatisfecha con su suerte, Van der Kolk llega y ofrece una expiación: no es culpa tuya. El trauma te ha hecho así.

¿Que no te puedes concentrar? Trauma. ¿Tienes problemas para relacionarte? Trauma. ¿Una opresión en el pecho? Trauma ¿Cáncer, abuso de sustancias, promiscuidad, apoplejía, síndrome del intestino irritable? ¡Trauma, trauma, trauma, trauma![218]

Van der Kolk basa muchas de sus afirmaciones en estudios con soldados que sufrieron TEPT. Cautivadas por su idea de que todos estamos dañados, personas que nunca han estado en una batalla (ni, en realidad, han sufrido ninguna experiencia brutal) descubren sus traumas ocultos, razonando hacia atrás desde una decepcionante vida adulta hasta llegar al padre que les falló.

Cuenta la historia de un hombre de 26 años llamado Mark que se sentía incapaz de conectar emocionalmente con los demás y desconfiaba profundamente de toda mujer que mostrara

218. Hutchinson, Tracy S., «Why your childhood really matters: the hidden epidemic», *Psychology Today*, 28 de junio de 2019, <https://www.psychologytoday.com/us/blog/silencing-your-inner-bully/201906/why-your-childhood-really-matters-the-hidden-epidemic>.

interés por él. En una dinámica llevada a cabo dentro de la terapia de grupo dirigida por Van der Kolk, Mark reveló que a los 13 años había oído por casualidad a su padre practicar sexo telefónico con su tía. Años más tarde, tras la muerte de la madre, su padre se casó con la tía. Mark no fue invitado ni al funeral ni a la boda. De repente, el recuerdo se le materializó: «¡Gilipollas, hipócrita, me has arruinado la vida!», gritó al participante que hacía las veces de su padre.

«Secretos como estos se convierten en toxinas internas: realidades que no puedes reconocer ante ti mismo ni ante los demás, pero que no obstante se convierten en el patrón de tu vida», escribe Van der Kolk, mezclando el lenguaje de la biología («toxinas») con el de las emociones.[219]

Muchos estadounidenses reconocerán la noción de que las experiencias infantiles olvidadas o enterradas pueden producir devastadoras «toxinas internas» que deben drenarse recuperando la memoria perdida mediante psicoterapia o hipnosis. Según Van der Kolk, existe una «gran cantidad de pruebas de que el trauma puede olvidarse y resurgir años después».[220] Hubo un tiempo en que la idea vestía ropajes ligeramente diferentes y viajaba bajo un nombre más discreto: «memoria reprimida».

La catástrofe más grave desde la lobotomía

Richard McNally, profesor de Psicología de la Universidad de Harvard, ha calificado la terapia de memoria reprimida como «posiblemente, la catástrofe más grave que ha asolado el campo de la salud mental desde la época de las lobotomías».[221] El escán-

219. Bessel van der Kolk, *op. cit.*
220. *Ibidem.*
221. McNally, R. J., «Debunking myths about trauma and memory», *The Canadian Journal of Psychiatry*, 50, 10 (2005), pp. 817-822. («No hay pruebas convincentes de que los supervivientes de un trauma presenten recuerdos implícitos de él, como la reactividad psicofisiológica, sin experimentar también

dalo de la memoria reprimida de la década de 1990 dio lugar a acusaciones falsas y condenas de gran repercusión que posteriormente fueron anuladas.[222] Representó quizá el caso más notorio de yatrogenia dirigido por un terapeuta en Estados Unidos del siglo xx. En su centro se encontraba un psiquiatra llamado Bessel van der Kolk.

En la década de 1990, Van der Kolk fue uno de los principales arquitectos y defensores de la idea de que nuestros cuerpos guardan recuerdos de traumas que un terapeuta debe desenterrar. Viajó por todo el país testificando a favor de la acusación en casos de memoria reprimida,[223] enfrentándose a expertos en memoria como Elizabeth Loftus y Harrison Pope, que insistían en que la idea, en su conjunto, no era buena desde el punto de vista científico. «El testimonio de Van der Kolk fue crucial para encarcelar a personas inocentes», escribió Mark Pendergrast, un periodista científico que ha cubierto ampliamente el escándalo de los falsos recuerdos.[224] El artículo de Van der Kolk de 1994, titulado «The body keeps the score» [El cuerpo lleva la cuenta], aportó peso académico a estos juicios. Hasta ahora Van der Kolk nunca ha renegado de la teoría; una sección entera de su libro está dedicada a la «ciencia de la memoria reprimida».[225]

---

recuerdos explícitos del horrible suceso. Por consiguiente, incluso cuando el cuerpo "lleva la cuenta", también lo hace la mente»).

222. Pendergrast, Mark, *Memory warp: how the myth of repressed memory arose and refuses to die*, Upper Access, Estados Unidos, 2021.

223. Véase, por ejemplo, Grey Faction, «Bessel van der Kolk defending junk science: repressed memory therapy» [vídeo], YouTube, 21 de marzo de 2018, <https://www.youtube.com/watch?v=WJd4fcXOG3w>. Véase también Pendergrast, Mark, *The repressed memory epidemic: how it happened and what we need to learn from it*, Springer, Suiza, 2017, pp. 81-85.

224. Mark Pendergrast, *Memory warp, op. cit.*

225. Sin embargo, dado que Van der Kolk examinaba a pacientes adultos que afirmaban haber sufrido traumas anteriores, ¿cómo verificaba sus recuerdos? Al fin y al cabo, los pacientes que creen haber sido secuestrados por alienígenas también suelen contar a los investigadores historias emocionalmente muy detalladas e internamente coherentes. (Véase Mark Pendergrast, *The repressed memory epidemic, op. cit.*, p. 82). La respuesta de Van der Kolk: «Existe algo llamado consistencia interna, y si la gente te cuenta algo con consisten-

Harrison Pope, un profesor de Psiquiatría de Harvard, ha sido durante mucho tiempo uno de los críticos más destacados y vehementes de la teoría de la memoria reprimida de Van der Kolk. Tras el varapalo que le propinaron científicos de la talla de Pope, McNally y Paul McHugh, psiquiatra de la Universidad Johns Hopkins, la teoría «prácticamente ha desaparecido entre los científicos que escriben en publicaciones revisadas por pares», me dijo Pope por correo electrónico. Sin embargo, la idea ha resurgido con fuerza en el imaginario popular, gracias en cierta medida a su promoción por parte de terapeutas obsesionados con la noción del trauma infantil.

Le pregunté a McNally si le sorprendía que el libro de Van der Kolk llevara más de ciento cincuenta semanas en la lista de los más vendidos del *New York Times*, donde se erige como un oráculo de Delfos que convence a lectores confiados de que sus cerebros, cuerpos y vidas están destrozados por culpa de traumas infantiles reprimidos.

«Creía que las guerras de la memoria habían terminado. Ya sabes, habíamos ganado nosotros —me dijo McNally con franqueza—. Pero, madre mía, ya estamos otra vez».

Vendedores de traumas

Gabor Maté es un médico de familia convertido en gurú del trauma que cobró al público 33.09 dólares por ver una transmisión en directo de su sesión de terapia con el príncipe Harry. En su flamante superventas, *El mito de la normalidad: trauma, enfermedad y sanación en una cultura tóxica*, revela, como si de un

---

cia interna y con el afecto apropiado, tiendes a creer que las historias son ciertas». Según Pendergrast, esto sugiere que Van der Kolk no creía que un investigador necesitara verificar de forma independiente la veracidad de los recuerdos traumáticos de un sujeto. Pendergrast concluye: «Para Van der Kolk, la creencia triunfaba sobre la ciencia». En otras palabras, según Pendergrast, mientras el paciente que sufría *creyera* en su propia historia sobre su experiencia traumática, eso parecía suficiente para que Van der Kolk la considerara verdadera.

secreto guardado durante demasiado tiempo se tratara, que todos somos mercancía defectuosa. Y que todos necesitamos ayuda, la ayuda de los terapeutas.

«Un acontecimiento es traumatizante, o retraumatizante, solo
si nos deja *disminuidos*, es decir, psíquica (o físicamente) *más
limitados* que antes de una forma que *perdura* en el tiempo», escribe. El trauma crea una desconexión con nuestro cuerpo. Si te
encuentras con una «capacidad disminuida para sentir o pensar o
confiar o autoafirmarte»; si descubres que aguantar tu dolor y tu
pena te lleva habitualmente a necesitar «escapar refugiándote en
el trabajo o en el autoconsuelo o autoestimulación compulsivos»;
si te sientes «obligado a hacerte de más o a borrarte del todo para
conseguir aceptación»; si luchas por «experimentar gratitud por
la belleza y la maravilla de la vida»; esto «bien podría representar la sombra del trauma en tu psique, la presencia de un mundo
emocional por sanar, independientemente del tamaño de la *t*».[226]
(Apuesto a que ya has adivinado lo que significa la *t*).

Nótese que esta lista describe a casi cualquiera de nosotros
en ocasiones, por lo que la conclusión de que nadie es normal no
debería pillarnos por sorpresa. Maté ofrece las clásicas *checklists*
de síntomas de «cualquier cosa y su contrario» (por ejemplo, la
necesidad de hacerse de más o de borrarse completamente de
una situación), con el resultado de que prácticamente cualquiera
puede tropezar con el diagnóstico y decidir: *Debo de haber sufrido un trauma infantil.*

Casi todo, según Maté, puede ser síntoma de un trauma que
nos destroza el cuerpo y la mente. Incluso la amabilidad. «Una
y otra vez eran las personas "agradables", aquellas que antepo-
nían compulsivamente las expectativas y necesidades de los demás a las suyas propias y reprimían sus supuestas emociones
negativas, las que aparecían con enfermedades crónicas en mi
consulta en familia o las que recibían mis cuidados en la sala de
cuidados paliativos del hospital que dirigía[227] —escribe Maté—.

226. Gabor Maté, *El mito de la normalidad: trauma, enfermedad y sanación en una cultura tóxica*, Tendencias, Barcelona, 2023.
227. *Ibidem.*

Me llamó la atención que estos pacientes tenían más probabilidades de padecer cáncer y un peor pronóstico. La razón, creo, es sencilla: la represión desarma la capacidad que uno tiene de protegerse del estrés».[228]

La observación de Gabor Maté de que sus pacientes más amables sufrían cáncer con más frecuencia (y con peor pronóstico) no deja de ser ciertamente sorprendente, y espeluznante. Que tenga alguna validez estadística es otra historia. Es probable que las personas que anteponen compulsivamente las necesidades de los demás a las suyas tampoco dediquen tiempo a hacerse mamografías y colonoscopias rutinarias o tiendan a descuidar la aparición de los síntomas del cáncer. No obstante, Maté cree haber encontrado una causa distinta: la represión.

De hecho, va mucho más allá. No solo cargamos con el trauma que experimentamos personalmente, sino que también albergamos el que sufrieron nuestros padres o antepasados. «En la mayoría de los casos, el trauma es multigeneracional. La cadena de transmisión va de padres a hijos, del pasado al futuro. Transmitimos a nuestros descendientes lo que no hemos resuelto en nosotros mismos».[229]

Lo «normal» siempre ha sido un conjunto vacío, nos dice Maté. Incluso él está dañado. Hace una década, el colega de Maté, Van der Kolk, lo corroboró en una conferencia de trabajo. Durante el almuerzo, Van der Kolk lo miró a los ojos y le dijo: «Gabor, no tienes que arrastrar Auschwitz contigo a todas partes».

Fue un momento revelador para Maté, quien siendo un bebé sobrevivió al Holocausto al cuidado de un desconocido primero, y luego de una tía hasta que sus padres pudieron recuperarlo. «En ese instante, Bessel supo leerme. A pesar de todos mis compromisos positivos con la vida, a pesar del amor, la alegría y la inmensa fortuna que también han sido parte de mí, esa desesperanza dirigida hacia mí mismo era una sombra siempre al acecho, lista para sumirme en la oscuridad cada vez que experimen-

228. *Ibidem.*
229. *Ibidem.*

taba un revés o una desilusión, incluso en momentos en los que me había expuesto con inocencia».[230] Según parece, Van der Kolk está autorizado a decir incluso a los supervivientes del Holocausto que «superen» su trauma. Él y nadie más.

Esta idea de «la sombra del trauma en tu psique» ha cambiado profundamente la práctica de la psicoterapia, la educación y la forma en que criamos a nuestros hijos. Con su paleta de sugerencias científicas y convincentes metáforas, Maté y Van der Kolk nos han pintado un mundo en el que cada superficie está teñida con los matices del trauma. Y la noción de que cada uno de nosotros arrastra incluso los daños de la infancia de nuestros antepasados se ha convertido en un rasgo indeleble de nuestro autorretrato social.

Varios de los psicólogos educativos con los que hablé piensan que este punto de vista es totalmente erróneo. Querían que supiera que esta teoría es contraria a las investigaciones más concluyentes. De hecho, su trabajo demostró lo contrario: la norma es la resiliencia —no la respuesta traumática permanente—. Incluso en el caso de niños sometidos a dificultades atroces —pobreza, alcoholismo en la familia, inestabilidad familiar y enfermedad mental de los padres—, los estudios demostraron que en todas las circunstancias, salvo en las más persistentemente terribles, suelen demostrar resiliencia.[231]

En un artículo en el que McNally refuta a Van der Kolk, escribió que «los recuerdos no se almacenan "en el cuerpo" [es decir, en el tejido muscular], y la noción de "recuerdos corporales" es ajena a la neurociencia cognitiva de la memoria».[232] Cuando se ha experimentado un acontecimiento potencialmente traumático, es más que probable que se recuerde explícitamente. No hay pruebas de que ni siquiera los supervivientes de los peores

230. *Ibidem.*

231. Véase Furedi, Frank, *Paranoid parenting: why ignoring the experts may be best for your child*, Chicago Review Press, Estados Unidos, 2002, que analiza el libro de Emmy Werner y Ruth Smith, *Vulnerable but invincible: a longitudinal study of resilient children and youth*, McGraw-Hill, Estados Unidos, 1982, p. 159.

232. Mark Pendergrast, *Memory warp, op. cit.* (cita a McNally).

traumas guarden recuerdos implícitos o de que estos puedan almacenarse fuera del sistema nervioso central.[233]

La idea de que llevamos en el cuerpo los traumas de nuestra juventud —y no digamos los de nuestros antepasados— bien podría ser una campaña de marketing para dar con un producto. El psicólogo académico Martin Seligman, galardonado con el Premio APA a toda una vida de contribuciones a la psicología, ha revisado y resumido los estudios sobre el trauma infantil de la siguiente manera: «Los principales traumas de la infancia pueden tener cierta influencia en la personalidad adulta, pero es apenas detectable. Según estos estudios, no hay justificación que valga para culpar de la depresión, la ansiedad, la mala relación matrimonial, el consumo de drogas, los problemas sexuales, el desempleo, las palizas a los hijos, el alcoholismo o la ira en la edad adulta a lo que nos ocurrió de niños».[234]

Mientras, muchos de mis propios amigos estaban totalmente convencidos de la idea que a mí me resultaba cada vez más sospechosa: que nuestros cuerpos llevan tatuados los traumas con tinta invisible. Que cualquier palabra dura que pronunciáramos o castigo que impusiéramos a nuestros hijos —cualquier momento en que les permitiéramos poner en duda nuestra aprobación— les dejaría cicatrices emocionales a largo plazo. Y, lo que resulta más sospechoso, que los niños reciben *ayuda* de profesores que los tratan como si fueran supervivientes recién salidos de las trincheras de Verdún.

Los niños de primaria no son veteranos de guerra

En 2001, Van der Kolk ayudó a fundar la Red Nacional de Estrés Traumático Infantil, que ahora cuenta con más de 150 centros

233. McNally, R. J., «Debunking myths about trauma and memory», *The Canadian Journal of Psychiatry*, 50, 10 (2005), pp. 817-822, <https://pubmed.ncbi.nlm.nih.gov/16483114>.

234. Seligman, Martin, *What you can change and what you can't*, Knopf, Estados Unidos, 1994, citado en Mark Pendergrast, *Memory warp, op. cit.*, p. 411.

en Estados Unidos. La red creó programas informados sobre el trauma en las escuelas, en los sistemas de justicia juvenil y en los organismos de bienestar infantil, y ayudó a llevar a las aulas «profesores sensibles al trauma».[235]

La red de Van der Kolk enseñó a una generación de profesores a razonar a partir de escáneres cerebrales de personas que sufren TEPT y de niños con experiencias infantiles adversas. «Nuestro objetivo con todos estos esfuerzos es trasladar la ciencia del cerebro a la práctica diaria»,[236] escribió.

Pero no funciona. Según James McGaugh, distinguido profesor emérito de Neurobiología de la Universidad de California, es un error razonar sobre la base de las víctimas de TEPT, que sufrieron un suceso traumático, y de niños que crecen en circunstancias prolongadamente terribles. Desde una perspectiva neurocientífica, ambos son fenómenos totalmente distintos. Al hablar de Van der Kolk, McGaugh afirmó que «mezcla las condiciones que se dan durante la formación de una experiencia emocional con las de un trauma sostenido durante un largo período».

En lo que respecta al cerebro, hay una diferencia abismal entre sufrir un *shock* repentino —ver tu unidad de combate diezmada por culpa de un artefacto explosivo improvisado— y el tormento constante de crecer con un padre alcohólico. Podemos llamar a ambas cosas «trauma», pero desde una perspectiva neurobiológica son acontecimientos totalmente distintos.

«Es muy distinto hablar del trauma que haya sufrido durante un largo período, pongamos, un niño al que hayan rechazado. Y es un error, por no decir una falta de honestidad, basarnos en nuestro trabajo con soldados que sobrevivieron a un *shock* puntual y repentino para hacer afirmaciones neurocientíficas sobre niños que hayan tenido una mala infancia».

Los escáneres cerebrales de individuos que sufrían TEPT —soldados y víctimas de accidentes— no tienen por qué decirnos nada sobre los cerebros de los niños a los que sus padres han abandonado o maltratado de continuo. Es un error extrapolar un

---

235. Bessel van der Kolk, *El cuerpo lleva la cuenta, op. cit.*

236. *Ibidem.*

caso a otro. Los niños que han sufrido abandono o maltrato necesitan ayuda y apoyo, pero compararlos con los veteranos de guerra no contribuye a que lo consigan.

Los estudios cerebrales no prueban que el trauma altere el cerebro de forma permanente

Las personas somos complicadas; el cerebro, infinitamente complicado. Y todos los psiquiatras con los que hablé me recalcaron que en realidad no sabemos gran cosa sobre cómo funciona. Cierto, un niño que ha sufrido abusos sexuales y agresiones físicas y que tiene un padre encarcelado puede tener más probabilidades cuando crezca de sufrir un ataque al corazón o caer presa de la adicción. La pregunta clave es: *¿por qué?* No tenemos ninguna evidencia de que las experiencias traumáticas *provoquen* cardiopatías o adicciones. Tanto las enfermedades cardiovasculares como la adicción a las drogas pueden estar producidas por los comportamientos poco saludables adoptados en la adolescencia.

Como me explicó el Dr. Pope en nuestra entrevista que le hice por teléfono, el razonamiento de Van der Kolk —incluidos los impresionantes estudios cerebrales en los que se basa— adolece de fallos metodológicos fatales. Los estudios PET de Van der Kolk pretenden mostrar áreas de diferencia (y daño) cerebral derivadas de los traumas infantiles. Al igual que el estudio de las ACE, los estudios PET de Van der Kolk están plagados de sesgos de selección, sesgos de información y variables de confusión.

El *sesgo de selección* se produce cuando un determinado tipo de sujeto es incluido en exceso en un estudio. Un paciente que sufra una psicopatología actual y que, a su vez, haya sobrevivido a abusos sexuales en la infancia puede ser más susceptible de acabar en un estudio que explora la conexión entre ambas variables. Y es posible que dicho estudio encuentre una relación más fuerte entre las dos de la que cabría esperar, atendiendo simplemente a los sujetos incluidos.

El Dr. Pope ofreció esta devastadora, aunque estrafalaria, analogía. En el siglo xix, muchos médicos creían que el exceso de

masturbación podía causar enfermedades mentales, incluso locura. Pope nos plantea que nos pongamos en la piel de investigadores psicológicos contemporáneos enviados al siglo XIX con una
máquina del tiempo, y con acceso a las herramientas actuales.
En nuestro viaje, reclutamos a veinte adultos a los que sus antiguos médicos han diagnosticado «enfermedad mental inducida
por la masturbación». Sometemos a nuestros sujetos a una serie
de pruebas modernas y comparamos los resultados con los de
veinte adultos que no padecen ningún tipo de enfermedad mental. ¿Qué podemos encontrar? Según Pope, es probable que
quienes tengan «enfermedad inducida por la masturbación» hayan visto reducidas sus capacidades de atención y memoria a
corto plazo. «Puede que presenten anomalías neuroendocrinas,
como niveles más altos de cortisol, o cambios en otras hormonas
de la glándula pituitaria o del hipotálamo en el cerebro. Incluso
pueden que tengan hipocampos más pequeños».

Los médicos del siglo XIX parecen encantados de que hayamos confirmado su diagnóstico de locura inducida por la masturbación. Pero, por supuesto, nuestro «hallazgo» es un espejis-
mo creado por el sesgo de selección. «Nos hemos limitado a
demostrar que un grupo de personas seleccionadas porque estaban enfermas difiere de un grupo de personas seleccionadas porque estaban bien. No podemos extrapolar de manera lógica esta
observación para decir que la masturbación causó las anomalías
que hemos observado», dijo Pope.

Asimismo, es posible que los cerebros de los adultos con
TEPT y adicción que describen Van der Kolk y Maté tengan niveles de cortisol más altos o hipocampos más pequeños. También puede ser cierto que muchos de estos pacientes sufrieran
experiencias infantiles adversas. Por razones distintas a la infligida por un trauma infantil, los niños que crecen con padres
adictos pueden ser más propensos a convertirse también en adictos (mayor acceso a las drogas, menores expectativas de que las
eviten y, por supuesto, el ADN). Ninguno de esos marcadores
cerebrales probaría que el trauma de haber sido criados por adictos produjo las diferencias en sus cerebros.

El *sesgo de información* se produce cuando el conocimiento actual de los encuestados altera su recuerdo de un acontecimiento anterior. No es de extrañar que los sujetos adultos que *saben* que padecen una psicopatología en la actualidad sean más propensos a «recordar» haber sufrido un trauma infantil y a identificarlo como la causa.

Pope me planteó el ejemplo de un conocido estudio realizado en Harvard con alrededor de cien mujeres que habían dado a luz a bebés con malformaciones congénitas y un grupo de comparación de mujeres que habían dado a luz a bebés normales.[237] Los encuestadores les preguntaron si recordaban haber utilizado anticonceptivos hormonales o haber estado sometidas a otras exposiciones durante la gestación antes de saber que estaban embarazadas.

Las madres de los bebés con defectos congénitos, desesperadas por explicar los problemas de sus hijos, eran mucho más propensas a recordar que sí, que habían utilizado anticonceptivos hormonales durante el embarazo. Pero, de hecho, cuando los investigadores revisaron los historiales médicos, prácticamente no había diferencias entre los dos grupos de madres en cuanto al uso de anticonceptivos durante el embarazo.[238]

«Se debió enteramente al hecho de que si tienes un bebé con una malformación congénita, como es natural, vas a repasar todo lo que puedas recordar, intentando buscar una explicación. Y como resultado, tienes un sesgo a favor de informar de todos estos efectos adversos en el pasado», dijo el Dr. Pope. Lo mismo sucede cuando se pregunta a los adultos que luchan contra la adicción o por mantener un empleo si han sufrido experiencias infantiles adversas: tienden a afirmar que sí.[239]

237. Werler, Martha M., *et al.*, «Reporting accuracy among mothers of malformed and nonmalformed infants», *American Journal of Epidemiology*, 129, 2 (1989), pp. 415-421.

238. *Ibidem.*

239. Los enfermos de úlceras pépticas cayeron durante mucho tiempo en esta trampa. Durante décadas, los médicos creyeron erróneamente que las úlceras pépticas estaban causadas por el estrés. Las películas y los programas de televisión defendían este punto de vista, y el público lo creía. Y he aquí que

Y, por último, los estudios sobre traumas infantiles, incluidos estos estudios de escáneres cerebrales, están plagados de *variables de confusión*: razones exógenas de las supuestas correlaciones que se observan. Durante largo tiempo se pensó que el consumo excesivo de sal causaba hipertensión porque resulta que las personas que comen muchos aperitivos salados a menudo también son obesas y beben alcohol. Las variables del consumo de alcohol y la obesidad ocultaban la relación relativamente débil entre el consumo de sodio y la presión arterial.

Lo mismo puede ocurrir con los estudios de escáner cerebral citados por Van der Kolk, que parecen mostrar diferencias cerebrales en individuos con historias prolongadas de estrés postraumático. Haber padecido estrés postraumático y poseer ciertas diferencias cerebrales podría ser el resultado de una tercera variable; por ejemplo, una mala atención prenatal o genes particulares (como los genes que pueden haberte predispuesto a ti y a tus padres a la adicción). De hecho, estudios posteriores de veteranos de Vietnam han demostrado que los hipocampos pequeños son un factor de riesgo para desarrollar TEPT, no el resultado de un trauma provocado por la guerra.[240] Los gurús del trauma pueden haber pasado totalmente por alto la verdadera relación de causalidad entre las estructuras cerebrales más pequeñas y el TEPT.

Estos defectos metodológicos no son exclusivos del trabajo de los buscadores de traumas; todas las encuestas retrospectivas —en las que se pregunta a los participantes sobre su pasado— adolecen de ellos. Por eso, Pope afirma que la forma adecuada de dirigir un estudio sobre los efectos a largo plazo de los traumas infantiles es crear un estudio *prospectivo*.

Pongamos por caso que estás diseñando un estudio para determinar si los niños que sufren malos tratos llegan a maltratar

---

cuando un paciente se presentaba con una úlcera en la consulta de su médico, si se le preguntaba, informaba: «¡Sí! ¡He sufrido estrés!». Más tarde, en la década de 1980, la investigación demostró que una bacteria —*Helicobacter pylori*— es la causa principal de las úlceras.

240. Gilbertson, Mark W., *et al.*, «Smaller hippocampal volume predicts pathologic vulnerability to psychological trauma», *Nature Neuroscience*, 5, 11 (2002), pp. 1242-1247, <https://www.nature.com/articles/nn958>.

físicamente a sus propios hijos. Tus estudiantes de posgrado te sugieren que entrevistes a la población carcelaria local, concretamente a los condenados por agredir físicamente a sus hijos, sobre las circunstancias de su infancia; te dicen que el estudio podría estar terminado en dos meses. Pero tú eres consciente de que su sugerencia presenta los tres defectos: sesgo de selección, sesgo de información y variables de confusión. ¿Podrías elaborar un estudio que los evitara? Sí, por supuesto.

En primer lugar, habría que recabar datos de niños con antecedentes verificados de haber sufrido experiencias infantiles potencialmente traumáticas. Después, como control, se tendrían que recopilar datos de niños de la misma edad, sexo y entornos socioeconómicos y ambientales más o menos equivalentes que *no* hubieran sufrido experiencias similares. Años más tarde, el estudio haría un seguimiento de los niños de ambos grupos una vez alcanzada la edad adulta, con la precaución de utilizar investigadores que no supieran a qué bando pertenece cada encuestado. Por último, se analizarían los resultados. Es un trabajo abrumador, realizado a lo largo de años, pero es la única forma metodológicamente sólida de llegar a un resultado válido e imparcial.

Esto es precisamente lo que hizo Cathy Widom. En la década de 1980, Widom, profesora de Psicología y experta en abuso sexual infantil, quiso comprobar si los adultos que habían sufrido abusos en su infancia eran *más propensos* a maltratar físicamente a sus propios hijos. «Decidí que obtendría casos documentados de abusos y negligencia —casos judiciales de niños de entre 0 y 11 años— para poder establecer la relación temporal entre los abusos y la negligencia y estos resultados»,[241] explicó más tarde. El estudio de Widom reunió a 908 niños y los emparejó con otros 667 que vivían en los mismos barrios y asistían a las mismas escuelas, pero de los que no había pruebas documentadas de que hubieran sufrido malos tratos.

241. Duhaime-Ross, Arielle, «Parents who were physically abused as kids don't go on to abuse their kids», *The Verge*, 27 de marzo de 2015, <https://www.theverge.com/2015/3/27/8297493/child-abuse-intergenerational-transmission-violence>.

Años después, Widom hizo un seguimiento de los niños ya adultos y de muchos de sus descendientes. Pidió a los investigadores que los entrevistaran sin especificar a qué grupo pertenecía cada sujeto. Descubrió que los padres que habían sufrido malos tratos físicos, abusos sexuales o abandono durante su infancia *no eran más propensos* a maltratar físicamente a sus propios hijos.[242]

Queremos creer que las cosas ocurren por alguna razón, y nos gustaría poder precisar cuál es. Decir: «*Es esto*, por eso me siento tan mal». Los psicólogos llaman a esta propensión «esfuerzo por encontrar significado».[243] Cuando una madre se en-

242. Widom, Cathy Spatz, *et al*., «Intergenerational transmission of child abuse and neglect: real or detection bias?», *Science*, 27 de marzo de 2015. Sin embargo, Widom descubrió que los niños que sufrían malos tratos tenían tasas más elevadas de delincuencia juvenil y de conducta delictiva adulta, aunque un examen de los detalles de este hallazgo revela complejidades y sutilezas que a menudo complican el simple titular de «la violencia engendra violencia». Widom, Cathy Spatz, «The cycle of violence», *Science*, 14 de abril de 1989, pp. 160-166. Véase también Widom, Cathy Spatz, «An update on the "cycle of violence"», *National Institute of Justice Research in Brief*, febrero de 2001. («En comparación con los varones de control, los varones maltratados y abandonados no presentaban un mayor riesgo de cometer delitos violentos cuando eran jóvenes o adultos». El estudio, sin embargo, sí mostró que entre los varones que se convirtieron en delincuentes violentos, los del grupo de maltratados y desatendidos tenían un «número significativamente mayor de detenciones por violencia que los varones de control». También descubrió que «los niños blancos maltratados y desatendidos no tenían más probabilidades de ser arrestados por un delito violento que sus homólogos no maltratados y no desatendidos». Su estudio puso además de manifiesto que, entre los detenidos como menores, «el maltrato y el abandono en la infancia no tenían ningún efecto aparente en la continuación de la delincuencia juvenil en la edad adulta»). A este respecto, obsérvese que un estudio prospectivo correctamente realizado conduce a resultados que no solo son más válidos, sino también más complejos y matizados que la noción reductora de que «el trauma infantil causa patología en la edad adulta».

243. Esta frase se atribuye al psicólogo británico y pionero investigador de la memoria sir Frederic C. Bartlett (1886-1969). Se ha descrito como la propensión de los seres humanos «a imponer una estructura y un orden para comprender el mundo que les rodea, incluso cuando su experiencia no se ajusta limpiamente a sus categorías previas». Para más información sobre Bartlett y

frenta a la conmoción de saber que su hijo en edad preescolar tiene autismo, podría hacer el diagnóstico más comprensible llegar a la conclusión de que la causa son las vacunas infantiles. No queremos ser Job y no poder explicar «¿por qué a mí?» tras sufrir una desgracia cruel que no ofrece culpables. Tal vez nos satisfaga recordar el dolor que nos causaron nuestros padres e imaginar nuestras cortezas prefrontales mediales encendidas.

Sin embargo, no tenemos pruebas de que el trauma infantil *cause* problemas específicos de salud mental en la edad adulta. Los estudios que pretenden demostrarlo están plagados de sesgos.[244] Lo que sí podemos afirmar es que el trauma infantil no es *ni* necesario ni suficiente para producir psicopatología en la edad adulta.

Pero, entonces, ¿por qué tantas personas creen que *El cuerpo lleva la cuenta* les explica de un modo tan completo? Pensemos, por ejemplo, en una mujer adulta, administrativa, a la que su jefe echa la bronca y se queda muda, paralizada y temblorosa. Siente que ha entrado en un estado de «lucha o huida». La experiencia, y en especial su reacción física, le recuerdan a sus 8 años, cuando sufría los abusos de su padrastro. Lee sobre los «recuerdos corporales» y piensa: «¡Sí! Esto es lo que yo sentí». Su propio cuerpo parece estar recordando el trauma.

Sin embargo, como bien me explicó el profesor McNally, el miedo es una adaptación biológica normal y evolucionada a una amenaza inminente: tu jefe te grita en la cara, el corazón se te acelera. No se trata de un «recuerdo corporal», sino de la clásica respuesta fisiológica al peligro. El hecho de que ella lo relacione con su pasado puede parecerle una prueba de que ha sufrido un trauma. Pero, por supuesto, no tienes la menor idea

---

el esfuerzo en pos del significado, véase Roediger, Henry L., «Bartlett, Frederic Charles», Washington University, <http://psychnet.wustl.edu/memory/wp-content/uploads/2018/04/Roediger-2003.pdf>.

244. Véase, en general, Widom, «Cycle of violence», pp. 160-166. («Muchos estudios son metodológicamente endebles y limitados debido a una excesiva dependencia de los autoinformes y los datos retroactivos, una documentación inadecuada del maltrato y la negligencia infantil, y el uso infrecuente de datos de referencia de grupos de control»).

202 · Mala terapia

de si adultos con infancias radicalmente distintas, cuando son maltratados por un superior, no manifestarían la misma respuesta. Es posible que tu reacción no sea más profunda que la de quienes fueron criados con delicadeza, por padres que nunca llegaron a levantarles la voz. Es posible que tus síntomas corporales no se manifiesten con más fuerza que los de otros adultos en una situación similar pero sin el despreciable padrastro.

Lamentablemente, nuestra administrativa también podría recordar a su padrastro gritando *sin* una amenaza inminente, y manifestar una respuesta fisiológica de miedo ante el horrible recuerdo. McNally también abordó este escenario: tales reacciones son expresiones corporales del recuerdo del episodio anterior. No se trata de que el cuerpo «lleve la cuenta» y conserve el recuerdo, sino de la respuesta del cuerpo al recuerdo.[245] El recuerdo está en la mente, fácilmente accesible; no hay nada reprimido que desenterrar, no se necesita una sesión de espiritismo para hacerlo aflorar ni hay ningún tesoro enterrado esperando la pala de un terapeuta.

¿Y qué pasa con los inexplicables síntomas físicos como el dolor? ¿No son acaso *consecuencia* de un trauma? Los investigadores han realizado estudios rigurosos para determinar si los niños maltratados experimentan más dolor en la edad adulta. En uno de ellos, los investigadores identificaron a niños supervivientes de abusos o negligencias documentados y les hicieron un seguimiento décadas después. Se hizo lo propio con un grupo de control en una situación similar en la que no se había documentado ningún maltrato.[246] Los investigadores descubrieron que, al ser entrevistados en la edad adulta, ambos grupos mostraban ni-

245. McNally me señaló que este tipo de respuestas físicas a los recordatorios del trauma se encuentran entre los criterios para el diagnóstico del TEPT. «Uno de los objetivos del tratamiento del TEPT es insensibilizar a las personas a los recuerdos de experiencias traumáticas —que pueden recordar muy bien—, de modo que dejen de tener estas reacciones corporales intensas cuando piensan en el trauma», dijo.

246. Raphael, Karen G., *et al.*, «Childhood victimization and pain in adulthood: a prospective investigation», *Pain*, 92, 1-2 (2001), pp. 283-293, <https://sci-hubtw.hkvisa.net/10.1016/s0304-3959(01)00270-6>.

veles esencialmente idénticos de dolor, lo que indicaba que, desde el punto de vista médico, no existía ninguna relación entre el maltrato infantil y el dolor inexplicable en la edad adulta. Y lo que es aún más interesante, cuando se les preguntó *retrospectivamente* si habían sufrido o no abusos, los participantes con dolor en la edad adulta eran mucho más propensos a declarar haber sufrido abusos en la infancia que los que no lo padecían. En otras palabras: los traumas infantiles no se traducen en una mayor incidencia de dolor inexplicable. Sin embargo, los adultos con dolor son más propensos a informar de traumas infantiles. Si los investigadores se hubieran basado únicamente en informes retrospectivos, habrían llegado a la conclusión errónea de que los traumas infantiles (y tal vez los «recuerdos corporales» resultantes) provocaron un aumento de los niveles de dolor idiopático en la edad adulta.

¿Por qué me enganché a las drogas y mis amigos no? ¿Por qué sufro dolores físicos inexplicables? ¿Por qué se rompió mi matrimonio? Es natural querer una explicación. Si tu vida no es como deseas, no es culpa tuya. Algo que te hicieron en el pasado *te hizo ser así*. Así empieza la caza del trauma infantil. Los «recuerdos», una vez desenterrados, rara vez se verifican de forma independiente, y resulta imposible falsear la teoría resultante del trauma infantil. Si crees que estás dañado, lo estás.

¿Por qué es necesario verificar o validar los recuerdos? Porque los acontecimientos representados en esos malos recuerdos de la infancia pueden no haber sucedido en absoluto, o pueden no haber sucedido de la manera que tú recordabas.[247] Incluso si

247. McNally y sus colegas han estudiado a sujetos que afirman tener recuerdos de haber sufrido abducciones alienígenas. Sus respuestas psicofisiológicas, intensamente emocionales, a guiones sobre sus experiencias (altamente improbables) se han comparado con las de pacientes con TEPT. Los autores escriben en la conclusión del artículo: «Los marcadores fisiológicos de la emoción que acompañan a la evocación de un recuerdo no pueden aceptarse como prueba de la autenticidad de este». Véase McNally, R. J., *et al.*, «Psychophysiological responding during script-driven imagery in people reporting abduction by space aliens», *Psychological Science*, 15, 7 (2004), pp. 493-497, <https://pubmed.ncbi.nlm.nih.gov/15200635>.

sucedieron, pueden no haber sido significativos para ti en su día. Tal vez el suceso recordado, extraído de tu cauce mental, no tuvo ningún impacto en tu vida hasta que un terapeuta puso la lupa de tu atención en él, sugiriendo que tenía el poder de aclarar los males que estabas sufriendo de adulto.

La reina de la memoria

Cuando llegué a la casa de Elizabeth Loftus, la investigadora de la memoria más homenajeada del mundo no encontraba las llaves del coche. Me invitó a acompañarla en una frenética búsqueda por su impecablemente organizada vivienda de académica: una cocina alicatada de azulejos, relucientes encimeras de formica, un despacho meticulosamente ordenado con estanterías del suelo a techo y una escalera rodante. Llegamos hasta el garaje, donde, doblada sobre el asiento del conductor, rebusqué en la guantera de su coche.

—¡Necesitamos una experta en memoria! —bromeé, tras un breve debate interno sobre si ella apreciaría la broma.

Tuvo la gentileza de reírse.

(Al final, las encontró en un bolsillo de otro bolso. La llevé a almorzar).

A sus 70 años, Loftus ha sido considerada la psicóloga educativa más importante del siglo xx.[248] Sus contribuciones al campo de la memoria la sitúan habitualmente en las listas de los «100 colaboradores más influyentes» de su campo, junto a Freud, Skinner y Piaget. Y lo que nos enseñó es lo siguiente: nuestra memoria no es como una grabación en vídeo de los acontecimientos que hemos vivido;[249] es un proceso «constructivo», susceptible de ser alterado y sugestionado, incluso años después de los hechos.

248. American Psychological Association, «Eminent psychologists of the 20th Century», *Review of General Psychology*, 6, 2 (2002), <https://www.apa.org/monitor/julaug02/eminent>.

249. Loftus, Elizabeth, «How reliable is your memory?», TED Global, junio de 2013, <https://www.ted.com/talks/elizabeth_loftus_how_reliable_is_your_memory?language=en>.

«La memoria funciona un poco como una página de Wikipedia.[250] Puedes entrar en ella y cambiarla, y lo mismo puede hacer otra gente». Los entrevistadores pueden presionar a la gente —especialmente a los niños— para que crean todo tipo de cosas mediante preguntas capciosas.[251] Los recuerdos falsos pueden ser tan vívidos y aparentemente verídicos como los ciertos.

«Los niños son más susceptibles que los adultos —me dijo Loftus durante el almuerzo—. Pero, básicamente, a cualquiera se le puede inducir con la cantidad adecuada de sugestión. No funciona con todo el mundo, ni siempre, pero cualquier grupo de personas puede ser inducido, por medio de sugestiones, a recordar cosas que no sucedieron».

Sus experimentos psicológicos han demostrado que la gente recuerda que un coche circulaba a mayor velocidad si quien interroga utiliza la palabra *estrellado* para describir el accidente, e incluso que recuerdan erróneamente cristales rotos en un lugar donde no los había. Cuando Loftus añadió estrés a sus sujetos, descubrió lo mismo. Los militares que fueron sometidos a interrogatorios cuando les hicieron prisioneros de guerra, si recibían información engañosa, identificaban mal a sus interrogadores y a veces señalaban a personas que apenas se parecían a ellos.

En la década de 1990, armada con sus investigaciones, se enfrentó a Van der Kolk en los tribunales, donde testificó a favor de los acusados. Los abogados defensores de Harvey Weinstein, Bill Cosby, Jerry Sandusky y los jugadores de *lacrosse* de Duke acusados falsamente de violación en 2006 han recurrido a su experiencia en sus respectivos juicios. Al igual que los propios aboga-

250. *Ibidem.*

251. Véase Loftus, Elizabeth, «Leading questions and the eyewitness report», *Cognitive Psychology*, 7, 4 (1975), pp. 560-572, <https://psycnet.apa.org/record/1976-08916-001>. Véase también Loftus, E. F.; y Palmer, J. C., «Reconstruction of automobile destruction: an example of interaction between language and memory», *Journal of Verbal Learning and Verbal Behavior*, 13, 5 (1974), pp. 585-589, <https://www.sciencedirect.com/science/article/abs/pii/S0022537174800113>. Véase también Loftus, Elizabeth; y Zanni, Guido, «Eyewitness testimony: the influence of the wording of a question», *Bulletin of the Psychonomic Society*, 5 (1975); pp. 86-88.

dos, participar en la defensa no siempre la ha convertido en la persona más popular del mundo.

Así como los abogados defensores creen que incluso las malas personas tienen derecho a una defensa férrea, Loftus cree que incluso las malas personas deben ser condenadas sobre la base de pruebas sólidas. Las acusaciones que se recuerdan de repente veinte años después de los hechos suelen estar tan plagadas de errores que deben probarse, por muy chocante que sea la acusación o vil el acusado.

La voz se le llena de emoción al hablar de las garantías procesales y de la injusticia de condenar a un acusado a partir de un mosaico de hechos y ficción. En una época en la que incluso los profesores de Derecho han aprendido a mantener la boca cerrada ante la avalancha cultural que promueve «creer siempre a las mujeres», me pregunté cómo se las arregla ella para preocuparse de esa manera por la calidad de las pruebas utilizadas para saltarse la presunción de inocencia.

Se lo piensa un momento antes de que su voz de contralto se acelere. «No soy como los demás. Y no sé cómo. Quiero decir... durante mucho tiempo me he preocupado por aquellos que han sido acusados falsamente. Y no es porque yo haya sido falsamente acusada. Creo que de adolescente probablemente hice la mayoría de las cosas de las que me acusaron. —Tuerce la boca con pesar o consternación, como exasperada por su yo adolescente—. Sin embargo, tengo otra hipótesis. Bueno, cuando tu infancia la llenan una madre que se ahogó cuando tenías 14 años, una tía a la que a los 12 viste morir con un pulmón de acero de miastenia *gravis*, y una casa que se quemó y con la que perdiste casi todo...», se encoge de hombros. Al igual que Ortiz, Loftus cree que su propia adversidad en la infancia amplió su perspectiva, situándola en una posición única para ayudar a los demás. Rechaza de plano la idea de que las adversidades por sí solas generan enfermedad.

Cuando era niña, una cuidadora abusó sexualmente de ella. Más tarde, en el instituto, un chico se le echó encima y ella luchó por escaparse. Sabe que estas experiencias son aterradoras y no duda de que ocurran. Pero, en su opinión, el mero hecho de afirmarlas no debería bastar para obtener una condena. La veracidad del recuerdo *importa*. Importa incluso cuando la persona juzgada es un hombre despiadado.

Y sabe de primera mano lo fácil que es dejarse engañar por un falso recuerdo. Muchos años después de la muerte de su madre, llegó a «recordar» haber descubierto el cadáver de esta en la piscina familiar, después de que un pariente le dijera encarecidamente que así había sido. Más tarde, ese pariente la llamó para decirle que se había equivocado, que no había sido la joven Elizabeth quien había hecho el trágico descubrimiento.

Me dijo que la memoria, aparte de voluble y lábil, también es también creativa, impresionable y, fundamentalmente, inconstante. Los niños sobre todo se dejan llevar con facilidad por quienes les hacen las preguntas; la influencia social y el refuerzo pueden determinar poderosamente sus respuestas.[252] «Estos terapeutas pueden señalar, incluso inadvertidamente, cuándo les interesa lo que estás diciendo o parecer aburridos cuando no es así. Y la gente responderá porque quiere que esté interesado. Quieren gustarle. Quieren que el terapeuta pase tiempo con ellos y disfrute con ellos», afirma Loftus. Si los terapeutas, los profesores y los padres buscan traumas infantiles cuando interrogan a los niños, es probable que estos se los proporcionen.

¿Es algo de esto bueno para los niños?

Dejemos por un momento a un lado la muy controvertida teoría de que las experiencias traumáticas crean una «memoria corporal», misteriosamente almacenada fuera del sistema nervioso central, en el cuello, el hombro o el codo.[253] Dejemos a un lado la

252. Garven, Sena *et al.*, «More than suggestion: the effect of interviewing techniques from the McMartin preschool case», *Journal of Applied Psychology*, 83, 3 (1998), pp. 347-359.

253. El neurobiólogo estadounidense James McGaugh, galardonado con el Premio APA a las Contribuciones Científicas Distinguidas a la Psicología, ha escrito: «El concepto de "recuerdos corporales" no tiene sentido, si por tal se entiende que los recuerdos se almacenan fuera del sistema nervioso central. La

dudosa idea de que heredamos el trauma histórico de nuestros antepasados a través de la epigenética, como han sugerido Maté y otros.[254]

Dejemos a un lado la idea no demostrada de que las experiencias traumáticas de la infancia suelen dominar la vida emocional de un adulto, interfiriendo en su capacidad para mantener buenas relaciones, conservar un empleo, reaccionar con normalidad ante los factores de estrés ordinarios y convertirse en el tipo de ciudadano del que el resto de nosotros podemos depender. La inmensa mayoría de los adultos han conseguido precisamente eso: superar el dolor de la infancia, centrarse en el presente y el futuro, y seguir adelante. Dejemos a un lado el hecho de que, hasta hace muy poco en la historia de la humanidad, casi todos los indicadores de lo que ahora llamamos «trauma infantil» eran simplemente vicisitudes de la vida: el hambre, la pérdida de un padre o un hermano, la guerra, incluso los casos de maltrato físico.

¿Es buena idea convencer a millones de adultos de que las penurias de la infancia causan daños duraderos en sus cuerpos y mentes? Van der Kolk es experto en TEPT y en los soldados que han vivido los combates más cruentos. El TEPT existe y, para quienes lo padecen, puede tener sentido que un terapeuta les trate con algunos de los métodos que promueve Van der Kolk.

Pero ¿tiene sentido considerar a todos los niños —niños nacidos hoy, criados entre algodones— como si hubieran sufrido conmociones similares? ¿Es buena idea decirles a los niños

---

noción de que porque hay receptores para neuropéptidos sitos fuera del cerebro también hay memoria en esos receptores es, en el mejor de los casos, una hipótesis muy extraña de la que no existen pruebas». Citado en Mark Pendergrast, *Memory warp, op. cit.*, p. 107. Para un debate exhaustivo, lúcido y atractivo sobre la calamidad de la memoria reprimida, merece la pena leer los numerosos libros de Mark Pendergrast sobre el tema.

254. Gabor Maté, *El mito de la normalidad: trauma, enfermedad y sanación en una cultura tóxica.* Para una crítica de la idea, véase Carey, Benedict, «Can we really inherit trauma?», *The New York Times*, 10 de diciembre de 2018, <https://www.nytimes.com/2018/12/10/health/mind-epigenetics-genes.html>.

—explícitamente o solo por inferencia obvia y reiterativa— que pueden estar marcados por lesiones traumáticas? ¿Deberíamos, como sociedad, sufragar esas investigaciones dirigidas por terapeutas (y sucedáneos de terapeutas) para descubrir traumas ocultos en nuestros hijos?

«No lo creo —afirma Loftus—. Porque si crees que hay un trauma enterrado y te dedicas a todas estas prácticas para intentar sacarlo a la luz —y si el caso se parece en algo a los que yo investigué y estudié y sobre los que escribí—, a veces en el proceso vas a crear recuerdos de traumas que no son reales».

Le pregunto si tratar a todos los niños con la presunción de que pueden haber sufrido un trauma puede llevarlos con mayor probabilidad a replantearse su infancia, reconstruyéndola bajo un prisma más oscuro o aterrador. «Bueno, si te recompensan por inventar historias de terror, en fin, es una idea skinneriana básica», dice, refiriéndose a los estudios de condicionamiento conductual promovidos por B. F. Skinner.

«El refuerzo aumenta el comportamiento y el castigo lo reduce. De modo que si te refuerzan por pensar en experiencias traumáticas, vas a aumentar el comportamiento».

Loftus dice que esto también puede ocurrir en entornos de terapia de grupo. Surge una especie de competitividad, en la que los participantes exageran su dolor para igualar el patetismo de lo que comparten los demás.[255] Los participantes animados a lanzarse a su propia hipérbole pueden llegar a creérsela.

«Es un poco como el póker de la memoria —dijo Loftus, tomando prestada una frase de un colega—. Voy a igualar la apuesta de tus recuerdos y a subirla con los míos, que son aún más extraños, escabrosos e interesantes. Ese tipo de cosas suceden porque si alguien dice algo del tipo: "Bueno, realmente creo que tengo un

255. Véase, por ejemplo, Helgeson, V. S, *et al.*, «Education and peer discussion group interventions and adjustment to breast cancer», *Archives of General Psychiatry*, 56, 4 (1999), pp. 340-347. («Reunir a personas que se enfrentan a un problema común puede tener el efecto no deseado de incrementar su ansiedad sobre su enfermedad [es decir, sentir miedo y ansiedad al ver a alguien que está peor]»).

trauma oculto, solo que no lo recuerdo" puede resultar aburrido para el grupo cuando uno está sentado al lado de un tercero que te cuenta su recuerdo sobre el abuso que sufrió en un ritual satánico». Las sesiones de grupo pueden hacer que los niños «recuerden» cosas que nunca ocurrieron, dice Loftus, o que alteren sus recuerdos de cosas que sí, lo que aumenta el nivel de dramatismo.

Tratar a los niños que han sufrido recientemente una tragedia *genuina* con sensibilidad y adaptaciones adicionales es una cosa. Pero la «atención informada sobre el trauma» y la «educación informada sobre el trauma» simplemente dan por sentado el daño y comienzan el tratamiento. Y los efectos yatrogénicos son inevitables.

Cultura del trauma

Muchos de los terapeutas psicodinámicos más destacados de la actualidad hablan de boquilla de «resiliencia», pero su estado de ánimo es bajo y su pronóstico anuncia una tormenta interminable. Son los orgullosos herederos de la idea de Van der Kolk de que el cuerpo lleva la cuenta. Denuncian el «impacto del trauma infantil» y hablan de nuestro «cuerpo traumatizado (lucha o huida perpetua)».

Pensemos en la terapeuta superventas de *The New York Times* y consejera de siete millones de seguidores en Instagram, Nicole LePera, «la psicóloga holística» que promete darte «el poder de curarte a ti mismo». Sus vídeos de YouTube tienen más de diez millones de visualizaciones. Ofrece sus consejos gratuitamente en tuits que acumulan millones de interacciones. He aquí una de sus innumerables joyas, todas con efectos similares: «¿Te cuesta relacionarte, temes el abandono y no te gusta pedir ayuda?», escribe abriendo un hilo. Puede que te hayan «parentalizado».[256] ¿Parentalizado?

256. Nicole LePera [@Theholisticpsyc], Twitter, 4 de enero de 2023, <https://twitter.com/Theholisticpsyc/status/1610668793747099649>. «¿Te cuesta relacionarte, tienes miedo al abandono y no te gusta pedir ayuda? Tal vez seas objeto de parentalización».

Ella lo define como sigue: «La parentalización es una forma "invisible" de trauma que a menudo no se reconoce en nuestra sociedad. Se produce cuando los padres recurren a sus hijos para que les proporcionen apoyo emocional y se encarguen de algunas tareas domesticas. Es una inversión de roles».

LePera ofrece una lista de síntomas para ayudar al autodiagnóstico. Los adultos que han sido parentalizados pueden tener problemas con:

- Sus habilidades de comunicación.
- Su incapacidad para comprender sus emociones.
- Su incapacidad para satisfacer sus propias necesidades.
- Su hiperindependencia («puedo hacerlo todo solo»).
- Su miedo a pedir ayuda o a aceptarla.
- Su inmadurez emocional/alta reactividad.
- Su actitud defensiva en las relaciones.
- Sus patrones de codependencia.
- Sus patrones de autotraición.
- Su baja autoestima.
- Su falta de autoconciencia.

¿Te ves reflejado en algún lugar de esta lista? Casi todo el mundo lo hace.

Dada su vasta experiencia luchando contra terapeutas nefastos, le pregunté a Loftus en qué debería fijarse un posible paciente para evitar a los charlatanes. Lo primero que me sugirió fue que tuviera cuidado con las listas de síntomas. «"¿Confías demasiado en la gente o demasiado poco?", "¿Bebes demasiado o eres totalmente abstemio?"; el tipo de listas de verificación en las que se supone que si tienes estos síntomas lo más probable es que hayas sufrido abusos sexuales de niño. Y cualquiera puede encontrarse en ellas», afirma Loftus.

Al igual que muchos de los terapeutas actuales, LePera no solo promueve listas de síntomas que arrojan una red amplísima. También esparce diagnósticos entre su público. Informa a los lectores de que hay cinco formas principales en las que tus padres pueden haberte parentalizado: tratándote como a un compañero; trabajando en exceso; luchando contra la adicción; siendo retraídos; o siendo inmigrantes.

¿Ser inmigrante te incluye automáticamente en la lista? Ella te explica por qué:

«Los padres que se sacrifican y se llevan a sus hijos a otro país para que tengan una vida mejor se ven obligados a depender de ellos para que les ayuden con el idioma, a pagar las facturas o a comprender las normas culturales. Los niños desempeñan papeles de adultos por necesidad».[257] Habrá quien piense, en lo que respecta a su función como progenitores, que esos padres que se sacrifican tanto por sus hijos son estupendos. Sin embargo, en el mundo del trauma, son infligidores de «traumas invisibles».

Un falso diagnóstico favorito de muchos terapeutas, el «TEPT complejo», fue rechazado rotundamente por los editores del *Manual diagnóstico y estadístico de los trastornos mentales* (DSM, por sus siglas en inglés), a pesar de los esfuerzos de psiquiatras como Van der Kolk, uno de los principales defensores de su inclusión.[258] Sin embargo, populares psicoterapeutas como LePera promueven este diagnóstico como si fuera un trastorno reconocido.[259]

No lo es. El diagnóstico propuesto fue rechazado porque —según Allen Frances, psiquiatra y profesor emérito de la Facul-

257. Nicole LePera [@Theholisticpysc], Twitter, 4 de enero de 2023, <https://twitter.com/Theholisticpsyc/status/1610668808875954178>. «HIJOS DE INMIGRANTES: los padres que se sacrifican y traen a su hijo a otro país en busca de una vida mejor se ven obligados a depender de sus hijos para que les ayuden con el idioma, a pagar las facturas o a entender las normas culturales. Los niños desempeñan papeles de adultos por necesidad».

258. Bessel van der Kolk, *El cuerpo lleva la cuenta, op. cit.*

259. Nicole LePera [@Theholisticpysc], Twitter, 22 de enero de 2023, <https://twitter.com/Theholisticpsyc/status/1617347376502702080>. «Síntomas del TEPT-C: problemas para regular tus emociones, sentimientos de indignidad, desconfianza hacia las personas y el mundo que te rodea, hipervigilancia, fuerte crítica interna, miedo crónico al abandono en las relaciones».

tad de Medicina de la Universidad Duke— el patrón sintomático era tan amplio que se solapaba con la mayoría de los demás trastornos, los traumas que describía eran tan comunes que abarcaban a la mayoría de los pacientes, se basaba en investigaciones deficientes, «las personas que lo promovían no eran respetadas» en el sector, y era «demasiado fácil de vender como explicación a terapeutas/pacientes crédulos».[260] En otras palabras, representaba un intento más de los expertos en salud mental de patologizar a todo el mundo.[261]

«¿Te sientes bloqueado, apagado, desconectado de ti mismo y te atascas procrastinando?», pregunta LePera en otro hilo de Twitter, visto más de cinco millones de veces. «No eres perezoso. No estás desmotivado. Se trata de un trauma o de una respuesta al estrés».[262] O, el que tal vez sea mi tuit favorito suyo: «Si pro-

260. Allen Frances [@AllenFrancesMD], Twitter, 7 de agosto de 2021, <https://twitter.com/allenfrancesmd/status/1424116458007580672>. «El TEPT complejo fue rechazado rotundamente por el DSM-IV y el DSM-5 porque: 1) El patrón sintomático es tan amplio que se solapa con la mayoría de los trastornos. 2) Los traumas son tan comunes que afectan a la mayoría de los pacientes. 3) La investigación no está bien fundamentada. 4) No se respeta a las personas que lo promueven. 5) Es demasiado fácil venderlo como una explicación a terapeutas/pacientes crédulos».

261. Véase, por ejemplo, Nicole LePera [@Theholisticpysc], Twitter, 29 de diciembre de 2022, <https://twitter.com/Theholisticpysc/status/1608525480499769345>. «Hablemos del síndrome del buen chico. Tenemos una generación de hombres que luchan por entender su ira y actúan de forma disfuncional: muchos hombres están condicionados a ser "buenos chicos" desde una edad temprana. Se les inculca un excesivo sentido de la responsabilidad y la necesidad de cuidar de las emociones de sus padres. Esto puede traducirse en: ser el "hombrecito" de la casa, consolar a sus padres en los conflictos, reprimir sus emociones para parecer fuertes, mostrar una "cara valiente", no buscar consuelo emocional, no hablar de las emociones».

262. Nicole LePera [@Theholisticpysc], Twitter, 31 de diciembre de 2022, <https://twitter.com/Theholisticpysc/status/1609239511787245568>. «¿Te sientes bloqueado, apagado, desconectado de ti mismo y te atascas procrastinando? No eres perezoso. No estás desmotivado. Esto es un trauma o una respuesta al estrés». Véase también Nicole LePera [@Theholisticpysc], Twitter,

crastinas no es porque seas perezoso. Es porque tu cuerpo está en estado de amenaza».[263]

Cabe preguntarse cómo es posible que ella sepa algo así. (Me puse en contacto con su agente para concertar una entrevista, pero no recibí respuesta). ¿Acaso no sabe que la pereza es uno de los estados de rendición más naturales y omnipresentes de la humanidad? Entre el numeroso público de LePera hay sin duda muchos perezosos, como en cualquier otro ámbito de la sociedad. Mucha gente es perezosa, pero a nadie le gusta pensar que lo es. En el universo de los psicólogos amantes de los traumas, los diagnósticos proliferan y el reparto de culpas se multiplica.

Ávidos de datos

Los niños y adolescentes llegan a la escuela con ganas de jugar a las cartas Magic, colgarse de las barras del patio o gastar bromas a sus amigos. No siempre están dispuestos a mantener una charla con el loquero del colegio o a hablar de sus «experiencias adversas en la infancia». Sin embargo, los expertos en salud mental de las escuelas públicas no pueden recaudar fondos para financiar toda su gama de tratamientos a menos que puedan *demostrar* de algún modo que los niños están traumatizados.

Ojalá hubiera alguna forma de vigilar a los niños; por su propio bien, claro. Averiguar qué ocurre en sus casas. Aprender un

---

25 de marzo de 2023, <https://twitter.com/Theholisticpsyc/status/1639712962641539073>. «Si te dicen que eres "maduro para tu edad" puede que te hayan parentalizado». La parentalización se da cuando a un niño se le hace desempeñar un papel de adulto. Se trata de un trauma "invisible" que afecta de por vida. Este es el porqué».

263. Nicole LePera [@Theholisticpysc], Twitter, 4 de marzo de 2023, <https://twitter.com/Theholisticpsyc/status/1632011612973576192>. «Si procrastinas, no es porque seas perezoso. Es porque tu cuerpo está en estado de amenaza».

poco más sobre sus familias. Echar un vistazo, discretamente, a los grises pliegues de sus cerebros.

No podemos llevar a todos los alumnos a que se hagan una resonancia magnética. (¡Ojalá!) Tiene que haber otra forma de inducirlos a revelar, con todo detalle, cada píxel de su trauma.

7

Caza, pesca y minería: el daño de las encuestas de salud mental

Cuando tu marido llega al trabajo, su jefe le entrega una encuesta. «Es solo para saber cómo os van las cosas a todos», le dice. Las respuestas son totalmente confidenciales. *Pero, por favor, tómatela en serio.* He aquí algunas de las preguntas:

- ¿Con qué frecuencia tiene tu cónyuge un gesto de afecto significativo contigo?
- ¿Te sientes apoyado emocionalmente por tu cónyuge en las cosas que más te importan?
- ¿Cuándo ha sido la última vez que tu cónyuge te ha hecho un cumplido no solicitado?
- ¿Con qué frecuencia te dice tu cónyuge «gracias» y te toca después de algo que hayas hecho por ella/él?
- ¿Fantaseas alguna vez con tener una pareja sexual diferente? ¿Con qué frecuencia?
- ¿Has ocultado alguna vez a tu cónyuge una relación sexual anterior?

¿Alguien se cree que esto no va a afectar a su matrimonio? ¿Qué no tendrá ningún impacto en la valoración que haga respecto a en qué medida satisfaces sus necesidades?

Compara estas preguntas con las que el estado de Colorado hizo a los alumnos de primaria, pidiéndoles que valoraran su grado de acuerdo o desacuerdo:[264]

- Puedo decirles a mis padres lo que pienso de las cosas.
- Me gusta hacer cosas con mi familia.
- Suelo cenar con mi familia.
- Me siento muy unido a mi familia.
- Paso tiempo con mi familia haciendo cosas como ir de compras, practicar deportes o trabajar en proyectos escolares.
- Mis padres se dan cuenta cuando hago algo bien y me lo hacen saber.
- Además de mi familia, hay un adulto en quien puedo confiar.
- Las personas importantes en mi vida a menudo me decepcionan.

Las encuestas se han convertido en una parte tan omnipresente de la vida adulta, irrumpiendo tan a menudo en nuestras pantallas después de cada compra en internet y cada viaje en Uber, que no nos cuesta descartarlas como una inocua pérdida de tiempo. Pero esas son las encuestas que ignoramos. Las hay también de otro tipo.

Ordenadas por organismos estatales y elaboradas principalmente por los Centros para el Control y la Prevención de Enfermedades (CDC por sus siglas en inglés), aparentemente para evaluar la salud mental de los escolares, las encuestas se presentan a los alumnos de centros públicos con toda la seriedad de un examen estandarizado. Indagan en los detalles más privados de la experimentación adolescente y la vida familiar: consumo de alcohol, consumo de drogas y orientación sexual, junto con las preguntas de rigor sobre raza e identidad de género. Preguntan a los chicos si se sienten queridos por sus padres o apoyados en sus colegios, así como una serie de cuestiones muy concretas sobre qué tipos de autolesiones han probado.

---

264. «Elementary school climate student survey», Colorado SAFE Communities Elementary Schools, Center for the Study and Prevention of Violence, University of Colorado, 7 de enero de 2020, preguntas 74-90.

Los sistemas escolares utilizan los resultados para justificar la demanda cada vez mayor de recursos de salud mental, es decir, más fondos.[265] Técnicamente, los padres pueden «optar por no participar» en estas encuestas, pero en varios estados se presume el consentimiento.[266] Los resultados de muchas de ellas se cargan en el Sistema de Vigilancia de Conductas de Riesgo de los Jóvenes de los CDC, el programa federal dedicado a vigilar las conductas de riesgo de los niños (y, según parece, también las de sus padres).

De no haber sido por Parents Defending Education tal vez nunca habría llegado a ver estas encuestas. Fundada en 2021, esta organización sin ánimo de lucro ha presentado cientos de solicitudes para reclamar que se aplique la Ley de Libertad de Información y ha acumulado un impresionante acervo de encuestas presentadas rutinariamente a niños de primaria y secundaria de todo el país. La organización tuvo la gentileza de compartir su base de datos conmigo.

Por alguna descarada coincidencia o estratagema, las categorías de las preguntas de la encuesta coinciden plenamente con las prohibidas por la ley federal. Tal vez intuyendo que las autoridades escolares podrían sentir una terrible curiosidad por los detalles más íntimos de la vida de sus alumnos, el Congreso aprobó en 1978 la Enmienda para la Protección de los Derechos de los Alumnos (PPRA, por sus siglas en inglés), que, ampliada posteriormente, prohíbe en la actualidad a las escuelas indagar sobre ocho asuntos:

265. National Association of School Psychologists, *Guidance for measuring and using school climate data*, 2019, p. 1.

266. Sobre el «consentimiento pasivo», véase «The protection of pupil rights amendment (PPRA)», U. S. Department Of Education, <https://www.research.uky.edu/uploads/ori-d600000-us-dept-educationprotection-pupil-rights-amendment-ppra-pdf>. Asimismo, he hablado con padres que optaron específicamente por no participar, pero descubrieron que a sus hijos se les habían presentado las encuestas y las habían realizado. Véase también Sanzi, Erika, «Make intrusive school surveys "opt-in" rather than "opt-out"», American Enterprise Institute, marzo de 2022, <https://www.aei.org/research-products/report/make-intrusive-school-surveys-opt-in-rather-than-opt-out/>.

1. Afiliación política o creencias del alumno o de sus padres.
2. Problemas mentales o psicológicos del alumno o de su familia.
3. Comportamientos o actitudes sexuales.
4. Comportamiento ilegal o autoinculpatorio del alumno.
5. Valoraciones críticas de los familiares de los alumnos.
6. Comunicaciones privilegiadas entre un alumno y un terapeuta o sacerdote.
7. Creencias o prácticas religiosas de los alumnos.
8. Ingresos familiares.[267]

¿Cómo es posible que el gobierno federal, las escuelas y las organizaciones sanitarias de los estados pregunten descaradamente sobre temas prohibidos por la legislación federal? Siempre que las encuestas sean voluntarias y anónimas, los tribunales han emitido su dictamen:[268] ¡no hay problema!

Más sorprendente si cabe que la amplia gama de preguntas de las encuestas sobre la orientación sexual y la identidad de género de los alumnos de enseñanza media es su alegre desprecio por la legislación penal. En las encuestas de Comportamiento de Riesgo Juvenil de 2021 y 2023, elaboradas por los CDC, se pregunta a los alumnos de secundaria: «¿Qué edad tenías cuando tuviste relaciones sexuales por primera vez?».[269]

267. «What is the protection of pupil rights amendment (PPRA)?», Departamento de Educación de los Estados Unidos, <https://studentprivacy.ed.gov/training/what-protection-pupil-rights-amendment>.

268. *C.N. v. Ridgewood* (3rd Cir. 2005), <https://casetext.com/case/cn-v-ridgewood-board-of-education-4#8894046b-0124-4d54-b778-86907c2af476-fn4>. («Una encuesta voluntaria, anónima y confidencial de los alumnos, sin resultados que los identifiquen individualmente y que solo se administró después de informar debidamente a los padres, no constituye una violación constitucional de la intimidad»).

269. «2021 middle school youth risk behavior survey», Centros para el Control y la Prevención de Enfermedades, 2021, pregunta 33, <www.cdc.gov/healthyyouth/data/yrbs/pdf/2021/2021-YRBS-Standard-MS-Questionnaire.pdf>. Véase también «2023 middle school youth risk behavior survey», Centros para el Control y la Prevención de Enfermedades, <www.cdc.gov/healthyyouth/data/yrbs/pdf/2023/2023_YRBS_Standard_MS_Questionnaire.pdf>.

- Nunca he tenido relaciones sexuales.
- 8 años o menos.
- 9 años.
- 10 años.
- 11 años.
- 12 años.
- 13 años o más.

Existe una palabra para designar las «relaciones sexuales» mantenidas por niños de cualquiera de las edades mencionadas anteriormente: *violación*.

Sin embargo, nuestros funcionarios de salud pública siguen adelante, aparentemente despreocupados, como si que los adultos pregunten a niños prepúberes sobre sus aventuras sexuales fuera algo completamente natural. La consecuencia obvia —que a buen seguro captarán los propios niños— es que los adultos esperan que niños de tan solo 8 años tengan una vida sexual interesante.

Como el típico alumno conflictivo que deja los estudios incitando a los más jóvenes a la delincuencia, las encuestas preguntan sobre el consumo de drogas y alcohol, tanto de los propios estudiantes como de sus familiares. Gran parte de lo que los estudiantes podrían confesar en estas encuestas podría constituir la admisión de un delito.

Por ejemplo, en la Encuesta de Comportamientos de Riesgo de los Jóvenes en los Institutos de Florida de 2021, elaborada por los CDC, se pregunta: «Durante los últimos treinta días, ¿cuántos días has llevado un arma como una pistola, un cuchillo o una porra en las instalaciones del centro?».[270] Otra serie de encuestas

270. «Florida high school youth risk behavior survey», 2021, pregunta 14. «El Comisionado de Educación de Florida, Manny Díaz, calificó la encuesta federal de "incendiaria" y "sexualizada". En cartas a los distritos escolares, prácticamente les ordenó que dejaran de participar en la encuesta juvenil de los CDC». LaGrone, Katie, «Guns, dating violence, sexual violence all eliminated from new Florida youth survey», WPTV, 3 de junio de 2023, <https://www. wptv.com/news/local-news/investigations/florida-rejected-federal-youth-health-survey-for-being-too-sexual-so-it-came-up-with-its-own>.

piden a los estudiantes de secundaria que admitan detalladamente su consumo de drogas y lo fácil que podría ser para ellos obtener algunas como la metadona, el fentanilo o la marihuana,[271] o analgésicos sujetos a prescripción médica que no te han sido recetados (hidrocodona, oxicodona, gabapentina o tramadol, enumera la Encuesta de Salud Estudiantil de Georgia,[272] aparentemente redactada por el departamento de marketing de una mara).

Evaluaciones de salud mental

A efectos de la presente investigación, las preguntas más interesantes de la encuesta son las que diseccionan los cráneos de los jóvenes para examinar su aptitud socioemocional y su historial de traumas. Hay numerosas preguntas sobre el suicidio. En 2021, la encuesta sobre el comportamiento de riesgo de los jóvenes en los institutos de Florida planteó a los chicos de 14 años en adelante la siguiente batería de preguntas socioemocionales:

- Durante los últimos 12 meses, ¿te has sentido en algún momento tan triste o desesperanzado casi a diario durante dos semanas seguidas o más que has dejado de hacer tus actividades habituales?
- Durante los últimos 12 meses, ¿has pensado seriamente alguna vez en suicidarte?
- Durante los últimos 12 meses, ¿has planeado cómo suicidarte?
- Durante los últimos 12 meses, ¿cuántas veces has intentado suicidarte?

271. «2022 Illinois youth survey, 8th grade form», Universidad de Illinois, Escuela de Trabajo Social; Departamento de Servicios Humanos de Illinois, preguntas P4 y P6.

272. «Georgia student health survey (grades 6-12)», revisado el 28 de septiembre de 2021, pregunta 18, <www.gadoe.org/wholechild/Documents/GS HS%20questions_FY22.pdf?csf=1&e=ghjAIm>.

- Si has intentado suicidarte durante los últimos 12 meses, ¿se ha traducido algún intento en una lesión, envenenamiento o sobredosis que requiriera la atención de un médico o enfermera?[273]

Para no ser menos que la encuesta estatal de secundaria, la Encuesta de Comportamiento de Salud de la Escuela Media de Florida de 2021, elaborada por los CDC, pregunta audazmente:

- Durante el último año, ¿has hecho algo para hacerte daño a propósito, sin intención de morir, como cortarte o quemarte?
- ¿Has participado alguna vez en un juego o reto, solo o con otros, que implicara marearte o desmayarte adrede por la sensación que provocaba? (Este juego o reto también se denomina juego de la asfixia, del desmayo, o de perder el conocimiento).
- Durante el último año, ¿alguna vez te has sentido tan triste o desesperanzado casi a diario durante dos semanas seguidas o más que has dejado de hacer algunas actividades habituales?
- ¿Alguna vez has pensado seriamente en suicidarte?
- ¿Has planeado alguna vez cómo suicidarte?
- ¿Has intentado suicidarte?[274]

Tal vez te estés preguntando: ¿Qué clase de sádico pone esto delante de niños de secundaria? «¿Alguna vez has pensado seriamente en suicidarte?» es el tipo de burla que un adolescente envía a otro por mensaje de texto, o que un trol escribe en las redes sociales. Sin duda, cualquier estudiante de 12 años que aún no conozca «el juego del desmayo» querrá saber de qué va. Los

273. «Florida high school youth risk behavior survey» (en los archivos de Parents Defending Education). Véase también «Florida high school youth risk behaviors» (datos a nivel estatal), 2021, <www.flhealthcharts.gov/ChartsDash boards/rdPage.aspx?rdReport=SurveyData.YRBS.HSReport&tabid=HSYRBS>.
274. «Florida middle school youth risk behavior survey», preguntas 61-64.

expertos en salud mental que deslizan esta lista de preguntas en los pupitres de los niños de 11 años —para satisfacer la curiosidad del Estado o de la escuela— deberían mantenerse alejados de los niños.

¡Pero aún hay más! A los alumnos de 11 años de Georgia se les plantearon estas preguntas en 2022, preguntas que parecen sacadas de un guion concebido por Hannibal Lecter para inducir un trastorno mental a un paciente:

Durante los últimos 12 meses, si has considerando [*sic*] seriamente hacerte daño a propósito, ¿cuál fue la razón más probable? Marca todas las que correspondan:

- No he pensado seriamente en hacerme daño adrede.
- Exigencia de los deberes.
- Problemas con compañeros o amigos.
- Redes sociales.
- Motivos familiares.
- Ser acosado.
- Calificaciones o rendimiento escolar.
- Disciplina o castigo escolar.
- Discusión o ruptura con la pareja/novia/novio.
- Violencia en la pareja.
- Drogas o alcohol.
- Otros.[275]

Las encuestas de Florida preguntan específicamente qué medidas han tomado los estudiantes de secundaria para perder peso, opciones que van desde el ayuno hasta el abuso de los laxantes.[276] Estoy convencida de que ninguna estudiante de secundaria pasará por alto esta concisa lista de consejos para adelgazar.

275. Véase también Departamento de Educación de Georgia, «Georgia student health survey (grades 6-12)», revisado el 28 de septiembre de 2021, pregunta 37, <www.gadoe.org/wholechild/Documents/GSHS%20questions_FY22.pdf?csf=1&e=ghjAIm>.
276. «Florida high school youth risk behavior survey», preguntas 61-64.

Los psicólogos escolares juran y perjuran que interrogar a los adolescentes sobre si han pensado en el suicidio (y con qué frecuencia) no aumenta la probabilidad de que lo intenten. Sin embargo, aun cuando ningún adolescente intente suicidarse después de un interrogatorio exhaustivo como este, lo que es evidente es que contribuye a normalizar el suicidio. Si uno fuera un adolescente en la secundaria actual hasta podría llegar a pensar que casi todo el mundo contempla la autodestrucción.

Aunque existen estudios que respaldan la afirmación de que las encuestas sobre el suicidio no aumentan las tendencias suicidas, estos no tienen necesariamente en cuenta la gran cantidad de mensajes sobre el suicidio que invaden a los jóvenes de secundaria y bachillerato: números de teléfono de atención a la conducta suicida pegados en los baños de los institutos y estampados en todos los carnés de estudiante de secundaria de Carolina del Sur, Arizona, Illinois y California.[277] La investigación disponible tampoco indica si pedir constantemente a los chicos que informen sobre sus autolesiones (y proporcionarles una enciclopedia de métodos y justificaciones populares) podría tender a implantar nuevas opciones en las cabezas de los jóvenes.

Sin embargo, las propias encuestas revelan un punto de vista diferente. La Encuesta sobre la Juventud de Illinois de 2022 para alumnos de 13 años, por ejemplo, concluye así: «Si alguna de las preguntas de la encuesta, o de tus respuestas, te han hecho sentir incómodo o preocupado y deseas hablar con alguien sobre tus sentimientos, habla con el orientador de tu centro, con un profesor o con otro adulto en quien confíes». Si no te sientes cómodo hablando con esos adultos, la encuesta dirige a los estudiantes a varias líneas directas sobre suicidio, agresión sexual y crisis.[278]

La encuesta del estado de Washington sobre juventud saludable ofrece una advertencia similar y una invitación a llamar a

277. Westfall, Austin, «Suicide prevention lifeline will be printed on student ID Cards in several states», *New York Post*, 12 de agosto de 2021, <https://nypost.com/2021/08/12/suicide-prevention-lifeline-will-be-printed-on-student-id-cards-in-several-states>.

278. «2022 Illinois youth survey, 8th grade form».

una línea telefónica en casos de crisis.[279] Las encuestas de secundaria y bachillerato de Wisconsin concluyen de la misma manera: señalando que puede haber provocado suficiente angustia como para que el alumno quiera hablar con un orientador escolar, un trabajador social «o algún otro adulto de confianza».[280]

Al menos en la mente de sus administradores, las encuestas tienden a producir trastornos emocionales en los niños. Lo que puede hacer que te preguntes por qué se dan en primera instancia.

Valoración crítica de los miembros de la familia

Tal vez la más perturbadora de las preguntas de este tipo de encuestas es la que presiona a los chicos para que hagan una valoración crítica e informen sobre sus propias familias. La Encuesta sobre Juventud de Arizona de 2022 pide a los estudiantes de secundaria y bachillerato que «piensen en las personas que consideran su familia (por ejemplo, padres, padrastros, abuelos, etcétera)» mientras responden a lo siguiente con un «¡NO!, no, sí, ¡SÍ!».

- Las personas de mi familia se insultan o se gritan a menudo.
- En mi familia discutimos sobre las mismas cosas una y otra vez.
- Si bebieras algo de alcohol sin permiso de tus padres, ¿te pillarían?
- Mis padres me preguntan qué pienso antes de tomar la mayoría de las decisiones familiares que me afectan.

279. «Healthy youth survey form B: grades 8, 10 and 12», Washington State healthy youth survey, 2021, <https://www.askhys.net/HYS/GetDocument?path=Surveys&fileName=HYS%202021%20Form%20B%20e-survey.pdf>.

280. «Wisconsin Dane County youth assessment» (versiones middle School y high School). (En los archivos de Parents Defending Education).

- ¿Te sientes muy unido a tu madre?
- ¿Te sientes muy unido a tu padre?
- ¿Compartes tus pensamientos y sentimientos con tu madre?
- ¿Compartes tus pensamientos y sentimientos con tu padre?
- ¿Te gusta pasar tiempo con tu madre?
- ¿Te gusta pasar tiempo con tu padre?[281]

Así como preguntar a los estudiantes de manera neutra sobre el suicidio puede o no fomentar pensamientos suicidas, pedirles que reflexionen sobre el estado de sus relaciones es una cuestión totalmente diferente. Como bien sabe cualquiera que tenga un «amienemigo», las preguntas bien formuladas sobre la naturaleza de tu vida y tus relaciones pueden hacerte sentir mucho peor.

Consideremos la afirmación y la pregunta siguientes, planteadas a alumnos de 13 a 18 años en Arizona:[282]

- Mis padres se dan cuenta cuando hago algo bien y me lo hacen saber.
- ¿Con qué frecuencia te dicen tus padres que están orgullosos de algo que has hecho?

O esta serie, presentada a alumnos 13 a 18 años en Indiana:

- ¿Con qué frecuencia te dicen tus padres que están orgullosos de ti por algo que has hecho?
- ¿Se enterarían tus padres si no llegaras a casa a tu hora?
- Si tuviera un problema personal, podría pedir ayuda a mi madre o a mi padre.
- ¿Cómo de mal se tomarían tus padres el hecho de que consumieras metanfetaminas, heroína, medicamentos que no te han sido recetados... o que robaras algo que val-

281. «Arizona youth survey», 2022, preguntas 82-101, <www.azcjc.gov/Portals/0/Documents/pubs/AYSReports/2022/2022_AYS_Scantron_Survey.pdf>.

282. «Arizona youth survey», preguntas 102-103.

ga más de cinco dólares? (Las opciones de respuesta incluyen: «Muy mal», «Mal», «Relativamente mal», «Nada mal»).[283]

Luego están las preguntas que, en caso de concordar con las respuestas de un alumno, podrían provocar una llamada a los servicios sociales. Pensemos, por ejemplo, en las siguientes, formuladas a alumnos de 13 años en Illinois:

- ¿Cuántos días a la semana estás en casa después de las clases sin la presencia de un adulto?
- Piensa en los días que estás en casa al volver del colegio sin la presencia de un adulto. ¿Cuántas horas al día sueles pasar solo después del colegio?
- Si bebieras cerveza, vino o destilados (por ejemplo, vodka, whisky o ginebra) sin permiso de tus padres, ¿te pillarían?
- Si vas a una fiesta en la que se sirve alcohol, ¿te pillarían tus padres?
- Cuando no estoy en casa, uno de mis padres/tutores sabe dónde estoy y con quién.
- Mis padres/tutores me preguntan si he hecho los deberes.
- ¿Sabrían tus padres/tutores si no llegas a casa a tu hora?[284]

O de un cuestionario de la encuesta a estudiantes de Misuri que se hace a alumnos de 11 años, en el que se pregunta:

- ¿Con qué frecuencia se insultan o se gritan los miembros de tu familia? Nunca (1) No muy a menudo (2) A veces (3) La mayoría de las veces (4) Todo el rato (5).[285]

283. «7th-12th grade questionnaire», Indiana youth survey, <https://inys.indiana.edu/docs/survey/INYS_questionnaire.pdf>.
284. «2022 Illinois youth survey, 8th grade form».
285. «Missouri student survey questionnaire 2020», Missouri Department of Mental Health, <https://dmh.mo.gov/media/pdf/missouri-student-survey-questionnaire-2020>.

Olvidemos por un momento el riesgo siempre presente de que estos detalles absolutamente íntimos sobre la familia o la salud mental del niño podrían quedar expuestos si tuviera lugar una brecha de seguridad[286] y que la información privada sobre la salud mental de este se difunda o se venda en espacios ignotos. Aunque sus respuestas nunca lleguen a la esfera pública, las encuestas rompen e irrumpen en el ámbito privado y sagrado de la familia. Ese peculiar y acogedor refugio en el que le perdonas a tu madre que se olvide de preguntarte cómo te ha ido la lectura de tu redacción sobre el libro de turno, porque trabaja mucho y a veces está cansada e incluso de mal humor. Donde no te importa que tus padres te dejen solo durante una hora cuando van a la farmacia o al súper, o incluso si tienen una cita, porque tienes 12 años y un teléfono al que llamar si surge algún problema.

Las encuestas revelan una idea de base, una visión del mundo y de los objetos que lo componen. Y en el mundo de estas encuestas, el trauma es algo rampante, si no universal. El maltrato y la negligencia se dan en todos los hogares. El consumo de drogas es generalizado, incluso entre los estudiantes de secundaria. Los niños de 8 años «han tenido relaciones sexuales». Un mar de tormento se eleva para ahogar a todos los niños del mundo.

No cabe duda de que hay niños que sufren abusos y abandono, que consumen drogas en secundaria y que son violados. Nadie lo niega. Todo ser humano decente quiere ayudar a esos niños. Pero estas encuestas no les ayudan (al fin y al cabo, son anónimas), sino que simplemente presentan a la totalidad de los niños la idea de un mundo oscuramente degradado y los convencen de que habitan en él.

En el mejor de los casos, estas preguntas invitan a criticar la relación del niño con sus padres, lo empujan a considerar que puede no ser tan amado, tan apoyado emocionalmente o tan bien cuidado como pensaba.

---

286. Estas brechas de seguridad suceden. Véase, por ejemplo, Cook, Sam, «US schools leaked 28.6 million records in 1851 data breaches since 2005», Comparitech, 15 de diciembre de 2021, <https://www.comparitech.com/blog/vpn-privacy/us-schools-data-breaches>.

Y con toda esta difamación de las familias por parte de la industria de la salud mental, cabe la posibilidad de que tengamos un número sorprendente de jóvenes que decidan que fueron profundamente abandonados o maltratados a nivel emocional. Puede que tengamos una generación joven que, en una proporción asombrosa, corte el contacto con unos padres que los quieren.

Cómo perjudican a los estudiantes las encuestas sobre salud mental

En un formulario de admisión de un hospital psiquiátrico se pregunta a los futuros pacientes lo siguiente:

- Durante los últimos 12 meses, ¿te has sentido alguna vez tan triste o desesperanzado a lo largo de dos semanas seguidas o más que has dejado de hacer algunas actividades habituales?
- Durante los últimos 12 meses, ¿has pensado alguna vez seriamente en suicidarte?
- Durante los últimos 12 meses, ¿has planeado cómo suicidarte?
- Durante los últimos 12 meses, ¿cuántas veces has intentado suicidarte?
- Si has intentado suicidarte en los últimos 12 meses, ¿se ha saldado alguno de los intentos con una lesión, intoxicación o sobredosis que haya tenido que ser tratada por un médico o un enfermero?[287]

Es broma. Se trata de una serie de preguntas estándar que se hacen a los alumnos de institutos públicos de varios estados, todo con el fin de hacer un seguimiento de su bienestar.[288]

Al igual que estas, administradas a los alumnos de secundaria en Delaware:

287. «Florida high school youth risk behavior survey».
288. «2023 state and local youth risk behaviour survey».

- Durante los últimos 12 meses, ¿alguna vez te has sentido tan triste o desesperanzado durante dos semanas seguidas o más que has dejado de hacer algunas actividades habituales?
- ¿Alguna vez te has sentido triste, vacío, desesperanzado, enfadado o ansioso?
- Cuando te sientes triste, vacío, desesperanzado, enfadado o ansioso, ¿con qué frecuencia recibes el tipo de ayuda que necesitas?
- Durante los últimos 12 meses, ¿has hecho algo para hacerte daño a propósito sin intención de morir, como cortarte o quemarte?
- A veces la gente se siente tan deprimida ante el futuro que puede plantearse quitarse la vida. ¿Has pensado alguna vez seriamente en suicidarte?
- ¿Has planeado alguna vez cómo suicidarte?
- ¿Has intentado suicidarte alguna vez?[289]

Los autores de estas encuestas insistirán en que las preguntas se plantean de forma neutral, pero muchas parecen presuponer niveles de angustia y depresión que deberían ser relativamente raros en la enseñanza media («Cuando te sientes triste, vacío, desesperanzado, enfadado o ansioso...»). Otras proporcionan nueva información («A veces la gente se siente tan deprimida ante el futuro...»). Y, en conjunto, todas parecen ávidas de que las respondan de forma afirmativa.

¿Por qué, entonces, tantos psicólogos educativos se apresuraron a negar que tales encuestas pudieran tener un impacto negativo en sus encuestados? Finalmente, uno de ellos se apiadó de mí y confesó la verdad: «¿Sabes?, todos dependemos de las encuestas de salud mental para nuestro trabajo». Lo que quería decir era: «No podemos admitir que las encuestas puedan perjudicar a los encuestados, perderíamos nuestra principal herramienta».

289. «2021 Delaware middle school youth risk behavior survey», University of Delaware Center for Drug and Health Studies, <https://bpb-us-w2.wpmucdn.com/sites.udel.edu/dist/9/12983/files/2022/08/YRBS-MS-2021.pdf>.

Advertí que necesitaba hablar con un psicólogo con años de experiencia clínica e investigadora, uno que no dependiera de las encuestas ni se dejara coartar por el miedo a estudiantes y directivos que atenazaba incluso a profesores titulares. Me puse en contacto con Jordan Peterson. Nos conocimos a través de Zoom. Una camisa azul pálido se henchía sobre su fibroso cuerpo. Peterson, con aspecto animado y descansado, respondía a mis preguntas al tiempo que se comía un grueso costillar con cuchillo y tenedor.

Empecé hablándole de las encuestas, citando preguntas reales y reiterándole la insistencia de tantos psicólogos educativos en que no hay ninguna evidencia de que preguntar repetidamente a los niños sobre autolesiones los anime a ponerlas en práctica. Eso es lo que me habían dicho: ninguna prueba.

«Simplemente no conocen los estudios relevantes», dijo. Es cierto, admitió, que una encuesta realizada una sola vez a los adolescentes como método de detección del suicidio no mostró que tuviese lugar un aumento a corto plazo del sentimiento depresivo (según reflejaron los resultados obtenidos *dos días después*).[290] Pero ese estudio, realizado hace veinte años, apenas reproduce la experiencia de los adolescentes de hoy, acosados por preguntas sobre su inclinación a autolesionarse.

Peterson afirmó que, precisamente porque el suicidio y las autolesiones son tan contagiosos entre los adolescentes, los adultos deben ser sumamente cuidadosos y no hacer a los niños preguntas capciosas. «Por ejemplo: "¿Cuándo fue la última vez que pensaste en cortarte las venas?". ¿Sabes la cantidad de información que hay en esa pregunta?».

Peterson enumeró las consecuencias implícitas. «En primer lugar, la información es: "Bueno, la gente hace esto". El dato siguiente es: "Tú podrías estar haciendo esto". Y el siguiente: "Es tan probable que lo hagas que puedo planteártelo como una pregunta casual". Y la consecuencia subsiguiente es: "Entonces, ¿qué demonios es lo que te pasa, que *no* lo estás haciendo?"».

290. Gould, Madelyn, *et al.*, «Evaluating iatrogenic risk of youth suicide screening programs: a randomized controlled trial», *JAMA* 293, 13 (2005), pp. 1635-1643, <https://pubmed.ncbi.nlm.nih.gov/15811983>.

La preocupación de Peterson tiene fundamento. La virali-
dad del suicidio y las autolesiones entre los adolescentes está
muy consolidada.[291] Uno tras otro, los estudios[292] han demostrado que las informaciones de los medios de comunicación sobre el suicidio pueden aumentar la incidencia entre los adolescentes. En la década de 1980, un esfuerzo conjunto llevado a
cabo en Viena para limitar la cobertura mediática de los suicidios en el metro tuvo un efecto asombroso: este se redujo un 75
por ciento.[293]

Según un informe de los CDC, el riesgo de comportamiento
suicida es especialmente alto cuando se contempla el tema del suicidio; cuando se habla de él de forma repetitiva o excesiva, al
punto de convertirse en una preocupación para los jóvenes en
situación de riesgo; cuando se presenta como una forma de enfrentarse a los problemas de la vida y cuando se dan detalles de
los métodos.[294]

Es casi como si los autores de las encuestas escolares leyeran
esta lista de puntos y decidieran, deliberadamente, incluir todos
y cada uno: anunciar el suicidio como algo que hacen los adolescentes; hablar de él repetida y excesivamente; presentarlo como

291. Véase, por ejemplo, Mota, Natalie; y Henriksen, Christine, «For years,
we worried "13 reasons why" could provoke suicidal behaviors. Now we have
the evidence», CBC News, 3 de septiembre de 2019, <https://www.cbc.ca/
news/opinion/13-reasons-why-1.5267786>.

292. Véase Hawton, Keith; y Williams, Kathryn, «Influences of the media
on suicide», *BMJ*, 325, 7377 (2002), pp. 1374-1375. Véase también Gould, Madelyn, «Suicide and the media», *Annals of the New York Academy of Sciences*,
932, 1 (2006), pp. 200-224. («En suma, ya no es necesario cuestionar la existencia del contagio suicida. Deberíamos volver a centrar nuestros esfuerzos de
investigación en identificar qué componentes concretos de la historia promueven el contagio en qué circunstancias y qué componentes son útiles para la
programación preventiva»).

293. Sonneck, G., *et al.*, «Imitative suicide on the viennese subway», *Social
Science and Medicine*, 38, 3 (1982), pp. 453-457.

294. Stack, S., «Suicide contagion and the reporting of suicide: recommen-
dations from a national workshop», *Morbidity and Mortality Weekly Report*
54, 2 (1994), pp. 9-17, <https://www.cdc.gov/mmwr/preview/mmwrhtml/
00031539.htm>.

un medio de afrontar los problemas personales; ofrecer detalles sobre los métodos.

Consideremos una encuesta elaborada por los CDC y entregada a alumnos de secundaria en Delaware. «Las tres preguntas siguientes hacen referencia al intento de suicidio», informa a niños de tan solo 12 años. «A veces la gente se siente tan deprimida por el futuro que puede plantearse el suicidio o quitarse la vida».[295] Suena muy parecido a presentar el suicidio como una forma de afrontar los problemas personales.

Las encuestas están repletas de «detalles sobre los métodos». No olvidemos que la Encuesta de Comportamiento respecto a la Salud de la Escuela Media de Florida de 2021 preguntaba: «Durante el año pasado, ¿has hecho algo para lastimarte a propósito sin intención de morir, como cortarte o quemarte?».[296]

Como hemos visto, la famosa campaña D.A.R.E. provocó un aumento del consumo de drogas entre los adolescentes, posiblemente por esta misma razón: tal vez suscitara curiosidad por la misma actividad que pretendía desacreditar.[297]

Y esto es lo que confirmaron muchos de los adolescentes a los que entrevisté: tienen la sensación de que casi todo el mundo a su alrededor está al borde del colapso.

Bajo la bandera de la educación «integral» y la «atención informada sobre traumas», los educadores reciben a todos los niños con el equivalente emocional de una camilla, casi rogándoles que se suban. No esperan a ver quién puede estar herido, puesto que se anima a cada niño a verse sobrecargado y agotado. A pensar constantemente en sí mismo y en sus problemas.

295. «2021 Delaware youth risk behavior survey middle school youth risk behavior survey», cf. «2023 state and local youth risk behavior survey».

296. «Florida middle school youth survey 2021», preguntas 61-64.

297. Lopez, German, op. cit.

El infierno es pensar en uno mismo

La «autoconciencia», o lo que Peterson denomina «autorre-flexión sobre el estado de los sentimientos», y el sufrimiento neurótico son prácticamente indistinguibles, clínica y psicométricamente. «En la medida en que piensas en ti mismo, estás deprimido y ansioso. No hay diferencia entre pensar en uno mismo y estar deprimido y ansioso. *Son la misma cosa*».[298]

Dado que la ansiedad y la depresión son altamente comórbidas (tienden a ir de la mano) y a menudo se tratan con la misma medicación, esto es menos descabellado de lo que podría parecer. La ansiedad y la depresión pueden ser aspectos diferentes del mismo hábito mental: pensar excesivamente en uno mismo. Eso no significa que la ansiedad y la depresión sean culpa tuya ni que todas las personas ansiosas o deprimidas puedan curarse sin más. Pero sí sugiere que, para quienes padecen las versiones más leves, existe la posibilidad de recuperar las riendas del estado de ánimo desviando la atención de uno mismo.

He aquí un truco que Peterson utilizaba a menudo en su práctica clínica. A sus pacientes con ansiedad social les recomendaba lo siguiente: cuando vayas a una fiesta, piensa en tranquilizar a los demás. Concéntrate por completo en cómo se pueden sentir *los demás*. *Haz* algo agradable por ellos. Deja de pensar en ti.[299]

298. «El neuroticismo es un índice de tu sensibilidad de base a las emociones negativas», me recordó Peterson, refiriéndose a uno de los «5 grandes rasgos» que los psicólogos creen que forman una medida estadísticamente válida de la personalidad. ¿Qué palabras y frases indican que alguien tiene un alto grado de neuroticismo?, me pregunta Peterson antes de responder a su propia pregunta: «Cualquier cosa asociada con la aprensión autoconsciente».

299. De hecho, existen pruebas de que la terapia de «activación conductual», una versión de la terapia cognitivo-conductual que trata a los pacientes deprimidos centrándose no en cambiar los pensamientos, sino en cambiar las conductas (haciendo que los pacientes hagan cosas que les gustan —recados, aficiones, cualquier cosa que les dé una sensación de propósito y de realización— puede ayudar a aliviar la depresión. Hellerstein, David J., «Case study: finding his wings. Drugs lifted Frank's depression, but he had to find meaningful activity to relaunch his life», *Scientific American*, 1 de julio de 2016, <https://www.scientificamerican.com/article/case-study-finding-his-wings>.

«Al hacer que nuestros hijos se centren obsesivamente en su yo autónomo, lo único que hacemos es sacarlos de su contexto social, aislarlos y volverlos neuróticos. El médico que diga que no hay relación entre acosar constantemente a la gente con su salud mental y hacerla desgraciada... *no tiene ni idea*. Ni la menor idea de lo que está hablando».

Peterson afirma que lo que nos mantiene cuerdos es nuestro contexto social. Los profesionales de la salud mental por lo general presuponen que la cordura está de algún modo dentro de la cabeza. Pero no es así, al menos no del todo. «La cordura es la armonía que surge como consecuencia de estar inmerso en múltiples instituciones sociales».

Si dejáramos que los niños jugaran solos y existieran, relativamente libres, en sus mundos sociales —sin nuestra vigilancia, consejos e interrupciones—, aprenderían a llevarse bien con los demás y tenderían a sentirse menos abatidos. Es posible que tengamos que afrontar los raros casos de acoso escolar. Pero, por lo demás, formar parte de un equipo de *softball* o de los *scouts*, contar a tu mejor amiga secretos que no compartes con tu madre... estas son el tipo de cosas que ayudan a mantener el equilibrio de los adolescentes y ponen en marcha el libre proceso de descubrimiento y construcción que, en última instancia, produce una identidad estable.

En cambio, las escuelas se interponen regularmente entre padres e hijos y entre los niños y sus compañeros. La escuela empuja a los niños a considerar su existencia y su identidad de forma totalmente aislada. Los anima a reflexionar sobre sus fracasos y decepciones, a sentirse cada vez más desesperadamente solos.

Eso dista mucho de preguntar a un niño el tipo de cosas que los adultos siempre les han preguntado: «¿Qué tal el cole?», «¿Qué te parecen tus profesores?», «¿Qué tal el equipo de béisbol?», «¿Cómo va el curso?», «¿Cómo está tu familia?», «¿Qué estás aprendiendo en la escuela?», «¿Cuál es tu clase favorita?». Grandes preguntas todas que pueden suscitar una reflexión personal sobre la vida del niño. Sin embargo, en todos los casos, la idea es la misma: *formas parte de un tejido social, una sociedad, una comunidad, una familia, un equipo. ¿Qué opinas de nuestro mundo en general?*

En cambio, si preguntamos a un niño «¿Cómo *te* encuentras hoy?», como se hace habitualmente en las escuelas, le arrancamos de ese tejido social. Les pides que se perciban como radicales libres, lanzándose al universo sin anclajes. Este tipo de consideración es intrínsecamente desestabilizadora. Incluso puede que sea indistinguible de la propia infelicidad.

8

Rebosantes de empatía y peores que el mismísimo demonio

A sus 15 años, Chloe[300] tenía un truco para sobrevivir a su kafkiano curso escolar. Todos los días, antes de entrar en el vestíbulo de la escuela Spence, *alma mater* de las hijas de muchos magnates neoyorquinos, Chloe se ponía unos AirPods completamente cargados en los oídos. Le proporcionaban un pequeño consuelo mientras avanzaba sin la compañía de unas amigas por los pasillos y cuando se sentaba a almorzar, cada día, sola.

«Ni una sola persona hablaba con ella», me dijo su madre. Ni siquiera las chicas que conocía desde preescolar. «Iba a comer sola, pasaba sola todos los fines de semana, todas las noches. Daba la impresión de que todo el mundo sabía lo que estaba pasando».

En octubre de 2018, esta estudiante avezada con las matemáticas había cometido el pecado capital de bromear con dos amigas del campamento sobre los peores disfraces posibles para una próxima fiesta de Halloween. ¿De qué no debían disfrazarse *bajo ningún concepto* las tres ese año? «De George Washington, Thomas Jefferson y James Madison». Penoso. Otros disfraces no ap-

---

300. En los expedientes judiciales solo se la identifica como «D. P»., puesto que era menor de edad en el momento del incidente. Por respeto a la familia, he mantenido oculta su identidad.

tos eran «de protón, neutrón y electrón». Demasiado friki. «Isótopo, ion y átomo inestable». Se tronchaban. «De seno, coseno y tangente».

Chloe era lista, y lo sabía. Miembro del equipo de tenis de Spence y estrella académica, ideaba tríos ingeniosos con la misma facilidad con que otros chicos hacen virguerías con sus monopatines. Chloe y las otras dos chicas se turnaban para contribuir a la lista de disfraces hipotéticamente rechazados que a buen seguro estarían entre los peor recibidos de todos los tiempos.

«Ablativo, acusativo, nominativo», dijo Chloe. «Subjuntivo, infinitivo, imperativo»; «Moisés, Jesús, Mahoma»; «esclavos, indígenas, colonos blancos». Era divertido. Un alivio para una chica que pasaba una desmesurada parte de su vida inclinada sobre los libros. Prosiguió: «libre comercio, intervención parcial del gobierno y comunismo»; «Hitler, Mussolini, Stalin»; «racismo, sexismo, antisemitismo».[301]

Llevaban un buen rato dándole vueltas a aquello y el asunto ya no daba para más. Pero ella y sus amigas reían, disfrutando de su propia astucia. Eran jóvenes e inteligentes y, sin chicos a su alrededor, podían dejar ondear sus banderas de empollonas. Chloe subió el ridículo intercambio a su cuenta privada de Instagram. Y, al hacerlo, le dio un vuelco al tablero sobre el que se asentaba su ordenada vida.

Al día siguiente, dos compañeras de clase de Chloe se enfrentaron a ella en el colegio, alegando que se habían sentido ofendidas por su publicación. Chloe se disculpó de inmediato y la retiró. Pero ya era demasiado tarde, el enfrentamiento estaba servido. Las chicas ya habían hecho capturas de pantalla del transgresor post y habían acudido a la dirección. Alegaron que habían sido víctimas del racismo y antisemitismo de la publicación.

Otras compañeras de Spence detectaron el dulce olor de la sangre en las aguas. Corrieron a la dirección para presentar sus propias quejas. Afirmaron falsamente que Chloe había bromeado en internet sobre disfrazarse con sus amigas de «esclavas y

301. *Parker v. Trustees of the Spence School*, Sup. Ct. N. Y., junio de 2019 (demanda).

esclavistas» y «judías y nazis». Chloe las había hecho sentir «asustadas e inseguras».

El responsable de igualdad de trato en Spence y un pequeño grupo de gestores pidieron cuentas a Chloe. Ella rompió a llorar histéricamente, según consta en la denuncia presentada posteriormente por sus padres. La joven nunca se había metido en problemas.

La dirección de Spence convocó dos asambleas con todo el curso —sin la presencia de Chloe— para hablar del «incidente», que ya había empezado a cobrar vida propia. Allí, la dirección la acusó públicamente de haber incurrido en conductas racistas, aunque nunca especificaron en qué consistían.

Varias de las personas que la habían acusado admitieron no haber visto el ofensivo post y, según consta en la denuncia, ningún miembro de la dirección se había molestado en leer su texto. Pero los sentimientos heridos de las acusadoras de Chloe bastaban. Su dolor era prueba fehaciente del daño.

Durante las discusiones sobre el supuesto antisemitismo de Chloe, ningún funcionario escolar había señalado que alguna de las ofendidas fuera judía. Tampoco la dirección de Spence. Chloe, sin embargo, *es* judía. Dos años antes, muchas de quienes la acusaron habían asistido a su bat mitzvá.

Se disculpó varias veces ante las alumnas ofendidas. Un miembro de la dirección le insistió en que presentara una disculpa «racializada» a una de sus acusadoras, lo que significaba que tenía que disculparse «como chica blanca». Y Chloe lo hizo. Pero nunca era suficiente.

Cabría pensar que en Spence, donde las «competencias emocionales y sociales» son prioridades educativas explícitas, llevar a cabo una crueldad así de calculada entre personas sería una rareza.[302] ¿Tener la «empatía» como valor fundamental no debería acaso significar que el centro escolar pueda ver las cosas desde la perspectiva de una adolescente injustamente acusada? ¿Cómo es posible que una escuela que pregona la «empatía» como una de

302. «Diversity and equality», The Spence School, <https://www.spence school.org/about-spence/diversity-and-equity>.

las «principales habilidades del compromiso cívico» haya tenido tan poca con Chloe?[303]

Monstruos frágiles

Cuando hablé con la madre de Chloe, ya sabía que las intervenciones terapéuticas de los centros escolares rara vez producirían niños más sanos y emocionalmente resilientes. Pero sí daba por hecho que este enfoque en la empatía habría fomentado como mínimo un entorno más afectuoso. Enseñar «empatía» ha sido uno de los objetivos declarados del aprendizaje socioemocional desde la creación del programa.[304] CASEL, el abanderado de los planes de estudio de aprendizaje socioemocional, define el aprendizaje social y emocional (SEL, por sus siglas en inglés) como el proceso a través del cual los jóvenes aprenden a «sentir y mostrar empatía por los demás».[305] Enseñar a los niños a empatizar con el otro forma parte de la «conciencia social», una de las «cinco competencias básicas» que SEL promete inculcar.[306] Entonces, ¿por qué coincidiría el aprendizaje socioemocional con la sorprendente erupción de la crueldad interpersonal?

«Crea tremendos narcisistas», me dice Parisa, una madre de origen iraní que envía a su hijo a uno de los centros privados de secundaria más prestigiosos de Nueva York. Me cuenta que todo ese egocentrismo hace que los chicos adviertan que alguien en clase los está haciendo infelices. «Y eso los obliga a vigilar la cla-

---

303. *Ibidem.*

304. CASEL, la principal organización de aprendizaje socioemocional del país, define el aprendizaje social y emocional como el «proceso a través del cual todos los jóvenes y adultos adquieren y aplican los conocimientos, habilidades y actitudes para desarrollar identidades sanas, gestionar las emociones... [y] sentir y mostrar empatía por los demás». «What is the CASEL framework?», CASEL, <https://casel.org/fundamentals-of-sel/what-is-the-casel-framework>.

305. Woolf, Nick, «CASEL releases new definition of SEL: what you need to know», Panorama Education, <http://www.panoramaed.com/blog/casel-new-definition-of-sel-what-you-need-to-know>.

306. «¿What is the CASEL framework?».

se, de modo que todo el que tenga una opinión "equivocada" o no hable o diga algo incorrecto se atenga a las consecuencias».

Caitlin es una coreana-estadounidense que lleva a sus hijos a un colegio pijo de California. Me dijo que en los colegios de postín de ahora, donde tanto hincapié se hace en las habilidades socioemocionales, «solo importa lo que crees y lo que sientes. No tienes que tratar a los adultos con confianza o con respeto —me aclaró—. No saben más que tú. Lo único que cuenta es lo que sientes. Y así acabas dando rienda suelta a un montón de pequeños narcisistas, proporcionándoles razones para atacarse unos a otros».

En el entorno escolar terapéutico contemporáneo, los alumnos no solo están tiranizados por sus propios sentimientos. Viven bajo la tiranía de los otros. A diferencia de las estrictas escuelas de épocas pasadas, la actual dictadura de los sentimientos es además infinitamente caprichosa, vaga en sus dictados e indiferente respecto a los hechos o a las pruebas. Los castigos se incrementan hasta que los agraviados se dan por satisfechos, aburridos finalmente del alboroto que han causado. No saber quién será el próximo en acusarte es un poco como meter la mano en un triturador de basura para recuperar el tapón de una botella. La preocupación de que alguien pueda accionar el interruptor persiste mucho después de haber retirado los dedos de las cuchillas.

El problema de la empatía

Uno podría suponer erróneamente que existe una suerte de paradoja de la empatía. ¿Es posible que las escuelas estén enseñando mal la «empatía» y que, de corregir sus métodos, lograran una gran armonía social? Rotundamente no. Como bien saben los psicólogos educativos que la estudian, la injusticia y la crueldad pueden incluso llegar a ser el resultado *previsible* de darle prioridad a la empatía.

«La empatía es el reflector que pone el foco en ciertas personas del aquí y ahora», escribe Paul Bloom, profesor de Psicología de Yale, en su destacado libro *Contra la empatía*. «Esto hace que nos preocupemos más por ellas, pero nos vuelve insensibles respecto a las consecuencias de nuestros actos a largo plazo y ciegos respecto al sufrimiento de aquellos por los que no la sentimos o no podemos sentirla. La empatía está sesgada y nos empuja hacia una mentalidad provinciana y el racismo».

Intelectualmente, podemos valorar la vida de miles de millones de personas en todo el planeta. «Pero lo que no podemos hacer es empatizar con todos ellos —escribe—. De hecho, no se puede empatizar con más de una o dos personas a la vez. Haz la prueba».[307]

La incapacidad de empatizar con más de dos personas a la vez no es culpa de nadie. Es simplemente una característica de las limitaciones naturales de la empatía. «Es un foco que tiene un ángulo estrecho, que brilla con más intensidad en aquellos a los que queremos y se atenúa en los que nos resultan extraños, diferentes o aterradores», escribe Bloom. Tengo la impresión de que más bien lo sabemos por instinto: las prohibiciones que plantea el nepotismo se basan en el reconocimiento de que nuestra empatía natural por nuestros allegados sacrifica la equidad y, en última instancia, el bienestar del grupo.

Si nos guiamos por la equidad, sentamos las bases para tratar a todos por igual. Pero pon la empatía al mando —siente el dolor de las «víctimas» que tienes delante— y no solo es probable que trates mucho peor al «grupo excluido»,[308] sino que trates incluso peor *a todo el mundo*. Un comisario de policía que empatiza con un agente incompetente resta seguridad a los ciudadanos (y al agente también).

307. Bloom, Paul, *Contra la empatía: argumentos para una compasión racional*, Taurus, Madrid, 2018.

308. Conviene recordar que los nazis profesaban una intensa simpatía hacia los alemanes que habían sufrido perjuicios económicos a resultas del Tratado de Versalles. Bloom señala que el líder nazi y jefe de la Luftwaffe, Hermann Göring, estaba tan preocupado por la crueldad hacia los animales que impuso normas que restringían la caza y prohibían que se hirvieran langostas y cangrejos, enviando a todo el que las violaba a campos de concentración. Tamaña empatía hacia los animales coexistió con la monstruosa crueldad hacia los judíos. Bloom, *op. cit.*, p. 196.

Los actos más desinteresados de los mamíferos son siempre en favor de sus crías. Los más violentos, en defensa de ellas. Cuando la empatía gobierna las interacciones humanas, observamos un cuidado notable de los de dentro, a la par que crueldad e indiferencia hacia los intrusos.

Tal vez esto explique por qué los terapeutas a veces animan inadvertidamente a un paciente a divorciarse, haciendo declaraciones que socavan la relación y describiendo al cónyuge ausente de forma desfavorable.[309] No es que sean necesariamente insensibles: puede que simplemente sean *empáticos.*

Los terapeutas empatizan fácilmente con los pacientes de pago que tienen delante, en detrimento de los que no tienen oportunidad de testificar en su propia defensa. Qué natural es sugerir enfriar la relación con mamá, despachar un texto para «romper una amistad» o urdir un «divorcio amistoso». Resulta terriblemente difícil pensar en un niño al que nunca has conocido —la hija cuya vida está a punto de partirse en dos, por ejemplo— cuando tienes a su llorosa madre sentada en tu diván.

La empatía implica invariablemente elegir entre quién va a ver sus *sentimientos coronados* y *los de quién se van a ignorar.* Confiar demasiado en la empatía como guía para mediar en los asuntos humanos conduce precisamente a las injusticias que hoy vemos en las escuelas: falsos juicios-espectáculo presuntamente en defensa de alumnos marginados, y una crueldad pasmosa con los indeseables. La empatía proporciona una estrecha ranura de afecto intenso. Los que quedan fuera de ella desaparecen en la nada.

Los centros escolares suelen predicar la empatía bajo la premisa de que quienes sienten el dolor de sus compañeros serán más propensos a tratarlos mejor, pero sencillamente no hay pruebas de ello. «No es cierto que los que hacen el mal tengan

---

309. Doherty, William J.; y Steven M. Harris, «Relationship-undermining statements by psychotherapists with clients who present with marriage or couple problems», *Family Process*, 61, 3 (2022), pp. 1195-1207. («Es decir, muchos terapeutas individuales, cuando se les presenta el problema matrimonial o de pareja de un paciente, tienden a retratar al cónyuge ausente de maneras altamente desfavorables»).

246 · Mala terapia

necesariamente poca empatía, ni que los que se abstienen de hacerlo tengan mucha», escribe Bloom.[310]

Aquellos motivados por la justicia o por un agudo sentido del bien y del mal suelen tratar a las personas con humanidad, aun cuando no sientan especial empatía por ellas. Quien devuelve una cartera perdida probablemente no lo haga impulsado por la empatía; por lo general no conoce al propietario. Lo hace porque cree que es lo correcto.

Los psicópatas, por el contrario, utilizan la empatía para aprovecharse de sus víctimas.[311] Los estafadores, los seductores de ancianas viudas y las chicas malas de la peor calaña han perfeccionado esta «empatía oscura».

En un sistema terapéutico basado en la empatía, el primero y más ruidoso en denunciar puede conseguir todo el apoyo de la dirección escolar y hacerse con su arsenal punitivo. En este sentido, no es de extrañar que las escuelas más comprometidas con lo emocional sean escenarios de confusión ética.

La generación chivata

Pensemos en los mensajes que la educación terapéutica transmite a los alumnos: «No puedes gestionar tus propios conflictos. Estás lleno de traumas y necesitas nuestra "atención informada sobre traumas". Contemplas constantemente el suicidio o te autolesionas. Estás herido o roto. No puedes lidiar con una mala nota o un plazo de entrega riguroso —retos todos a los que los niños se han venido enfrentando desde que se inventó la escuela.

Como la masa impotente de un régimen totalitario, los niños echan mano de la herramienta que les queda en una caja de herramientas vacía: el chivatazo. Prácticamente todos los padres con los que hablé mencionaron alarmados la profusión de acusa-

310. Paul Bloom, *op. cit.*, pp. 200-201.
311. Heym, Nadja, «The dark empathy: characterizing dark traits in the presence of empathy», *Personality and Individual Differences*, 169 (2021), p. 9.

ciones en las escuelas de sus hijos, incluso en la enseñanza secundaria.

Una madre, Ellen, que asesora a padres de colegios privados, me informó de una tendencia extraña y escalofriante entre la nueva generación. Muchos adolescentes guardan un alijo de capturas de pantalla para incriminar a sus amigos en caso de que necesiten tomar represalias contra un acusador.

Una parte importante del negocio de consultoría de Ellen consiste en asesorar a familias cuyos hijos han sido acusados por otro estudiante. Me cuenta además que en el mismo momento en que un progenitor se pone en contacto con ella para pedirle ayuda en una crisis de este tipo, suele enviarle también un caché incriminatorio del estudiante acusador. Al principio, Ellen se quedó atónita. «¿Cómo has encontrado esas viejas fotos?», preguntaba. La respuesta era siempre la misma: «Ah, mi hija guardó en su día estas capturas de pantalla de sus amigos diciendo algo racista o haciendo alguna estupidez, por si acaso».

Llámalo cubrirse las espaldas. Llámalo chantaje. Llámalo como lo que es: una auténtica locura.

«La razón por la que tenemos leyes para los jóvenes, que permiten ocultar los antecedentes antes de los 18 años, se debe a que la sociedad reconoce lo importante que es que quienes han cometido errores empiecen de nuevo con un expediente limpio», dice Ellen. Sin embargo, el racismo o las interminables acusaciones de fobia formuladas por estos rara vez requieren fundamentación para infligir un daño real. Tampoco se producen nunca ante un tribunal, donde quedarían registrados. Están en los teléfonos de los chavales. Y, en el peor de los casos, amenazan con perseguir al afectado durante décadas, puede que incluso durante el resto de su vida.

Mientras escuchaba a Ellen, me pregunté si se trataría de un fenómeno local. Pero en julio de 2020, *The New York Times* informó sobre docenas de casos en los que las universidades habían rescindido la admisión de estudiantes tras recibir capturas de pantalla de mensajes racistas o inapropiados en Snapchat, publicaciones en Instagram o mensajes de texto; todo ello había sido enviado a las facultades de turno por otros estudiantes.[312] Algunos de los vídeos y capturas de pantalla eran de incidentes acaecidos hacía mucho tiempo, lo que significa que los estudiantes habían estado manteniendo los archivos durante años, tal y como Ellen me había dicho.

Esta es una de las consecuencias de la vida que hemos construido para la nueva generación. Vigilados como bebés en la cuna, tratados como pacientes de psiquiátrico, no creen poder confiar los unos en los otros ni gestionar los conflictos por sí mismos. Adoptan los hábitos de los «chivatos resentidos», ciudadanos lamentables de la Rusia de Stalin, la China de Mao y los institutos actuales. Da la impresión de que resolver conflictos mundanos con sus semejantes está por encima de sus posibilidades: es mejor informar a sus superiores. No se comportan como compañeros de equipo en comunidad, sino como supervivientes de la sociedad, una vez que todo orden se ha venido abajo.

Piensa en la perversión que lleva a una estudiante a almacenar capturas de pantalla para utilizarlas luego contra sus compañeros y amigos: el coqueteo sostenido con el mal. La nueva generación se queja de sus profesores por no incorporar la última actualización a la siempre creciente lista de frases problemáticas. Se quejan de sus jefes a Recursos Humanos con la elocuencia de un fiscal con deseos de venganza. Y lo hacen sin vergüenza ni reflexión.

La siguiente pregunta es obvia: ¿quién ha criado a estos jóvenes?

312. Levin, Dan, «Colleges rescinding admissions offers as racist social media posts emerge», *The New York Times*, 2 de julio de 2020, <https://www.nytimes.com/2020/07/02/us/racism-social-media-college-admissions.html>. Véase también Levin, Dan, «A racial slur, a viral video, and a reckoning», *The New York Times*, 26 de diciembre de 2020, <https://www.nytimes.com/2020/12/26/us/mimi-groves-jimmy-galligan-racial-slurs.html>; Brooks, David, «Harvard's false path to wisdom», *The New York Times*, 17 de junio de 2019, <https://www.nytimes.com/2019/06/17/opinion/harvard-admission-kyle-kashuv.html>.

9

El camino allanado
por padres amables

Mi hermano pequeño y yo éramos lo que se conoce como «niños llavero». El autobús escolar nos dejaba a diario a las 15:45 a una manzana de donde vivíamos, en un suburbio de Maryland; entrábamos en una casa vacía, silenciosa y oscura al atardecer, y encendíamos la tele para sentirnos acompañados. A las cuatro, llegaba *Batman* y después *Salvados por la campana*. Si teníamos hambre, metíamos una bandeja de comida congelada pero saludable en el microondas o nos calentábamos unos raviolis de lata. De vez en cuando, empezábamos los deberes. La mayoría de las veces no los hacíamos. (Nadie se enteraba nunca).

Ninguno de nuestros vecinos o amigos nos consideraba abandonados o desvalidos. Nuestros padres eran abogados. Mamá se quedaba en el trabajo como mínimo hasta las 17:00, y a veces hasta mucho más tarde. Teníamos un teléfono al que llamar en caso de emergencia. La soledad y el aburrimiento nos atormentaban, y la mayoría de los chicos del barrio estaban en la misma situación. Algunos se metían en líos: experimentaban sexualmente, fumaban cigarrillos, agujereaban las paredes de una casa que estaban construyendo... (Vale, yo también hice esto último).

La generación de mis padres se divorció más de lo que Estados Unidos había visto nunca.[313] Los adultos actuaban a menudo como si eso fuera lo mejor para todos. Decían que a los niños les encantaba ver a sus padres satisfechos con sus nuevas relaciones. Pero los que acudían a clase de Matemáticas sin libro de texto porque se lo habían dejado en casa de su padre y no volverían a verlo hasta el sábado no parecían más felices porque su padre empezara una nueva y mejor vida. Solo eran niños sin el libro de turno.

Para muchos miembros de mi generación, la adolescencia fue una prueba. Llegamos a la edad adulta y millones de nosotros entramos en terapia.[314] Tuvimos hijos, compramos montones de libros sobre paternidad, la mayoría escritos por psiquiatras, y empezamos a reconsiderar nuestra infancia.

¿No debían crecer las flores entre algodones?

A todos nos habían dado azotes de pequeños, pero de repente eso nos avergonzaba, nos parecía una especie de abuso. A todos nos habían gritado y castigado cuando contestábamos o nos portábamos mal, pero eso ahora nos parecía algo prohibido con los nuestros. La mayoría de nosotros volvíamos a casas vacías después de clase; sin embargo, en retrospectiva, ese nivel de abandono parecía justificar a todas luces una visita de los servicios sociales. Nuestros padres asistían a pocos de nuestros partidos de fútbol; pero si nosotros nos saltábamos incluso un simple entrenamien-

---

313. La tasa de divorcios en Estados Unidos alcanzó su cota más alta en 1979 y en 1981. Véase «Highlights of a new report from the National Center for Health Statistics (NCHS): advance report of final divorce statistics, 1989 and 1900», Centros para el Control y la Prevención de Enfermedades, 18 de abril de 1995, <https://www.cdc.gov/nchs/pressroom/95facts/fs_439s.htm>.

314. Según la Asociación Americana de Psicología, el 26 por ciento de la generación X recibió terapia u otros tratamientos de salud mental solo en 2018. «Stress in America™: generation Z», American Psychological Association, octubre de 2018, <https://www.apa.org/news/press/releases/stress/2018/stress-gen-z.pdf>.

to de nuestros hijos, nos sentíamos como si los hubiéramos abandonado en una estación de autobús.

El hecho de que la gran mayoría de nosotros acabáramos saliendo bastante bien parados —que nos casáramos, hiciéramos y mantuviéramos a nuestras amistades, conserváramos trabajos y construyéramos vidas que requerían que otros dependieran de nosotros porque podían hacerlo— tenía un tufillo a potra tremenda. Dimos por hecho que, *a pesar de* la forma tan poco «guay» que nuestros padres habían tenido de criarnos, habíamos salido dignamente adelante. Habríamos estado mucho mejor, concluimos, de haber tenido unos padres más amables e implicados.

Con nuestros hijos, hablábamos con suavidad, los mirábamos a los ojos y les preguntábamos constantemente cómo se sentían. Parecía obvio: ¿cómo se consigue tener hijos amables y tranquilos? Con una crianza amable y tranquila. Invitábamos constantemente a nuestros hijos a opinar sobre cada decisión que tomábamos respecto a ellos. Les pedíamos opinión sobre el trabajo que *nosotros* estábamos haciendo.

La inseguridad febril de la paternidad contemporánea me fue anunciada por primera vez cuando apunté a mis gemelos de 4 años a clases de piano. Una vez a la semana, una emigrante judía soviética que desprendía estoicismo ruso y un agradable aroma a perfume caro entraba en nuestra casa del oeste de Los Ángeles. En una sola sesión de media hora, enseñó a mis hijos a sentarse erguidos y a encontrar el do en el teclado.

Aprendieron a tocar «Every good boy does fine» y «All cows eat grass» mientras sus dedos trazaban las líneas y los espacios de una versión ampliada del pentagrama. Poco a poco, aprendieron a tocar sencillas y agradables melodías. Ella estaba encantada. Yo, hecha un lío.

«¿Ha sido decisión *tuya* que los niños empezaran a tocar el piano o de *ellos*?», querían saber otras madres.

«De los tres», mentí.

La pregunta no me amilanó, pero me inquietaba. Empecé a preguntar a mis hijos por las clases para cerciorarme de que «seguían disfrutando con el piano». Luego le aseguré a la profesora rusa que sí, que a los niños les gustaban sus clases.

Finalmente, se puso firme conmigo. «Debe dejar de hacer eso. A veces les gusta el piano, a veces no. Es normal. Deje de preguntar».

¿De dónde había sacado la idea de que, en cada momento de sus vidas, mis hijos debían estar alegremente comprometidos? ¿Por qué me sentía tan insegura? De niña había soportado todo tipo de clases y equipos deportivos; seguí con algunos, pero abandoné la mayoría. Ni mi padre ni mi madre perdían el sueño preocupándose por la edad óptima para iniciarme en el claqué. Nadie vigilaba mis ansias de convertirme en la próxima Ginger Rogers.

Pero mi generación decidió que el progenitor ideal no era nunca severo ni displicente, ni siquiera especialmente natural. El padre ideal surgía a través del entrenamiento y la práctica constante. Todos los padres se convirtieron en loqueros aficionados, y todos los psicoterapeutas —incluso los que no tenían hijos— eran expertos en crianza. Los padres empezaron a parecer menos padres —en el sentido tradicional estadounidense— y más terapeutas. «Sammy, veo que te sientes frustrada. ¿Hay algún modo de expresar tu frustración *sin* que muerdas a tu hermana?».

Nunca se nos ocurrió que puede que la «consideración positiva incondicional» y la escucha profunda fueran de utilidad para un terapeuta durante una sesión de cincuenta minutos a la semana, pero bastante menos para los padres que interactúan con sus hijos durante decenas de miles de horas, en circunstancias infinitamente variadas, a lo largo de años.

Por Dios santo, estábamos cansados. Así es como sabíamos que éramos grandes padres: habíamos alcanzado un alto nivel de agotamiento. Las madres pasaban un 50 por ciento más de tiempo con sus hijos que en la década de 1960; los padres, el doble.[315]

Y, sin embargo, en términos objetivos, no lo estábamos haciendo del todo bien. Habíamos sustituido una serie de problemas

315. «Parenting in America», Pew Research Center, 17 de diciembre de 2015, <https://www.pewre search.org/social-trends/2015/12/17/parenting-in-america>.

por otros. Todo lo que estábamos haciendo parecía de lo más loable; lo que estábamos creando, de lo más roto.

Cuando se les preguntó, nuestros hijos declararon sentirse infelices. No querían salir de su cuarto. No quedaban con nadie. Se volvieron a mudar a casa y se quedaron. No querían casarse ni tener hijos.[316] Tomaban cuatro o seis psicofármacos diferentes. Ninguno parecía hacerlos sentir mejor. Ninguno parecía hacerlos sentir nada en absoluto.

Asumimos con plena fe (y sin la más mínima prueba) que una crianza más amable solo podía producir niños mejores. ¿Acaso no debían crecer las flores entre algodones? Pero resulta que crecen mejor en la tierra.

«Basta, olvídalo»

En el pasado, Estados Unidos tenía un estilo de paternidad más masculino, tradicionalmente ocupado por el padre (aunque, en realidad, he visto a mujeres emplearlo con grandes resultados). Un estilo al que yo he llamado paternidad «basta, olvídalo».[317] El tipo de paternidad que se enfrentaba a los conflictos entre los niños con un «resolvedlo vosotros» y que respondía a sus contratiempos con un «lo superaréis». Un empeño cariñoso pero firme en que los niños pequeños vuelvan a subirse al caballo y sigan adelante.

Sin embargo, el «basta» no bastaba frente a todos los malos comportamientos. Pero, en general, hacía recaer en los niños la responsabilidad de averiguar qué estaba mal en su conducta y desistir. El «basta» no daba demasiadas explicaciones: atribuía a

316. «Solo el 55 por ciento de la generación Z y los *millennials* planean tener hijos. Uno de cada cuatro encuestados de entre 18 y 34 años ha descartado por completo la paternidad, y la razón más comúnmente citada es "querer tiempo para sí mismos"». Véase Freya India, *op. cit.*

317. Shrier, Abigail, «"Knock it off" and "Shake it off": the case for dad-style parenting», *The Wall Street Journal*, 13 de marzo de 2018, <https://www.wsj.com/articles/knock-it-off-and-shake-it-off-the-case-for-dad-style-parenting-1520897659>.

los niños sentido común o los animaba a desarrollarlo. Las normas tienen excepciones y soluciones, pero esta exhortación indicaba que los padres no querían enredarse en ellas. Todo niño que aspirara a mantener un empleo en el futuro sin convertirse en una carga terrible (y desechable) para su empleador necesitaba dominar este arte de seguir instrucciones sencillas, sin setecientas preguntas durante el proceso que consumían demasiado tiempo. «Basta» significaba: *eres un chico listo, arréglatelas.* Pero también: *tú puedes.*

«Olvídalo» no resolvía los daños más graves, por supuesto, pero ese nunca fue su propósito. (Nadie salvo un sádico pensaría que un niño puede correr con una pierna rota). Además, rara vez funcionaba aisladamente: el otro progenitor, el más tierno, a menudo amortiguaba su impacto. Sin embargo, el «olvídalo» hacía un estupendo trabajo de triaje con los pequeños dolores y lesiones de los niños, demostrándoles que el daño, el miedo o la posibilidad de fracasar no tenían por qué abrumarlos. «Olvídalo» les proporcionaba su forma particular de amor firme y sustento emocional. Enseñaba a los niños a lanzarse al mundo con la esperanza y la indiferencia ante el peligro que un cínico podría calificar de ingenuidad. Otros lo llaman coraje.[318]

En la última generación, todo rastro de amor firme y paternidad regida por normas ha sido suplantado por un estilo más empático, el que antes se asociaba a las madres. A la mayoría de los padres se les ha dicho explícitamente —o se les ha hecho sentir— que el enfoque que los suyos adoptaron con ellos era erróneo y que su instinto natural no servía.

Hoy, sin embargo, ni siquiera manda mamá, desde luego no de manera efectiva. Prueba de ello es la cantidad de libros que debe leer para acreditar su competencia como madre. Tal vez no confíe en los instintos de su marido, pero lo cierto es que considera los suyos solo ligeramente mejores. ¿Y qué hay de los métodos de sus padres? Están obsoletos, como las Páginas Amarillas. A diferencia de la mayoría de los expertos, sus padres criaron a

---

318. Una versión anterior de esta observación apareció en el artículo citado en la nota anterior.

unos cuantos niños que consiguieron convertirse en ciudadanos autosuficientes, capaces y fiables. Pero ellos corregían y castigaban a sus hijos, así que mamá descarta de entrada la mayor parte de su ejemplo. Utiliza en su lugar frases tomadas de su psiquiatra. («¿Por qué no intentamos hay una respiración conjunta, Harper?»).

Puede que la terapeuta de mamá no haya tenido relaciones estables dignas de mención y no haya criado a más de un hijo. (Nadie sabe cuál ha sido el resultado de ese esfuerzo). Sin embargo, lo sabe todo sobre salud mental; así que tiene que saber más sobre la crianza de los hijos que quienes realmente se han enfrentado a ella. Es algo así como pedir consejo a un biólogo sobre cómo hacer el amor.

Durante al menos una generación, mamá no ha permitido a sus hijos escapar de la charlatanería de la cultura del bienestar, y desde luego no está en contra de ella. Es una falsa terapeuta que practica una mala terapia con niños cuyas emociones se vuelven cada vez más rebeldes, cuyo comportamiento elude las trampas tendidas por su afectado cuestionamiento. Cuando ya no le queda un gramo de paciencia, vuelve la mirada a sus hijos y rebaja su evaluación: «Maddie tiene problemas serios y necesita mucho apoyo adicional».

El síndrome de la mamá maltratada

En septiembre de 2021, asistí a una cena con cinco parejas, todas jóvenes y de clase media-alta, residentes en un acomodado barrio de Los Ángeles. Un padre, al que llamaré Alan, relató entusiasmado un fallo de crianza que su esposa había presenciado en el patio del recreo. Una madre joven y acaudalada bregaba con su contumaz hijo de 6 años. «Por favor, sé bueno», le había dicho la mujer. «Si te portas bien solo cinco minutos, te dejo hacer lo que quieras cuando lleguemos a casa. ¿Qué quieres?».

El niño miró a su madre directamente a los ojos y le dijo: «Quiero darte un puñetazo en la cara».

El resto de los comensales empezamos a reír, preocupados por la posibilidad de que nosotros también estuviéramos criando pequeños Pol Pots.

Pero entonces Alan dijo: «No me importa a cuántos expertos tengamos que consultar o cuánto dinero tengamos que pagar, pero no quiero acabar *así*».

Aquí, meridiana por fin, estaba la ruin trampa de la paternidad moderna: la mujer del parque, esforzándose por ser más amable de lo que sus padres probablemente habían sido nunca con ella, se encontró con el desprecio de su hijo; y Alan acabó convencido de que debía haber algún experto que pudiera hacer valer la autoridad necesaria para controlar a su propio hijo.

Madres como la del parque las hay por doquier, que ponen en práctica técnicas especializadas de incentivos positivos, piensan en las consecuencias oportunas, suplican a los niños que se porten bien y temen a los hijos que están criando.

Trucos útiles para padres maltratados

La mujer de un amigo se hizo de pronto *coach* parental, y uno de los vídeos más populares que publicó empieza así: «¿Te has quedado alguna vez sin saber qué hacer cuando tu hijo te pega, te da patadas, te muerde o te araña? Si es así, ¡tengo una herramienta para ti!».

¿Te imaginas a tus padres haciéndote esa pregunta? ¿Te imaginas pensar, cuando tenías 4 o 5 años, que darías patadas, pegarías o morderías a tus padres *más de una vez*?

Tal vez estés pensando: «Bueno, mis padres me pegaban». O, «pero yo les tenía miedo. No quiero que mis hijos me tengan miedo». No tienes de qué preocuparte. Esta generación de niños *no* teme en absoluto a sus padres. Creen que son buena gente. Y a menudo los desprecian.

La madre *coach* sugirió el siguiente guion: «Cariño, sé que estás muy enfadado porque te he dado el vaso azul en vez del verde, o porque te he dicho que ya era hora de desmontar el fuerte. Pero la próxima vez que estés enfadado, podemos apretar los puños o pisotear juntos el suelo, o le cuentas a mamá lo que te pasa y quizá pueda ayudarte».

Este es precisamente el manual que proponen una serie de libros de crianza terapéutica, desde el emblemático *Cómo hablar para que los niños escuchen y cómo escuchar para que los niños hablen* hasta *El niño tozudo*. El enfoque del mal comportamiento es siempre *terapéutico*, léase, sin prejuicios. El trabajo de los padres consiste en comprender la frustración del niño, nunca que aprenda a controlar sus impulsos.

Estos padres suelen evitar el castigo. A lo sumo, permiten que el niño conviva con el resultado de lo que ha hecho. Si un niño tira un juguete contra la pared y lo rompe, el progenitor señala que ahora el juguete está roto y que qué pena. Si una niña escribe en la pared, tú le dices que te disgusta que lo haga y le pides que te ayude a limpiarla. Estas son las *consecuencias*.

Las cosas se complican un poco cuando las «consecuencias» no son realmente consecuencias. Son castigos disfrazados. «Como has tirado la comida al suelo, no puedo llevarte al parque. No puedo llevar al parque a nadie que tire la comida al suelo, porque ahora tengo que dedicar el tiempo que habría pasado en el parque limpiando esto. ¿Quieres ayudarme a limpiarlo?». Se supone que esto impresiona al niño porque, al fin y al cabo, el progenitor ha evitado apelar a su propia autoridad. Se limita a ofrecer una descripción de lo sucedido, una invitación no jerárquica a «conectar» en torno a la nueva tarea, y a *encogerse de hombros*: «¡No soy yo quien pone las reglas! Yo solo me limito a seguirlas».

Pero, por supuesto, es también una soberana estupidez. Una madre *puede* llevar al parque a un niño que ha tirado la comida al suelo. Simplemente, no quiere. Y es ella la que *pone* las reglas, o al menos la que ha decidido adoptar las reglas de los expertos en crianza. Pero ahí está la madre, esforzándose por actuar como una terapeuta, despojándose de todo juicio moral, negándose a reprender el mal comportamiento, fingiendo que tiene las manos atadas.

«¿Alguien tiene algún consejo para conseguir que un niño de 3 años acepte las consecuencias?»

Si alguien quisiera acabar con todo deseo humano de reproducirse —para lograr, por fin, eso que los ecologistas llaman el «control de la población»—, dirigir a los lectores al grupo de Facebook Slate Parenting bien podría ser una forma prometedora de empezar.

Este grupo, con dieciocho mil lectores regulares, formados, concienzudos y de tendencia izquierdista, ofrece un digno escenario en el que observar a padres progresistas con un alto nivel de educación que, dirigidos por terapeutas, airean dilemas y buscan consejo de sus homólogos igualmente desconcertados. Estos padres pijos han leído montones de libros y escuchado miles de horas de pódcast sobre la crianza. Muchos se adhieren a la «paternidad amable», un modelo basado en la terapia que requiere que los padres den opciones en lugar de órdenes.[319] (Los padres reciben muchas órdenes, los niños ninguna).

Estos padres son «intencionales» en todo. Incluso antes de tener hijos, adoptaron una filosofía de crianza. ¿Funciona?

La respuesta corta es que no. La larga es noooooooooo.

Convencidos de que sus hijos pueden tener problemas «sensoriales», echan mano de tejidos suaves y recortan las etiquetas de todas las camisetas que les ponen. Cuando sus hijos manifiestan molestias auditivas por el estruendo del váter, los padres buscan un colegio con una cisterna más silenciosa. Evitan enjabonar el pelo de niños a los que no les gusta que les echen agua por la cabeza, mientras sus hijos se muestran *cada vez más* reacios a lavarse.

---

319. Como explicaba recientemente un artículo de *The New Yorker*: «el niño criado con suavidad, según la teoría, aprende a reconocer y controlar sus emociones porque un cuidador afirma constantemente que esas emociones son reales e importantes». Winter, Jessica, «The harsh realm of "gentle parenting"», *The New Yorker*, 23 de marzo de 2022, <https://www.newyorker.com/books/under-review/the-harsh-realm-of-gentle-parenting>.

«¿Alguien tiene algún consejo para conseguir que un niño de 3 años acepte las consecuencias? —escribe Airin, una madre frustrada—. Cuando pega, patalea o grita (sin que medie provocación alguna), ¿cómo consigo que se calme? He probado a hablarle de sus sentimientos y mandarle al rincón de pensar. Pero cada vez que lo hago, se vuelve muy destructivo y violento (tirándolo todo) o me ataca si estoy allí».

Otro padre se ofrece voluntario: «Nosotros tenemos un "rincón de la calma" con almohadas, pósteres sobre los sentimientos y tarjetas en el dormitorio de nuestra hija y en el salón». Otro recomienda: «Nosotros usamos tareas de disculpa», para que el niño violento nunca tenga que enfrentarse al dolor de estar «aislado u obligado a estarse quieto».

Un padre llamado «Rico» ofrece: «Con nuestro hijo, usamos el enfoque de "no me gusta cuando me pegas, así que voy a levantarme y a dejar de jugar contigo un rato"».

Estos padres declaran con orgullo que evitan decir «no» a sus hijos. Consideran que los tiempos de aislamiento son crueles y que actúan como «desencadenante». ¿Y qué hay de aislar a un niño en su habitación? Eso resulta emocionalmente hiriente y está fuera de lugar.

Incluso en respuesta a la violencia, no ofrecen casi ninguna acción correctiva ni juzgan en absoluto. En lugar de eso, anuncian sus preferencias: «No me gusta que me pegues, así que me voy a levantar». *De gustibus non est disputandum.* Yo prefiero que no me peguen; otros pueden discrepar.

Pero ¿acaso este tipo de anuncio pone fin a la perturbación? «A menudo se tira al suelo y rompe a llorar, pero eso forma parte del proceso de aprendizaje», escribe Rico.

Nunca he entrevistado al hombre que se compró un tigre de bengala siberiano e intentó criarlo en un apartamento de Harlem.[320] Pero los padres de Slate a menudo suenan como me imagino que él debió de sentirse al bajar pollos crudos con un palo

320. Kilgannon, Corey, «¿A 425-pound tiger living in a Harlem apartment? Yes, it happened», *The New York Times*, 18 de abril de 2020, <https://www.nytimes.com/2020/04/18/nyregion/ming-tiger-harlem-nyc.html>.

por una ventana, para así no disgustar a la criatura salvaje a la que hacía tiempo que había perdido la capacidad de controlar.

«¿Has probado con algún objeto sensorial que le ayude a regularse, como un peluche o una mantita? —pregunta otro padre—. Yo lo metía con delicadeza en su habitación y me quedaba con él, arropándolo, hasta que empezaba a recuperarse de la rabieta». Es muy fácil. Basta con abordarlo y mantenerle quieto durante unos veinte minutos. (¡Más vale que no tengas nada cocinándose en el horno, ni otros niños dando guerra cerca!)

Los padres de Slate van sobrados de niños que arremeten como Sonny Corleone cuando un compañero de preescolar elige un juguete que ellos querían... o no hace nada en absoluto. «¿Qué hacer con un niño de tres años y medio al que no parecen importarle las consecuencias? Es muy inteligente y tiene algunos problemas sensoriales leves. Siempre he intentado ser una madre amable (no utilizo el menor castigo físico), aunque sé que grito demasiado», escribe un poco frustrada Hollie. «Es muy fuerte. He probado con el rincón de pensar, pero al final tengo que sujetarle todo el rato y la mayoría de las veces acabo recibiendo un puñetazo en la cara (casi siempre sin querer)», aclara, ajena a su propio síndrome de madre maltratada.

«Le quito cosas como el tiempo que puede pasar usando pantallas. A él no parece importarle. Salta como loco en el sofá, es muy inseguro. También se enfada y le tira cosas a su hermana, sus cochecitos de metal. ¿Estoy criando un sociópata? ¡Ayuda!».

Lo dice como de broma. Esperemos que al próximo niño golpeado por los cochecitos de su hijo le parezca divertido. Como armas cuerpo a cuerpo funcionan bien. Como proyectiles, mejor aún. Pero ni se te ocurra pensar que mamá le quita el coche o manda a Júnior a su habitación (como mucho, le quita la carísima videoconsola que ella le proporciona).

Fíjate también en que el único motivo que la madre cree tener para oponerse al mal comportamiento de su hijo es que es «inseguro» para el propio monstruo. No puede decirle: «No saltes sobre nuestros muebles, los vas a romper». Ni siquiera: «No saltes sobre cosas que no te pertenecen».

Que este niño rompa un día el sofá de otra persona sin ningún tipo de remordimiento —al no haberle dicho nunca que está mal, que puede y debe reprimir el impulso de destruir— parece el siguiente acto inevitable del psicodrama.

¿Podría la madre beneficiarse de la orientación de un experto? Por supuesto que no. Ya tiene uno. «Por favor, ten en cuenta que he trabajado estas cosas con un terapeuta ocupacional. Mi hijo duerme con una manta de compresión y hacemos muchas actividades para sus problemas sensoriales. La cuarentena ha cambiado radicalmente su horario, pero esto ya pasaba antes. Agradecería cualquier consejo sobre cómo llamar su atención y hacerle ver que voy en serio». Sí, buena idea, preferiblemente antes de que mutile a su hermana.

Sin embargo, rara vez se tiene en cuenta a los hermanos o acompañantes. Sus derechos nunca pasan por la cabeza de mamá. La empatía no es nada si no es monógama, el resto —hermana, abuela, otros niños de la escuela— están condenados. ¡Eso es solo la confusión interior de Hulk manifestándose!

«La ira puede ser a menudo un reflejo de la ansiedad o vergüenza en los pequeños», opina otra madre en respuesta. Claro. No se puede corregir a un niño presumiblemente traumatizado. ¿Y si lo envías a que pase un rato solo en una habitación (llena de juguetes)? Eso puede bastar para infligir un trauma infantil.

Gabor Maté lo afirmó explícitamente durante su aparición en el pódcast de Joe Rogan. Escandalizado ante la idea de que un progenitor obligue a un niño enfadado que arremete contra él a sentarse solo hasta que se calme, Maté resume a la perfección el enfoque de la crianza terapéutica respecto a la disciplina: «Obsérvese el supuesto: la ira en una niña pequeña no es normal ni aceptable... [La niña] no debe ser aceptada por lo que es, sino por cómo es. He aquí el problema: aunque los padres ganen el juego de la modificación de conducta, la niña pierde. Le hemos inculcado la ansiedad de ser rechazada si su yo emocional saliera a la superficie».[321]

---

321. Gabor Maté, *El mito de la normalidad: trauma, enfermedad y sanación en una cultura tóxica, op. cit.,* capítulo 9.

Acto seguido, explica las catastróficas consecuencias que para la niña tendría incluso esta leve imposición de disciplina. «Cuando reprimes la ira sana porque estás programado para hacerlo, debido a que algún experto en crianza les dijo a tus padres que un niño enfadado debe ser desterrado de tu presencia..., ellos aprenden a reprimir su ira de por vida. Eso reprime el sistema inmunitario. Así, este se vuelve contra ti o no puede luchar contra la malignidad».[322] Si mandas a un niño a su cuarto, destrozas su sistema inmunitario de por vida.

Cuando Liz, una madre de Slate, escribió quejándose de que su hija de 5 años, una «montaña rusa emocional», había tenido berrinches frecuentes durante las semanas posteriores a romperse el brazo, los padres de Slate se apresuraron a hacer diagnósticos. «Parece que tiene una reacción traumática —opinó Brian—. No olvides que el estrés postraumático es una reacción normal a un acontecimiento traumático anormal». (No, en realidad no lo es; la resiliencia es la respuesta normal).

«Puede tratarse de un problema sensorial, combinado con dificultad para regular las emociones», afirmó Maggie. Sugería que probablemente la culpa era del «TDAH u otra neurodivergencia». Los padres estaban convencidos de que tenía un problema psicológico, pero aún no habían decidido qué código de diagnóstico ofrecer al seguro.

De vez en cuando, los padres de Slate se dan cuenta de que el enfoque terapéutico puede ser parte del problema. Heather, que se describe como una «madre amable», cuenta que todas las mañanas su hija de 6 años se niega a vestirse, quejándose de que su ropa es demasiado áspera y exigiendo ponerse otras cosas. Y, sin embargo, escribe Heather: «Estuve fuera de la ciudad parte de la semana pasada y se vistió sin mayor problema con mi marido los días de colegio, así que creo que todo tiene que ver conmigo».

322. «#1869-Dr. Gabor Maté» [pódcast], The Joe Rogan Experience, 13 de septiembre de 2022, <https://podtail.com/en/podcast/the-joe-rogan-experience/-1869-dr-gabor-mate>.

Papá habla sin rodeos con la niña, le da una orden directa, espera que ella la cumpla y, *voilà!* ¿Dónde está el equipo que desencriptó la Enigma cuando lo necesitamos?

Al final, a mamá no le gusta estar con su hija. «Odio que lleguen las mañanas», escribe la madre en un momento de sinceridad.

Es inevitable, ¿no? Las personas que hacen que la crianza de los hijos parezca agotadora no quieren tanto a los niños que han criado. Por si sirve de consuelo, los jefes y compañeros de trabajo de la nueva generación tampoco están enamorados de ellos.

Pobre del papá amable

Hay un libro fascinante y admirablemente sincero que resume la desdichada situación de los padres guiados por expertos: *Raising Raffi* [Educando a Raffi], de Keith Gessen. Gessen es un escritor y editor educado en Harvard que se pasa más de doscientas páginas tirándose de los pelos, mientras consulta todos los libros posibles sobre cómo convencer a Raffi, su hijo pequeño, para que se porte bien.

Gessen aborda el proyecto de su hijo con tanta inquietud, desazón y disculpas que cualquiera diría que intenta construir una canoa apta para la navegación con un tablero de Ikea y un puñado de alcayatas. «Escribí este libro por desesperación», señala.

Gessen cuenta con una educación superlativa, con una abnegada esposa y compañera en la crianza de los hijos, con padres y suegros serviciales, y con una nutrida red de amigos. Y, sin embargo, cada capítulo está hilvanado con un claro hilo de angustia paternal ante la cantidad de errores cruciales que cree estar cometiendo. Cada supuesto paso en falso le devuelve a los libros sobre crianza, abotargado por la pena y el autorreproche. Su hijo de 3 años da patadas, puñetazos y cabezazos y le lanza un vaso de plástico a la nariz.

Exasperado, Gessen se descubre a sí mismo gritando y reprendiendo a Raffi, no aguanta más el mal comportamiento del niño; cada vez que piensa en lo anticuado que parece como padre, se pone enfermo. Lo único que sabe es que no quiere ser el tipo de padre de la generación que lo crio a él. Un mal padre, de los que gritan, castigan y ponen normas.

Sabe que debe ser infinitamente paciente, totalmente amable, mientras insta sin tregua a Raffi a entrar en razón. Pero no deja de ser angustioso ver cómo tu hijo casi acaba con la frágil vida de su hermano recién nacido al intentar arrancarle la cabeza como si fuera un tapón de botella. Duele cuando un vaso de plástico te da en la nariz. Por lo visto, que te den una patada en los bajos también duele lo suyo.

Hartos de la afición de Raffi a pegar a sus padres y a otros niños, y a tirar la comida al suelo, Gessen y su mujer hacen una «tabla de pegatinas» para premiarlo por las veces que *no* pega a los demás. Pero el niño no nació ayer. Raffi insiste en que hagan también una tabla de pegatinas para ellos, y la cumplen a rajatabla: una para cada uno, en la nevera, como si en lugar de uno hubiera tres niños descarriados en la familia. La violencia de Raffi hacia otros niños no disminuye.

«Lo habíamos hecho todo bien, habíamos sido absolutamente consecuentes en todas las situaciones, y no había manera»,[323] escribe Gessen, que parece derrotado.

Una vez —una sola—, cuando Raffi intenta arrancarle la cabeza a su hermano recién nacido, haciendo caso omiso de la orden de su padre para que se detenga, Gessen le da un manotazo. Esto hace que el autor se sumerja en una vorágine de culpa y dudas. El espabilado niño corre a ver a su madre, que sale en defensa de Raffi y pregunta a Gessen si ha pegado a su hijo.

«Papá no es bueno», declara el pequeño.

«Estas palabras me cortaron la respiración —escribe Gessen—. Si había algo a lo que aspiraba era a ser amable. Quería ser amable. Quería que mi hijo sintiera que yo era una presencia cariñosa en su vida».[324]

323. Gessen, Keith, *Raising Raffi: The first five years*, Viking, Estados Unidos, 2022, p. 99.

324. *Ibidem*, p. 87.

Reventado, se disculpa desesperadamente ante el pequeño, que se lo reprocha abiertamente. La mujer de Gessen implora a Raffi que perdone a su padre, pero no lo consigue. Cuando Raffi no puede dormir, se acuesta en la cama junto a él. En cuanto el padre se duerme, el niño se la devuelve pellizcándole y dándole patadas. Gessen grita porque le duele, y vuelve otra vez a la ya conocida cárcel de la disculpa y el autorreproche. Cuando Raffi le dice: «¡Eres un mal papá y no voy a volver a hacerte caso!», Gessen se desespera. «Sentí que tenía razón. No era un buen padre. Pero no sabía qué más hacer».

Casi dan ganas de coger a Gessen por los hombros y decirle lo que ningún libro de paternidad le dirá: Raffi quiere a alguien al mando, alguien que no sea el propio niño de 3 años. Le enfurece ver cómo su padre se rebaja con tanto arabesco terapéutico y palabrería moralista. Le dan ganas de darle un puñetazo en la nariz. Porque ese niño necesita un padre, sobre todo por su propio bien, pero también por el bien de los niños a los que pega en el parque.

Estos padres no tienen éxito y no son felices. Están atrincherados, como soldados que planean aguantar hasta el final de la batalla porque no pueden desertar. Sus vidas, objetivamente, parecen terribles.

Tal vez se burlen de los padres de épocas anteriores por considerarlos emocionalmente distantes. Pero ¿acaso es *menos* cruel exponer a tu hijo a tantos fracasos interpersonales? ¿Es menos cruel mandar al colegio a un niño aficionado a pegar a los adultos, donde lo más probable es que ese comportamiento sea recibido con una rápida remisión a un experto en salud mental y la subsiguiente recomendación de que empicce a tomar medicación?

¡Mi hijo es tan sensible!

Siempre que los padres se «educan» en el método terapéutico, concluyen invariablemente que tienen un «niño sensible». Casi todos los libros recientes sobre paternidad que he leído imbuyen en los lectores esa idea.

Gessen escribe lo siguiente sobre Raffi: «Era un bebé sensible, se convirtió en un infante sensible y ahora es un niño sensible. El mundo no es algo que pueda ignorar; le afecta; lo ve, lo oye y lo siente profundamente».[325] ¿Cómo castigas a un niño al que el mundo «afecta» constantemente?

No puedes. Se le mima, se le perdona, se le suplica. Se le trata como a un niño con un trastorno *real*. Con la salvedad de que, la mayoría de las veces, no empezaron con trastornos reales. Simplemente se los trata como si los tuvieran.

La idea de que se tiene un «niño sensible» halaga a sus progenitores, quienes, presumiblemente, fueron lo bastante sensibles como para reconocerlo. Como me dijo la neuropsicóloga Rita Eichenstein, los padres que se acomodan a las sensibilidades de sus hijos a menudo contribuyen sin darse cuenta a crear niños sensibles. El entorno que crean es tan poco friccionado que no los prepara para el caos del mundo real.

Resulta que los niños sensibles hacen a los demás bastante desgraciados.

Tesoros frágiles

Hay amigos de mis hijos que han venido a casa y han intentado darme órdenes en la misma línea que a sus padres: «Este pollo está asqueroso. Quiero fideos». O «esta galleta parece caca. Quiero otra cosa». (El niño tenía 6 años, y la galleta era de chocolate). Dan órdenes con gusto, como Veruca Salt, la niña de la película *Charlie y la fábrica de chocolate*, incitada por el servilismo de su padre. No tienen la menor idea de que han hecho algo mal.

Rebecah Freeling, *coach* parental, me dijo que cuando se fomenta el sentido del merecimiento en un niño, el «yo tengo derecho a todo», lo que a los 3 años es normal se vuelve insoportable a los 7, 8 o 9. «Y en los adolescentes ese sentido es peligroso», me dijo.

Llegué a conocer a Freeling a través de grupos de padres que hablaban maravillas de los sensatos consejos que ofrecía, y de lo

325. Keith Gessen, *op. cit.*, p. 51.

crucial que su sabiduría había sido para ellos. Una de las cosas que inculca a los padres es la necesidad de «mantener la misma línea», es decir, atenerse a las normas y consecuencias que establezcas, y dejar de cambiarlas sin cesar.

Le pedí que me describiera el tipo de sentido del merecimiento que creía que los padres estaban fomentando. «No quiero macarrones, hazme un sándwich de queso a la plancha». «"¡No quiero un sándwich de queso a la plancha! Hazme *nuggets*". Es lo que hay», me dice. «Y también hay niños de 4, 5 o 6 años que te dicen: "Agua, mamá. ¡Agua ya! Mami, ¡te has olvidado la sal! ¡No me has traído la merienda del cole! Ahora pienso gritar durante todo el camino a casa"».

Los expertos dicen que los padres son unos imbéciles

Los padres estamos tan acostumbrados a que en la escuela nos llamen «compañeros» en lo referente a la educación de nuestros hijos que apenas nos damos cuenta de la degradación que eso supone. Los pediatras nos dicen lo que nuestros hijos necesitan de nosotros emocionalmente (y no solo médicamente); los psicólogos escolares *nos informan* sobre cómo hablar con nuestros hijos de cosas difíciles, o envían a casa indicaciones para cuando tengamos importantes «discusiones socioemocionales». Nadie pide consejo a los padres porque nuestro consejo no es experto y, por ende, presumiblemente carece de valor.

«Los padres suelen ser expertos en el cuerpo de sus hijos. Saben que una temperatura superior a 36.8 grados es fiebre», reconoce el psicólogo infantil y gurú de la crianza Daniel J. Siegel en su superventas *El cerebro del niño*. «Saben cómo limpiar una herida para que no se infecte. Saben qué alimentos tienen más probabilidades de poner nervioso a su hijo antes de acostarse».[326]

---

326. Siegel, Daniel J.; y Bryson, Tina Payne, *El cerebro del niño: 12 estrategias revolucionarias para cultivar la mente en desarrollo de tu hijo*, Alba, Barcelona, 2012.

¿No es una maravilla? En opinión de Siegel, saben tanto como una adolescente que a veces trabaja de niñera.

El problema de los padres, según él, es que no saben suficiente neurociencia. «Incluso los padres más atentos y formados carecen a menudo de información básica sobre el cerebro de sus hijos».[327]

Tiene gracia, ¿sabes quién carece también de «información básica» sobre el cerebro de un niño? Los neurocientíficos. Todos los neurocientíficos y psiquiatras con los que hablé me convencieron de lo poco que sabemos sobre lo que ocurre en el cerebro, o de la relación entre los acontecimientos neurológicos y la emoción y el comportamiento humanos. Me dijeron que el cerebro es asombrosamente complejo, que está repleto de mecanismos de retroalimentación sobre los que apenas sabemos nada.

En realidad, no es posible saber gran cosa sobre lo que ocurre en el cerebro de nuestros hijos y, por suerte, tampoco es necesario. Sabemos que no lo es porque la raza humana no ha sido bendecida con psiquiatras infantiles emprendedores como Daniel J. Siegel hasta hace bien poco. Y, sin embargo, durante miles de años, los padres han criado a personas buenas, e incluso maravillosas.

Así, la autoridad parental resulta indispensable para el bienestar de los niños. Históricamente, es «la única fuente de autoridad que toda sociedad se toma en serio, desde los tiempos bíblicos hasta hace unos pocos años», me dijo el gran sociólogo británico Frank Furedi.

Durante miles de años, hasta el giro terapéutico en la crianza de los hijos, las sociedades daban por sentado que la principal tarea de los padres era transmitir sus valores a los hijos. Y, por supuesto, los padres son los mayores expertos en sus propios valores. Pero cuando decidieron que el objetivo de la crianza era el bienestar emocional, reconocieron *de facto* que los verdaderos responsables eran los terapeutas.

«En lugar de decir: "Yo me ocuparé de él, yo guiaré a ese niño, yo intentaré comprenderlo, yo me encargaré de su desarro-

327. *Ibidem.*

llo moral e intelectual", lo que hacen en cierto modo es delegar la autoridad parental en un puñado de idiotas pertrechados con todas esas ideas basura que empeoran las cosas», afirma Furedi. Los expertos han ignorado por completo las pruebas fehacientes de lo que realmente funciona con los niños porque no les concedía el protagonismo que tanto ansiaban.

El nacimiento de los «estilos parentales»

La investigación sobre los «estilos parentales» comenzó con una brillante psicóloga de la década de 1970 llamada Diana Baumrind. Tras estudiar las formas en que los padres intentan controlar el comportamiento de los hijos, Baumrind identificó tres enfoques generales: permisivo, democrático y autoritario.[328]

El «progenitor permisivo» evita asiduamente el castigo. Confirma los impulsos, deseos y acciones del niño, y le consulta sobre las decisiones familiares. Le exige poco en cuanto a responsabilidades y comportamiento ordenado. «Se presenta ante el niño como un recurso que puede utilizar a su antojo, no como un ideal que deba emular, ni como un agente activo responsable de moldear o alterar su comportamiento futuro»,[329] explica Baumrind.

Por otro lado, el «progenitor autoritario» valora la obediencia del niño como una virtud, somete su comportamiento a una norma absoluta, trabaja para mantenerlo en su sitio, restringe su autonomía y nunca fomenta un debate constructivo sobre sus normas.[330]

Ninguno de los dos enfoques produce adultos especialmente felices o exitosos.

El «progenitor democrático», sin embargo, es cariñoso y se basa en normas. Intenta dirigir las actividades del niño de forma

---

328. Baumrind, Diana, «Effects of authoritative parental control on child behavior», *Child Development*, 37, 4 (1966), pp. 887-907, <https://www.jstor.org/stable/1126611>.

329. *Ibidem*, p. 889.

330. *Ibidem*, p. 890.

racional y fomenta el intercambio de opiniones con él, pero «ejerce un control férreo en los puntos de divergencia entre padres e hijos». Cuando su punto de vista sobre una norma domestica entra en conflicto con el de su hijo, el progenitor gana. Mantiene un alto nivel de exigencia respecto a su comportamiento «y no basa sus decisiones en el consenso del grupo o en los deseos individuales del niño».[331]

En estudios que todavía consiguen disgustar a los terapeutas, Baumrind descubrió que los estilos de crianza autoritarios producían los niños más exitosos, independientes, autosuficientes y mejor regulados emocionalmente; y también los niños más felices y menos propensos a sufrir ansiedad y depresión.[332]

Se trata de un hallazgo extraordinariamente sólido: los niños son más felices cuando se crían en un entorno afectuoso que les exige un alto nivel de comportamiento, en el que se espera que contribuyan de manera significativa en casa, y *que esté dispuesto a castigarlos* cuando se comportan mal. Esto contradice prácticamente todo lo que recomiendan los terapeutas y los libros de crianza.

Pocos padres hoy en día, incluso los que se creen «autoritarios», están dispuestos a castigar a sus hijos con algún grado de coherencia o seriedad. Puede que reivindiquen la «paternidad autoritaria», pero observa lo que hacen y cómo se dirigen a sus hijos: carecen de la más mínima autoridad. En todo caso, tiene bastante más que ver con el estilo permisivo que, según Baumrind, tan desafortunados resultados produce.

Pero los padres actuales dirigidos por expertos no son simplemente «permisivos»; se podría decir que son algo bastante peor. No solo imitan los impulsos de *afirmación* y de rechazo a castigar que en generaciones anteriores condujeron a resultados mediocres, sino que tampoco consiguen la única virtud de los padres «permisivos» de antaño: conceder a sus hijos un generoso ámbito de autonomía e independencia. Los padres terapéuticos son padres permisivos que a la vez asfixian y controlan de forma excesiva.

331. *Ibidem*, p. 891.
332. Véase, por ejemplo, Diana Baumrind, *op. cit.*

Y aunque a los padres «autoritarios» no les va mucho mejor, hoy ese término describe un conjunto vacío. Apenas quedan progenitores en Occidente que inculquen la obediencia como máxima virtud. Los terapeutas que denuncian los excesos de la «paternidad autoritaria» suelen caer en una trampa: fingir que los métodos *autoritarios* conducen a resultados decepcionantes.

En el sentido de Baumrind, son muy pocos los padres estadounidenses dispuestos a ser «autoritarios» con sus hijos. Incluso cuando creen que lo están siendo, engatusan, suplican y explican. Aceptan la violencia de niños de primaria que nunca tolerarían de un cachorro.

Hay un libro muy interesante que expone con claridad esta idea: *El arte perdido de educar*, de Michaeleen Doucleff. Según la autora, los padres occidentales no tienen ni idea de lo que están haciendo.

Tras sentirse defraudada con los métodos amables de crianza, Doucleff intenta poner en práctica lo que ella cree que es el estilo «autoritario», y afirma que también le falló. No obstante, para ella, la crianza «autoritaria» implica en cierta medida soportar silenciosamente el maltrato físico de Rosy, su hija de 3 años: «Con el tiempo, sus rabietas se volvieron descomunales. Mordía, agitaba los brazos y se ponía a correr como una loca por toda la casa volcando los muebles».[333] Cuando Doucleff intentaba levantarla del suelo en plena rabieta, «tenía la costumbre de abofetearme. Algunas mañanas salía de casa con la mejilla marcada».

(Al leer eso, solo me cabía esperar que algún día Rosy y Rafi se enamoraran y nos regalasen el especial de Netflix que merecemos).

Doucleff toca fondo cuando se da cuenta de que tiene miedo de estar con la hija que tantos años le costó concebir. «Temía que Rosy y yo nos estuviéramos convirtiendo en enemigas».

Doucleff recorre el mundo en busca de padres felices con hijos ordenados y bien adaptados. Padres mayas de la penínsu-

---

333. Doucleff, Michaeleen, *El arte perdido de educar: recuperar la sabiduría ancestral para criar pequeños seres humanos felices*, Grijalbo, Barcelona, 2021.

la de Yucatán, inuit del norte de Canadá y cazadores-recolectores de Tanzania. Estos padres invitan a sus hijos pequeños a que les ayuden con las tareas domesticas; no los elogian demasiado; ejercen una autoridad tranquila y firme; y dejan que sus hijos se arriesguen y fracasen, para que se hagan fuertes. Doucleff incluso admite a regañadientes que en casi todas las culturas del mundo —incluidas las que ella admira— los padres dan de vez en cuando un buen azote al niño díscolo.[334] Admira estas culturas: por la cercanía segura que mantienen con sus hijos, y por los niños felices, competentes, generosos y cumplidores que están criando. Le gustaría que los estadounidenses tuvieran estas costumbres de crianza. Rara vez parece darse cuenta de que, hasta hace muy poco, las *teníamos*.

Esta es la crianza «autoritaria» a la que los padres de hoy no pueden comprometerse. Y aquí debo admitir una cosa: que los padres nos hayamos desviado tan abruptamente del camino no es *solo* culpa del sistema de salud mental. Los expertos se han aprovechado. Pero nosotros, la generación X, éramos un blanco fácil.

Habiendo renunciado a nuestras amistades y a nuestra vida adulta para asistir a cada partido de fútbol, queríamos un pequeño «no sé qué» a cambio: que nuestros hijos nos lo contaran todo y nos convirtieran en sus mejores amigos. Y cuando se castiga —durante el tiempo que dura el castigo— los niños no te dan eso. Si actuábamos con verdadera autoridad en nuestra propia casa, sin tener que arrastrarnos ni dar explicaciones interminables, temíamos perder su afecto y el acceso constante a cuanto sucedía en sus corazones y mentes.

¿Quitarles el móvil? Nunca nos lo planteamos. Ellos no lo soportarían, pero nosotros tampoco. ¿De qué otra manera íba-

334. Véase Doucleff en «What's the best way to raise good people? A debate» [pódcast], *Honestly with Bari Weiss*, 18 de mayo de 2022, <https://podcasts.apple.com/us/podcast/whats-the-best-way-to-raise-good-people-a-debate/id1570872415?i=1000562261922>. («[Los azotes] son universales a cierto nivel fuera de Occidente —señala Doucleff—. Una pequeña azotaina es universal»).

mos a saber *ipso facto* cómo les había salido el examen de Matemáticas? No podíamos esperar hasta el final de la jornada escolar para ver cómo estaban nuestros mejores amigos.

Pero nadie respeta a un amigo dependiente. Puede que lo toleren, pero es una lata. Desde el momento en que nuestro apoyo y nuestra afirmación se hicieron explícitamente incondicionales y de todo punto indestructibles, nuestros hijos supieron que no tenían que hacer nada para conservar la alta estima que les profesábamos.

¿Y lo más triste? No solo rara vez motivamos a nuestros hijos para que se comporten mejor, sino que, además, a muchos de ellos no acabamos de gustarles. El distanciamiento de los progenitores es mayor hoy que en generaciones pasadas. Y los jóvenes que se desvinculan de sus padres en cifras récord son a menudo los que fueron criados por los padres más indulgentes y devotos.

No acabamos de gustarles

Pregunté a Joshua Coleman, psicólogo clínico y experto en distanciamiento familiar, sobre el reciente aumento en las cifras de adultos que cortan con sus padres. ¿Suelen estos padres maltratar a los hijos que los apartan de sus vidas?

La mayoría de las veces, dice Coleman, «cortan con los padres porque intentan tener una experiencia de independencia y fortaleza que sus progenitores no pudieron proporcionarles». En la mayoría de los casos, el problema no es que haya poco amor, sino demasiado, el tipo de amor asfixiante contemporáneo.

Los jóvenes que cortan con sus padres a menudo dicen sentirse aplastados por la carga de ser el sostén de la vida emocional de sus progenitores. No se trata de grandes expectativas al estilo de las madres estrictas, que pueden presionar al niño para que consiga algo, pero cuyo éxito final recae en el propio hijo. El estilo estadounidense contemporáneo es más menesteroso y lastimero: «Mándame un mensaje y dime que lo estás pasando bien, así me quedo tranquila». Cuando los jóvenes no pueden quitarse de la cabeza la voz ansiosa y pedigüeña de mamá, sienten la necesidad de desterrarla de sus vidas.

«Pero, espera un momento —le dije a Coleman—. Yo tengo un padre al que hoy sigo sintiéndome muy unida y cuya voz sigue instalada en mi cabeza. Y, sin embargo, no me imagino cortando de cuajo con él o diciéndole que tiene que "hacérselo mirar", como parece que hacen con sus padres tantos jóvenes de hoy, animados por sus terapeutas».

Describo a continuación un recuerdo que a Coleman le pareció significativo. Hace poco más de una década, yo estaba en Alemania viendo a unos tipos hacer *puenting* desde un edificio de gran altura. Entonces —y cada vez que consideraba la posibilidad de participar en cualquier actividad que me parecía una locura similar— oía la voz de mi padre en mi cabeza, clara como el sol de la mañana: «¿Qué murió haciendo *qué*?».

No voy a hacer algo así fue la resolución que tomé en varias ocasiones a lo largo de mi veintena. *Es una estupidez imperdonable.*

Sin embargo, Coleman me dijo que eso era diferente. Al ridiculizarme, la voz de mi padre reconocía que yo era una persona independiente. Su voz, en efecto, decía: «Si vas a hacer algo tan tonto, es cosa tuya». A diferencia de los padres de hoy, que comunican algo bien distinto: «"Dios mío, ni se te ocurra hacer eso. Porque si lo hicieras, me voy a morir de pena." Ese puede ser un mensaje diferente», dice Coleman.

En aras de una buena relación con nuestros hijos, les estamos fallando estrepitosamente. Estamos criando niños mucho más egocéntricos, indisciplinados y antipáticos. Y quizá lo más triste de todo sea que nuestras adulaciones ni siquiera afianzan la relación. Están dispuestos a tolerarlo mientras les paguemos las facturas; a partir de ahí, a menudo dejamos de gustarles.

Angela: «Me ha dicho que está progresando mucho»

¿Te acuerdas de Angela, la miembro del equipo de producción de televisión? Su brillante hijo Jayden había obtenido una adaptación para poder hacer exámenes no cronometrados mientras estaba en el instituto. Se había graduado, y Angela y su marido no conseguían motivarle para que presentara sus solicitudes a la universidad o buscara trabajo; apenas conseguían que saliera de casa. Contrató a una terapeuta para que ayudara a Jayden con su ansiedad y depresión.

Le pregunté a Angela si había observado alguna mejora en su hijo después de tres meses de terapia.

«Me ha dicho que está progresando mucho, que la terapia le está ayudando mucho, pero no sé qué significa eso». La terapeuta le había asegurado que la terapia estaba funcionando. «Solo que llevará un poco de tiempo».

Jayden, que en su día fue campeón estatal de atletismo, había decidido a sus 16 años, con la ayuda del orientador de su instituto, que era transexual y que en realidad era una chica. Desde entonces había estado amenazando con empezar un tratamiento hormonal. Ahora, con 18, ya no necesitaba el consentimiento paterno para iniciar la transición. El seguro la pagaría. Podía cambiar legalmente de nombre cuando quisiera. Pero tampoco había dado ningún paso en esa dirección.

Angela esperaba que la terapeuta empujara a Jayden hacia su futuro. «Está muy ansioso», le informó a Angela. «Ten paciencia —le aconsejó—. No presiones, confía en que irá a mejor». La terapeuta dijo que estaba «tratando de trabajar con él para llevarlo al lugar» donde pudiera seguir adelante con su vida. «Ella cree que un diagnóstico de autismo puede ayudar», dijo Angela. ¿Otra vez?

Jayden había estado recibiendo atención de salud mental desde los 8 años, cuando una evaluación neuropsicológica reveló por primera vez un diagnóstico de «trastorno del procesamiento sensorial» (no reconocido por los principales manuales de diagnóstico de la psiquiatría). Ni siquiera el orientador del instituto pensaba que Jayden tuviera autismo. Si cumplía algunos de los criterios, sin duda debía de estar lejos de ser un caso claro... La terapeuta seguía barajando diagnósticos.

Angela está firmemente convencida de que la terapia está funcionando. «Confío plenamente en ella», dijo de la mujer que había contratado. Jayden le había asegurado que estaba «progresando» mucho con la terapia (probablemente mientras cogía otra bebida energética de la nevera de camino a una estridente Xbox).

¿Habían mejorado los meses de terapia la relación entre Angela y Jayden? «La semana pasada, nos dijo que éramos unos padres narcisistas y maltratadores. Y que en cuanto se fuera de casa, no volvería a vernos jamás».

De modo que eso es un no.

Pero los amigos de Angela le dijeron que, en los adolescentes, «es un comportamiento totalmente normal. Cuando intentan seguir adelante, se enfadan contigo». Ella se aferra a eso.

En nuestro afán por hacer que nuestros hijos sintieran siempre, en todo momento, nuestro amor, llegamos a equiparar el castigo con la crueldad. Y además, los expertos nos aseguraban que el castigo no funciona. «En lugar de sentir pena por lo que ha hecho y pensar en cómo puede enmendarlo, el niño se centra en fantasías de venganza», escriben los autores de *Cómo hablar para que los niños escuchen y cómo escuchar para que los niños hablen*, citando al psicólogo infantil Haim Ginott. «En otras palabras, al castigar a un niño, en realidad lo privamos del importantísimo proceso interior de enfrentarse a su propio mal comportamiento».[335]

Es posible que Ginott tenga razón al afirmar que el castigo no suele provocar un examen de conciencia en el niño que es enviado a su habitación. Pero, por supuesto, la introspección o búsqueda interior nunca fue el objetivo del castigo. La reflexión es la cruzada terapéutica.

Los objetivos de los padres eran diferentes y cuádruples: queríamos que los niños pararan cuando su mal comportamiento implicaba maltratar a otros o sus pertenencias. Queríamos que nuestros hijos supieran quién mandaba: nosotros, no ellos. Queríamos que se sintieran mal porque su comportamiento traspasaba cierto límite y que lo interiorizaran. Y queríamos hacer un

335. Faber, Adele; y Mazlish, Elaine, *Cómo hablar para que los niños escuchen y cómo escuchar para que los niños hablen*, Medici, Barcelona, 2013.

poco de justicia con su pobre hermana, a la que acababan de golpear en la cabeza con la pieza magnética de un juego de construcción.

Una niña que es enviada a su habitación puede aprovechar el tiempo para reflexionar, o puede que no. Y cabe la posibilidad de que decida sobrepasar los límites de nuevo. *Pero al menos sabe que el límite está ahí.* Sabe que hay algo más allá de sus sentimientos: el respeto a los demás. Y que, independientemente de cómo se sienta, debe encontrar la manera de mantenerse dentro de los límites del comportamiento tolerable. Sus padres la han mandado a su habitación porque creen que puede aprender a controlarse.

La idea de moda de que los castigos compasivos «no funcionan» es algo que Baumrind califica de «mito». Baumrind también descubrió que la exigencia de orden se asocia con niños *menos* hostiles y *menos* transgresores, y que era incorrecto suponer que unas expectativas altas darían lugar a una rebelión pasivo-agresiva.[336]

Y aunque Baumrind no era partidaria de los azotes, descubrió que una «pequeña azotaina ocasional» no traumatizaba a los niños.[337] El escándalo está servido. Pero es cierto: los estudios no han podido demostrar la supuesta relación entre los azotes y los trastornos de externalización.[338]

¿Qué es lo que hace que los niños se sientan desgraciados? Ponerlos al mando. No exigirles que se comporten conforme a unas normas estrictas y no castigarlos cuando deliberadamente

336. Diana Baumrind, *op. cit.*, p. 897.
337. Véase «Spanking study gets big play in the media», Asociación Estadounidense de Psicología, diciembre de 2001, <www.apa.org/monitor/dec01/spanking>. (Señala que el estudio de Baumrind demuestra que «los azotes ocasionales y leves no perjudican el desarrollo social y emocional del niño», pero aclara que «no abogaba por los azotes y advertía de que los azotes regulares e intensos podrían causar una gran tensión mental en los niños»).
338. Ferguson, Christopher J.; y Larzelere, Robert E., «Improving causal inferences in meta-analyses of longitudinal studies: spanking as an illustration», *Child Development*, 89, 6 (2018), pp. 2038-2050, <https://www.christopherjferguson.com/Larzelere%20et%20al.,%20CD.pdf>.

no dan su brazo a torcer. Y, sí —según Baumrind—, ¿qué más hace infeliz a un niño? Que los padres se comporten de forma sistemáticamente «afirmativa hacia sus impulsos, deseos y acciones».[339]

¿Quieres saber por qué la nueva generación de niños no quiere tener hijos? Porque hemos hecho que la paternidad parezca condenadamente imposible. Porque escuchamos a todos los expertos y nos convencimos de que no podíamos apelar a la experiencia vital, al juicio, a los conocimientos adquiridos durante décadas —decenas de miles de horas con nuestros hijos— o a lo que habían hecho nuestros padres, y resolverlo por nuestra cuenta. Porque los padres de 40 años —realizados, brillantes y con la suerte de tener un cónyuge— entienden la educación como un problema de cálculo que se les plantea en plena noche con una pistola en la sien: *hazlo bien o aprieto el gatillo*.

Hicimos un papel con nuestros hijos: el de progenitores terapéuticos. Dejamos que tiraran comida al suelo, que nos dieran patadas y que nos pegaran, y ellos cada vez lo tenían más claro. Les ofrecimos un sinfín de opciones. Y renunciamos por completo a nuestra propia autoridad.

Y eso los asustó. Asustó mucho a esos niños. Míralos. Saben que no hay nadie al mando. Saben que son demasiado jóvenes para ejercer la cantidad de poder que les hemos dado. Saben que si han conseguido doblegar a su altísimo padre, todo un hombretón de cuarenta y tantos años, desorientado y desesperado, entonces algo ha ido francamente mal.

Los niños nos creyeron cuando tratamos sus sentimientos heridos como algo extremadamente grave. Más que las preocupaciones económicas de su padre, más que la mala salud de su abuela. Se convencieron de que sus sentimientos y preocupaciones eran lo más importante del mundo. Y ahora se están derrumbando bajo el peso de toda esa preocupación.

Y lo peor de todo es que no creen que podamos ayudarlos. No les damos seguridad porque les hemos dicho —una y otra vez, de muchas maneras distintas— que estamos muertos de miedo y

339. Diana Baumrind, *op. cit.*, p. 889.

que en realidad no estamos al mando. Nos limitamos a seguir lo que nos dice el pediatra, la terapeuta, el profesor, el orientador escolar o el terapeuta ocupacional. Él manda, ella manda, nuestros hijos mandan. Nosotros no.

¿Cómo puedes tranquilizar a un niño al que le has asegurado: *aquí yo no tengo el poder*? No puedes. De modo que... no están tranquilos.

Hay planetas en los que se admira a los padres

Llegados a este punto, lo admito: no es fácil. Criar niños buenos en una cultura que en todo momento socava la autoridad de los padres —donde los progenitores son los incautos, los imbéciles y los fanáticos del programa de televisión de turno— es prácticamente imposible. Esto me lo dijo el pediatra y escritor Leonard Sax. Y me lo corroboró un *coach* parental que me habló de una clienta originaria de la India a la que llamaré Tanvi.

Tanvi estaba asombrada y consternada ante el hecho de que su hija la tratara mucho más irrespetuosamente en Estados Unidos de lo que ella habría tratado jamás a sus propios padres en la India. «Mi hija me falta al respeto en público», le dijo a su *coach*, dolida y confundida.

Por fin supo por qué: «En la India, si eres un niño pequeño y hablas mal a tus padres en público, todos los adultos que te rodean te miran mal. Aquí [en Estados Unidos], si un niño falta al respeto a uno de sus padres en público, todos miran mal al padre».

En la India, la cultura apoya la idea de que un niño debe tratar a sus padres con respeto, y los otros padres se lo impondrán con la mirada. En Estados Unidos, la responsabilidad recae enteramente en los progenitores. Y nos preguntamos: «¿Qué has hecho mal para merecer una reprimenda de tu hijo?».

Decidí hablar con padres que habían criado a adultos sanos y productivos. Muchos de los que estaban dispuestos a hablar sin rodeos resultaron ser inmigrantes.

Mi amiga Julia es la envidia de todas las mujeres: economista titulada por la Universidad de Harvard y reservista de la Marina en su tiempo libre, está casada con un hombre al que adora y tiene tres hijos maravillosos. Además de *admirable* en el sentido profesional, es el tipo de amiga que recoge a tus hijos del cole si te surge un imprevisto, que aparece en la fiesta de cumpleaños de cualquiera de ellos dispuesta siempre a echarte una mano en la cocina, a entretener a los niños organizando la actividad de turno o a charlar con tu madre. Se las arregla para conciliar todas las exigencias de una madre trabajadora sin parecer nunca agotada, desquiciada o chiflada. Dicho de otro modo, es precisamente el tipo de persona que cualquiera de nosotros estaría orgulloso de haber criado.

Así que, por supuesto, necesitaba hablar con su madre. Su madre *soltera*.

Rhoda, fallecida el año pasado a causa de un cáncer, era una mujer vivaz y encantadora. Una intelectual, ávida lectora y abiertamente feminista. Era, además, divertidísima, llena de aguda perspicacia, y tan directa y natural a la hora de hablar que parecía estar haciéndote el regalo poco habitual de haber dado con una persona verdaderamente genuina. La adoré al instante.

Así que cuando hace dos años Rhoda me llamó de improviso para comentarme una cosa que yo había escrito, aproveché la oportunidad para encauzar la conversación hacia lo que realmente me interesaba: ¿cómo lo hiciste? ¿Cómo criaste *tú sola*, con el sueldo de profesora, a esta persona maravillosa?

Rhoda, sudafricana negra, se casó con el padre de Julia, un alemán blanco que le pegaba cuando Julia era pequeña.[340] Rhoda se divorció de él y, acto seguido, emprendió una exitosa carrera como académica y activista de derechos humanos, creando comunidad allí donde fuese y destinando el dinero que cobraba a las clases de violonchelo y a la matrícula escolar de su hija. Me dijo que no creía en los azotes, pero estableció reglas claras para Julia, que en la actualidad es una de las mujeres

---

340. Pollak, Joel B., *Rhoda: a biography*, University of Johannesburg Press, Sudáfrica, 2022.

más educadas, con más principios y más encantadoras que conozco.

¿Qué estábamos haciendo tan mal los estadounidenses? «En
los países del tercer mundo —dijo Rhoda—, la crianza es muy
autoritaria porque los líderes son muy autoritarios. Estados Unidos está en el otro extremo: carece por completo de límites y
autoridad». Necesitábamos algo intermedio.

Lo escuché de otros inmigrantes: el problema de la paternidad estadounidense es que no afirmamos nuestra autoridad con
nuestros hijos. No damos prioridad a *transmitirles* nuestros valores, sino que esperamos que la cultura lo haga por nosotros.
Está bien permitir cierto toma y daca con los niños, pero, al final,
debe ser nuestro criterio el que prevalezca.

Rhoda me insistió en que los niños necesitan la autoridad
de los adultos, y lo saben. Y entonces dijo algo que me dejó es-
tupefacta: «Por eso se unen al Black Lives Matter. Porque buscan a papá».

Cierto, la nueva generación es más radical políticamente que
las anteriores, atraída sobre todo por los movimientos políticos
de extrema izquierda. Pero nunca se me había ocurrido que esto
pudiera tener algo que ver con el estilo de crianza en que fueron
educados.[341] ¿Tenía razón Rhoda? ¿Tan grande era el anhelo de
autoridad de niños y adolescentes que, como niños desnutridos
que comen desconchones de pintura de las paredes, recurrían a
otros adultos para dar con ella?

Padres progres, hijos radicales

Myrieme Nadri-Churchill es psicoterapeuta y directora ejecutiva
de la organización sin ánimo de lucro Parents for Peace, una institución de Boston que ayuda a las familias a recuperar a sus hijos de las garras de grupos extremistas, como neonazis, Proud

---

341. Véase, por ejemplo, Klein, Melissa, «Wealthy NYC woman busted in
BLM rampage», *New York Post*, 5 de septiembre de 2020, <https://nypost.
com/2020/09/05/wealthy-nyc-woman-busted-in-blm-rampage>.

Boys o talibanes. Nacida en Casablanca, de padre musulmán africano y madre cristiana blanca, Nadri-Churchill sufrió sus primeros episodios de extremismo en la década de 1970, cuando los matones del colegio le lanzaban piedras.

Nadri-Churchill es un torrente de perspicacia, pero la tendencia de los periodistas estadounidenses a tergiversar sus palabras me generaba tal desconfianza que decidí que tenía que conocerla en persona. Volé a Boston para verme con ella en casa de un amigo en común.

Ya de mediana edad, se conduce con el temple de quien posee un liderazgo innato. La melena le cae hasta los hombros en una fuente de tirabuzones negros. Habla con pasión. El inglés es su tercera lengua, y forcejea impaciente con él, ansiosa por hacerse entender.

Nadri-Churchill me cuenta que ha ayudado a cientos de familias estadounidenses a rescatar a sus hijos de sectas extremistas, a menudo en coordinación con agencias gubernamentales estadounidenses. También me dijo que, en efecto, Rhoda tenía razón: «La mayoría de los adolescentes que son absorbidos por el supremacismo proceden de familias progres. Es realmente asombroso ver cuántos de los jóvenes que están en grupos de supremacía blanca, neonazis, antifa e incluso el islamismo provienen de agradables familias progres».

Me dijo que, en muchas familias progres estadounidenses de hoy, los padres reniegan de su autoridad, dan a los niños un sinfín de opciones y solicitan constantemente su opinión sobre decisiones importantes de la vida. Sin embargo, el hambre de autoridad y límites está profundamente relacionada con la percepción que el niño tiene de sí mismo y de su bienestar. No se disipa por el mero hecho de que los padres dejen de proporcionársela.

«Los grupos extremistas proporcionan a los jóvenes un guion, un sentido de dirección. Les dicen "Come esto", "No comas aquello", "Vas a ir por aquí", "Haz esto", les dan un guion», dijo de nuevo, repitiendo la palabra *guion*. «Es casi como si los grupos extremistas hubieran sustituido a los padres».

Este punto fue planteado por la reputada intelectual Midge Decter en la década de 1970, para explicar por qué tantos niños con padres cariñosos y una gran libertad se habían convertido en adultos que se decantaban por movimientos extremistas.

Decter criticó a su generación de progenitores, la primera que elogiaba generosamente a los hijos y esperaba una contribución mucho menor al hogar. Pasaban por alto manifiestas faltas de respeto y atendían a los sentimientos de sus hijos. «Nos negamos a asumir, en parte por motivos ideológicos, pero también, creo, por motivos estéticos, las obligaciones centrales de la paternidad: convertirnos en la autoridad final sobre lo bueno y lo malo, lo correcto y lo incorrecto, y asumir las consecuencias de lo que podría convertirse en una batalla de por vida», escribió.

A pesar del inusitado número de horas que habían dedicado a sus hijos, sostenía Decter, los padres de su edad eran fundamentalmente negligentes.[342] «Te declaramos fuerte cuando aún eras débil para evitar luchar contigo, alimentando así tu fuerza. Te proclamamos sensato cuando en realidad no lo eras, para así evitar que experimentaras el largo, lento y penoso esfuerzo que implica transitar el camino hacia la auténtica madurez mental y sentimental».[343]

Si la generación de padres permisivos de Decter puso a rodar la pelota, nosotros la seguimos. Dotamos a los niños de libertades triviales («¿De qué color te quieres teñir el pelo?», «¡Te queda guay!») y nombramos a los adolescentes de secundaria coárbitros de los valores familiares: a qué instituto ir, si asistir o no a la iglesia o a la sinagoga, o incluso si tenían que abrazar a sus parientes ancianos o llamar a la abuela. Excusábamos el mal comportamiento como una cuestión de psicología humana. («¡A Aiden le ha encantado tu regalo! No ha dicho «gracias» porque se sentía intimidado»). Creíamos que si controlábamos y vigilábamos cada centímetro cuadrado de su entorno, nunca tendríamos que exigir a los niños que se hicieran cargo de sí mismos.

342. Decter, Midge, *Liberal parents, radical children*, Coward, McCann & Geoghegan, Estados Unidos, 1975, p. 36.
343. *Ibidem*, pp. 36-37.

Padres sin autoridad: la consecuencia

Hoy, como más de un *coach* parental y pediatra me ha dicho, los niños llegan al colegio sin haber oído nunca la palabra *no*. No saben cómo cumplir las expectativas de sus profesores, no han practicado. Nadie les pidió que se sentaran a la mesa durante la cena ni que tuvieran buenas maneras al comer. Nadie los obligó a tener paciencia cuando querían *ya* el bocadillo o lo que fuera. Nadie los hizo esperar a que su hermano o progenitor terminara de hablar antes de anunciar sus propios deseos a la familia.

Y ahora, la profesora está enfadada. Tiene que enseñar a leer a toda una clase de niños. Tiene que enseñar a restar a veinte alumnos de primero. No puede lidiar como corresponde con niños que deambulan por el aula, que se niegan a escuchar instrucciones, impidiéndole enseñar al resto.

A instancias del psicólogo y con el apoyo del director, la profesora te da entonces un ultimátum que ya te resulta familiar: si quiere que su hijo siga en esta clase, quizá debería llevarlo a que lo examinen. Solo para asegurarnos. ¿El resultado? *Tal vez todos estaríamos mejor si le diéramos medicación.*

10

Olvídate de la vara: droga al niño

La profesora de preescolar de Maayan decía que el pequeño no podía estarse quieto. Era revoltoso, desordenado, curioso, pero también soñador. Ante la insistencia de la profesora, los padres de Maayan lo llevaron al médico, que enseguida estuvo de acuerdo: el niño tenía un TDAH «grave».

Maayan «no nació; fue como si saliera de un cañón», me dijo su padre, Yaakov Ophir. Tremendamente enérgico, distraído en clase, despistado, desorganizado, desordenado, con tendencia a perderlo todo, Maayan cumplía todos los criterios diagnósticos. El médico aconsejó que el niño de 4 años empezara de inmediato a tomar Ritalin.

Era precisamente el tipo de consejo que Ophir había ofrecido a los padres en su consulta de terapia clínica a las afueras de Jerusalén. «El Ritalin ayudará a que su hijo deje de sentirse tonto —recuerda que le dijo a una madre—. Su autoestima se ve continuamente atacada. Si no se le trata con medicamentos, crecerá con un excesivo sentimiento de culpa por su mal comportamiento».[344] En aquel entonces, Ophir creía que era un buen consejo.

---

344. Ophir, Yaakov, *ADHD is not an illness and Ritalin is not a cure: a comprehensive rebuttal of the (alleged) scientific consensus*, World Scientific Publishing Company, Singapur, 2022, p. vii.

Pero ante la perspectiva de medicar a su propio hijo, se encontró de repente atrapado en una tormenta de dudas. ¿Qué era realmente el TDAH? Se dio cuenta de que no lo sabía.

Ophir, psicólogo académico del Technion, la principal institución investigadora de Israel, empezó a informarse. Quería conocer la naturaleza de un trastorno que afectaba a más del *15 por ciento* de los niños estadounidenses.[345] La cautela dio paso a la preocupación. Cuanto más leía, más convencido estaba de dos cosas: El TDAH —caracterizado por la sobreestimulación y la distracción— no se ajustaba a la definición estándar de «trastorno». Y el Ritalin no era la solución.

Ophir concluyó que la psicología anormal tiene cuatro dimensiones: desviación, angustia, disfunción y peligro. El TDAH no cumple ninguna de ellas. Con una incidencia de más del 10 por ciento en Estados Unidos, y un asombroso 20 por ciento en niños y adultos jóvenes israelíes,[346] el TDAH no es raro ni «anormal».[347]

Tampoco causa angustia en el niño. Ophir me señaló que estos niños no representan ningún peligro real, ni para los demás ni para sí mismos. En cuanto a la disfunción, «sí, los niños con rasgos similares al TDAH probablemente lo pasarán mal en la escuela», admitió. «Tendrán una capacidad reducida en la es-

345. Visser, Susanna N., *et al.*, «Trends in the parent-report of health care provider-diagnosed and medicated attention-deficit/hyperactivity disorder, United States 2003-2011», *Journal of the American Academy of Child & Adolescent Psychiatry*, 53, 1 (2014), p. 34-46.

346. Schwarz, Alan, *ADHD nation: children, doctors, big pharma, and the making of an American epidemic*, Simon & Schuster, Estados Unidos, 2016, pp. 197-199.

347. Ophir, Yaakov, «Are we medicating millions of ADHD children without scientific justification?», Brownstone Institute, 1 de marzo de 2023, <https://brownstone.org/articles/are-we-medicating-millions-of-adhd-children-without-scientific-justification>. («En 2020, miles de registros médicos reales de Israel sugirieron que más del 20 por ciento de todos los niños y adultos jóvenes (5-20 años) recibieron un diagnóstico formal de TDAH»). Véase también Satel, Sally, «The Ritalin generation: the blame lies with overzealous physicians; nervous parents; schools looking to rein in troublemakers; and pushy drug companies», *The Wall Street Journal*, 11 de septiembre de 2016, <https://www.wsj.com/articles/the-ritalin-generation-1473630453>.

cuela, al menos en el sentido en que están diseñadas hoy en día: sentados durante horas en el aula, escuchando a veces clases tediosas. Eso, posiblemente, no se ajuste a ningún niño, pero menos aún a los más movidos y distraídos».

Ophir afirma que un trastorno real interfiere en la capacidad de llevar una vida normal. ¿Pero un rasgo que hace que te cueste más permanecer sentado durante horas? Bueno, hay un montón de trabajos en los que tener una amplia conciencia de las oportunidades y peligros puede llegar a ser incluso una ventaja. Como los relacionados con el capital riesgo, o el ejército, por ejemplo.[348]

«¿Pueden estos niños vestirse solos? ¿Pueden aprender a ducharse? ¿Pueden desempeñar funciones básicas, las tareas básicas del día? Por supuesto que pueden», afirma Ophir. «En la depresión, por ejemplo, una persona puede estar confinada en su cama. Le cuesta tanto levantarse de la cama que no va a trabajar. De modo que se puede apreciar el deterioro de la función. En el TDAH, eso no existe». Los medicamentos estimulantes son fármacos potentes y psicoactivos que atraviesan la barrera hematoencefálica, me señaló Ophir, refiriéndose a la clase de fármacos, entre los que se incluyen Ritalin, Adderall, Concerta y Strattera. Los estudios demuestran que los estimulantes plantean un alto riesgo de dependencia y adicción.[349] También los estimulantes pueden perder eficacia con el tiempo, lo que significa que un niño puede necesitar dosis cada vez mayores para igualar el efecto original. Y, lo que es peor, a diferencia de las técnicas que modifican el comportamiento, la interrupción de los estimulantes devuelve al niño al punto de partida, con la carga añadida de los síntomas

348. Segal, Michael, «The military needs recruits with ADHD», *The Wall Street Journal*, 19 de enero de 2023, <https://www.wsj.com/articles/the-military-needs-recruits-with-adhd-overstimulation-standards-learship-advantage-join-symptoms-11674056740>.

349. Véase, por ejemplo, Morton, W. Alexander, «Methylphenidate abuse and psychiatric side effects», *Primary care companion to the Journal of Clinical Psychiatry*, 2, 5 (2000), pp. 159-164. Véase también Schwartz, Casey, «Generation Adderall», *The New York Times*, 12 de octubre de 2016, <https://www.nytimes.com/2016/10/16/magazine/generation-adderall-addiction.html>.

de abstinencia. Basándose en su investigación, Ophir escribió un artículo de opinión para el periódico de izquierdas *Haaretz* titulado «El TDAH no es una enfermedad y el Ritalin no es una cura». Se hizo viral. Según Ophir, uno de los principales investigadores del TDAH en Israel escribió una carta al Ministerio de Sanidad poniendo en cuestión su licencia.

Pero Ophir no se arredró. Dio con el trabajo de Thomas Armstrong, un psicólogo académico estadounidense que, escéptico ante la prescripción de estimulantes a los niños, desarrolló estrategias no farmacológicas para controlar la hiperactividad infantil.[350] En 2022, Ophir publicó su propio libro con el mismo título que su polémico artículo.

Para entonces, Maayan tenía 10 años. Ophir dice que él y su mujer han tratado con éxito el TDAH de Maayan con una serie de modificaciones del comportamiento: tareas, disciplina y estructura. Ophir dice que estas medidas han ayudado a Maayan a mejorar. Maayan se prepara el almuerzo a diario, descarga el lavavajillas después de cada ciclo y lleva a su hermana pequeña a la parada del autobús escolar. Maayan nunca será exactamente como los demás niños, dice Ophir; siempre estará lleno de energía, distraído y absorto en sus pensamientos. A los Ophir les parece muy bien.

Medicar los malos sentimientos

Ophir consiguió evitar tratar con medicación el TDAH de su hijo siguiendo un programa de modificación del comportamiento. ¿Y la ansiedad y la depresión? ¿Hay alguna razón para resistirse a tratarlas con medicamentos?

Le pregunté a Scott Monroe, profesor de Psicología de Notre Dame y experto en trastornos depresivos, qué opinaba de la moda de administrar antidepresivos a adolescentes. «Personalmente, dudaría mucho en hacerlo». ¿Por qué? «Porque son fármacos potentes, y los sistemas cerebrales no se han solidificado

350. Armstrong, Thomas, *The myth of the ADHD child*, Penguin Random House, Estados Unidos, 1995.

en la adolescencia. Los cerebros masculinos no se unen hasta casi la mitad de la veintena y hay variaciones individuales. No soy biólogo, no sé hasta qué punto puede afectar al desarrollo cerebral. Pero parece que esos son los mejores años. Preferiría encontrar alternativas antes de recurrir a ellos».

«¿Y los ansiolíticos? ¿Son eficaces?», le pregunté a Steve Hollon, profesor de Psicología de la Universidad Vanderbilt y experto en el tratamiento de la depresión. «Son eficaces en la misma medida que el alcohol y solo ligeramente más adictivos —dijo—. Aplacan el dolor, pero no curan, lo que significa que si alguna vez dejas de tomarlos, cuidado».

A diferencia de los adultos que deciden iniciar un tratamiento con fármacos psicotrópicos, los adolescentes medicados tal vez nunca lleguen a descubrir si *pueden* afrontar la vida en plenitud. Si no permitimos que los adolescentes se enfrenten a las adversidades del destino, puede que nunca aprendan a capearlas. Podrían parecerse mucho a los jóvenes que llegan a nuestros campus universitarios: jóvenes que irremisiblemente se precipitan hacia una crisis nerviosa.

Empecé a preguntarme si los adolescentes que tomaban antidepresivos no perderían también algo de la plenitud de la socialización, es decir, la capacidad de relacionarse con los compañeros, de ganarse el afecto y ponerlo a prueba, de sufrir un daño y salir adelante. ¿Serían los años en los que su hardware mental estuvo requisado por la medicación años en los que no vivieron plenamente? Y, de ser así, ¿no parecerían mucho más inmaduros?

Le pregunté a Hollon qué podríamos esperar de una sociedad que administra indiscriminadamente antidepresivos a los adolescentes malhumorados y ansiolíticos a los nerviosos.

«No aprenderán a desenvolverse», me respondió.

La ansiedad, e incluso la depresión, pueden ser buenas para nosotros

Más allá de los efectos secundarios, extirpar la ansiedad y la depresión tiene un coste. Más allá incluso de la pérdida de socialización y de aprender a enfrentarse a los estresores sociales. También se pierden los *beneficios* que aportan la ansiedad y la depresión. Sí, has leído bien: la ansiedad y la depresión existen por una razón.

La ansiedad es miedo anticipatorio: preocupación por la amenaza de un peligro inminente. Todos los expertos en ansiedad con los que hablé estaban de acuerdo: la ansiedad no es del todo mala.

Los psicólogos evolucionistas creen que la ansiedad evolucionó para que estuviéramos más alerta ante situaciones en las que un tigre podría estar acechando detrás de los arbustos. «La excitación ante el peligro aumenta las posibilidades de escapar y, por ende, nos proporciona una ventaja selectiva evidente», explica el psiquiatra evolucionista Randolph Nesse en su fascinante libro *Good reasons for bad feelings*.[351] Anticiparse al peligro nos permite ganar tiempo y nos da más opciones para evitar el daño.

La depresión tampoco es del todo mala, y tiene también un propósito: apagar el sistema de forma protectora, por lo general después de que nos hayamos visto superados, permitiéndonos reorganizarnos y contemplar un enfoque diferente. Así nos alejamos de lo que nos ha causado daño y reflexionamos sobre ello.[352]

Cuando la depresión se produce tras un fracaso o una pérdida importantes, reprime nuestra inclinación a actuar antes de cometer una imprudencia: perseguir al chico que nos dejó; gritar al jefe que nos despidió; seguir malgastando dinero en un negocio fracasado; o realizar actos absurdos de despecho ante el rechazo. Los psicólogos evolucionistas suelen afirmar que «un episodio depresivo es una forma de retirarse de lo que llaman una "situación poco propicia"», explica Monroe. Cuando has fracasa-

---

351. Nesse, Randolph M., «Proximate and evolutionary studies of anxiety, stress and depression: synergy at the interface», *Neuroscience and Biobehavioral Reviews*, 23, 7 (1999), pp. 895-903.

352. Véase Nesse, Randolph M., *Good reasons for bad feelings: insights from the frontier of evolutionary psychiatry*, Dutton, Estados Unidos, 2019, pp. 89-94. (Analiza los beneficios evolutivos de la depresión a la hora de ayudarnos a retirarnos de la competición cuando las circunstancias nos superan y a afrontar el fracaso o problemas que requieren un cambio importante en la vida).

do o perdido, a veces lo mejor que puedes hacer es sentarte y lamerte las heridas.

¿Daríamos lo mejor de nosotros sin el miedo al fracaso? La ansiedad se ha relacionado con la creatividad, la inteligencia y la posibilidad de salir rápido de una mala situación. También puede ayudarnos a crear recuerdos más nítidos; los nervios previos a la Navidad ayudan a crear toda una vida de recuerdos navideños.[353] El recuerdo de tu primer beso puede permanecer contigo para siempre *gracias* a la ansiedad que lo precipitó.

Cuando cualquiera de estas respuestas al peligro, estrechamente relacionadas entre sí, se vuelve excesiva —cuando la ansiedad o la depresión interfieren en tu capacidad para funcionar— puede alcanzar el nivel de trastorno. Si tu «alarma antiincendios» interna, en palabras de Nesse, está siempre sonando cuando no hay fuego, no está ayudando en nada. Se trata de una «desregulación de una defensa normal», afirma.

Pero, en general, la ansiedad y la depresión son respuestas sanas a las amenazas y debacles de la vida. Ambas pueden ser incómodas y, si impiden el funcionamiento normal, disfuncionales. Sin embargo, la ansiedad y la depresión no son en sí mismas una disfunción. Solo si sufres ansiedad o depresión crónicas que *no puedes resolver de otro modo*, puedes empezar a plantearse una intervención farmacéutica.

Sin embargo, si tu depresión se debe a una relación infeliz, a un trabajo en el que te sientes atrapado, a una ruptura o a la muerte de un ser querido, puede considerarse «depresión», pero no necesariamente patológica. Tomar fármacos para combatir la tristeza puede sabotear tu decisión de mejorar el rumbo de tu vida o de hacer aquellas cosas que podrían ayudarte no solo a salir adelante, sino a curarte. Si tomas antidepresivos, es posible que te sientas en paz con tus tristes circunstancias, pero también puede que tengas menos probabilidades de remediarlas.

---

353. MacMillan, Amanda, «Why people with anxiety may have better memories», *Time*, 27 de febrero de 2018, <https://time.com/5176445/anxiety-improves-memory>.

Andy Thomson, psiquiatra de la Universidad de Virginia, explicó esto a *The New York Times* con una anécdota de su propia práctica clínica. «Recuerdo a una paciente que vino y me dijo que necesitaba reducir su dosis. Le pregunté si los antidepresivos estaban funcionando, y me respondió algo que no olvidaré jamás —dijo Thomson—. "Sí, me van muy bien. Me siento mucho mejor. Pero sigo casada con el mismo hijo de puta alcohólico. Solo que ahora lo tolero"».[354]

Dicho de otro modo, los antidepresivos a veces transforman un dolor agudo de corta duración en un dolor crónico de baja intensidad. «Si se da medicación [a los adolescentes] para la ansiedad —y me atrevería a decir que también para la depresión—, si se palian esos síntomas, se está jugando con recursos naturales de adaptación del ser humano, cuya evolución se ha desarrollado durante siglos», afirma Monroe.

No toda ansiedad constituye un trastorno de ansiedad. No todos los episodios de depresión constituyen un trastorno depresivo. Una parte de cada uno de ellos, por dolorosa que sea, puede hacernos bien, ayudándonos a reaccionar con mayor presteza, a recordar con más claridad o incluso a pensar más profundamente sobre nuestra vida.

En una hipótesis controvertida pero sumamente intrigante, Thomson y el psicólogo evolucionista Paul Andrews sostienen que la depresión puede incluso estimular una forma más profunda de pensamiento analítico, conocida como pensamiento de tipo 2. El conocido síntoma de la depresión, que impide participar en actividades sociales, podría ser la forma que tiene la evolución de reducir la distracción para que un individuo pueda reflexionar sin trabas sobre su problema.[355] No es casualidad que los profundos conocimientos morales de Churchill y Lincoln vi-

354. Lehrer, Jonah, «Depression's upside», *The New York Times*, 25 de febrero de 2010, <https://www.nytimes.com/2010/02/28/magazine/28depression-t.html>.

355. Andrews, Paul W.; y Thomson, J. Anderson, «The bright side of being blue: depression as an adaptation for analyzing complex problems», *Psychological Review*, 116, 3 (2009), pp. 620-654.

nieran precedidos de períodos de depresión, me dijo Andrews. «La función del estado de ánimo depresivo es emplear este pensamiento de tipo 2 para tratar de analizar problemas y, con un poco de suerte, resolverlos», afirma.

Si los jóvenes consideran que sus malos sentimientos son intrínsecamente patológicos, buscarán el alivio en las drogas, me señaló Nesse. Si, por el contrario, ven los malos sentimientos como una consecuencia natural de su situación, puede que se sientan más inspirados para hacer cambios. Tras abandonar una relación destructiva o buscar un nuevo trabajo, no solo sentirán alivio, sino un orgullo justificado. Y tendrán una base para creer que la próxima vez que las cosas se tuerzan, también podrán cambiarlas.

Melanie: el médico recetó antidepresivos a nuestro hijo de 11 años (se le habían acabado las ideas)

Melanie lleva años preocupándose por su «hijo altamente sensible», Dylan. Le gustaba llevarlo al parque con los otros niños de su clase de preescolar, pero cuando él se cogía una rabieta y se negaba a ir, ella cejaba en el intento. Cuando se quejaba de que los otros niños de su clase eran demasiado bruscos, ella lo retenía para que pudiera estar con una cohorte más apacible. Cada vez que se quejaba de que el trayecto en coche para visitar a sus primos era demasiado largo, las visitas terminaban.

Melanie llevó a su hijo a un terapeuta para averiguar por qué no le gustaba el colegio. El terapeuta decidió que a Dylan no le pasaba nada, pero seguiría viendo al niño mientras el seguro se hiciera cargo. Dylan disfrutó de atención adicional.

Los altibajos de Dylan atormentaban a Melanie. De repente, se interesaba mucho por un deporte, luego perdía el interés y acto seguido lo recuperaba sin previo aviso. «Pasa por fases en las que se viene arriba. Y por eso siempre me he preguntado si tendría algún tipo de desequilibrio químico,[356] ya sabes, depre-

---

356. La industria de la salud mental utilizó durante años la analogía de un «desequilibrio químico» en el cerebro para explicar la depresión al público.

sión. Porque a veces se venía arriba y estaba feliz y dispuesto a probar cosas e ir a por ellas. Y otras, se cerraba en banda, "No, no, no y no" a todo».

Cuando Dylan se quejó de que la profesora le llamaba la atención en clase y le ponía nervioso, Melanie le pidió que dejara de hacerlo. La profesora accedió.

Con 9 años, Dylan empezó a tener ataques de pánico en clase. Si le costaba resolver un problema de Matemáticas, se echaba a llorar. «No le gusta hacer nada que no se le dé bien —me dice Melanie—. No tolera sentir que lo ha hecho mal o que ha suspendido. Aunque a nadie más le importe».

El Día de Acción de Gracias de 2021, cuando Dylan tenía 11 años, despertó a sus padres al amanecer, gritando como un loco, quejándose de un terrible dolor de estómago. «Su cara era un poema, ya sabes, todo dolor. Tenía como diarrea y vómitos a la vez; estábamos muy asustados». Durante cuatro meses lo llevaron a varios médicos. Melanie no solo canceló el Día de Acción de Gracias, sino que no quiso volver a dejar a su hijo solo. Melanie y su marido dejaron de salir en pareja.

Sin embargo, ningún gastroenterólogo le encontraba nada malo. Finalmente, sin saber qué más hacer, uno de sus médicos recetó a Dylan Lexapro, un antidepresivo. ¿Le estaba ayudando? Melanie no estaba segura. «Reconozco que esto de la maternidad me está machacando», me dijo.

Esta era la historia típica que escuchaba de muchos padres: su hijo no prestaba atención en clase, era inquieto, raro, recalcitrante o, en general, infeliz. Una primera visita al neuropsicólogo indica que está «dentro del rango normal». El neuropsicólogo revisa los síntomas del niño, lo observa, consulta su amplio abanico de diagnósticos y rechaza catalogar al niño como trastornado.

Pero entonces el niño se pelea con otro en el colegio, o la profesora se queja de que se distrae en clase, o simplemente no hace lo que ella le pide. Pero *¿qué le pasa?* Esa parte sigue siendo im-

---

Desde entonces se ha desacreditado, pero gran parte del público sigue creyéndola. Véase, por ejemplo, Cosgrove, Lisa, *et al.*, «Why psychiatry needs an honest dose of gentle medicine», *Frontiers in Psychiatry*, 14 (2023).

precisa. Un pediatra salva los muebles recetando medicación psiquiátrica.

Estos padres parecían obligados a conducir por la autopista en un coche sin parabrisas, con escombros aleatorios golpeándolos constantemente en la cara. Nuevos diagnósticos, nuevas explicaciones, nuevos medicamentos, nuevas terapias. Se sentían desgraciados, y no solo *hasta* que empezaban a medicar a sus hijos con fármacos psiquiátricos, también después. Eran padres con los nervios a flor de piel, esperando la llegada de los nuevos efectos secundarios de la medicación: insomnio, cambios de humor, aumento de peso, abrazos desganados.

Una pregunta los asaltaba cada noche al acostarse, como un niño que se niega a dormir: «¿Por qué nadie puede arreglar esto?».

Medicación como alternativa a la disciplina

No *queríamos* poner a nuestros hijos una camisa de fuerza química. No pensábamos pasarnos el día ideando formas manipuladoras de encubrirlos cuando suspendían (rogando a sus profesores por correo electrónico que les perdonaran los deberes no hechos; suplicando a los entrenadores que los dejaran entrar en el equipo de turno; enviando un correo electrónico vagamente litigioso al director si el entrenador no se mostraba inmediatamente solícito). No nos enorgullecemos de las veces que metimos a escondidas un AirTag en sus mochilas o que seguimos sus movimientos con una aplicación en nuestros teléfonos; sencillamente, no teníamos fe en el juicio de aquellos a los que habíamos criado. Sabemos que los niños se desenvuelven mejor cuando se les da cierta independencia. Pero no podíamos confiársela. Nuestra garantizada alta estima por ellos, nunca reprimida, no podía inspirarles un comportamiento mejor.

La crianza terapéutica parecía menos dura entonces y más amable con cada niño. Pero cuando uno daba un paso atrás, el panorama cambiaba y aparecían nuevos personajes. Un niño que pegaba a otros niños y nunca se enfrentaba a un castigo seguía haciéndolo hasta que era medicado. Una niña que no podía prestar atención porque se pasaba todas las mañanas pegada a una pantalla interactiva acababa convirtiéndose en una distracción para los demás alumnos de la clase. La medicamos también.

«Alivio» es la palabra que más utilizan los padres amables cuando un pediatra les da por fin un diagnóstico y una receta: *nos sentimos aliviados al saber qué le pasaba*, me decían muchos padres.

Pero luego había que ajustar la medicación. Hay efectos secundarios no deseados. Añadir un segundo medicamento disminuía el efecto secundario del primero. Lo siguiente que supimos es que estábamos criando a adolescentes con dos, cuatro o *diez* fármacos psiquiátricos diferentes.[357]

La sonrisa

A mitad de la larguísima noche que pasé entrevistando a Ophir por Zoom, percibí el destello de algo: una sonrisa. Cada vez que recordaba algo que Maayan había dicho o hecho que parecía propio del TDAH, ahí estaba, parpadeando en mi monitor como un pájaro que levanta el vuelo.

Ophir me contó todo aquello que hacía diferente a Maayan: cómo le gusta mezclar el helado con el queso blando, la brusquedad con que mete los platos en el lavavajillas. Ophir me instó a ver vídeos de Maayan siendo creativo o extravagante o tierno. Era evidente que el niño le hacía mucha gracia. Y entonces me di cuenta: no había observado esto en ninguno de los padres estadounidenses a los que entrevisté, padres cuyos hijos habían sido diagnosticados y medicados de múltiples formas. En *ni uno solo*.

357. Richtel, Matt, «This teen was prescribed 10 psychiatric drugs. She's not alone», *The New York Times*, 27 de agosto de 2022, <https://www.nytimes.com/2022/08/27/health/teens-psychiatric-drugs.html>.

Todos parecían tener la sensación de agobio y agotamiento de quien lleva días sin poder conciliar el sueño. Todos declaraban repetidamente el amor que sentían por sus hijos, pero era un amor pesado y cansino. Mencionaron los abrazos superficiales y la desgana, el ajuste constante de la medicación y la angustiosa espera de la aparición de nuevos efectos secundarios. Sus voces se apagaban por momentos. Si te limitabas a escuchar su tono, la sensación que transmitían más claramente era de derrota.

Ahí estaba Yaakov Ophir, haciendo caso omiso de los consejos de los expertos de su profesión, queriendo a su hijo tal como era. Le imponía *muchas más* normas, organización —y ¡tareas!— de las que muchos de los expertos actuales consideran aconsejables.

Ophir enumeró las tareas, desde la colada hasta la jardinería, que él y su mujer habían asignado a Maayan como forma de combatir la despreocupación propia de cierto tipo de niño. Ophir quería hacerme ver que el chico no era precisamente ordenado. «No es el más organizado del mundo. No es organizado en absoluto. La semana pasada perdió las sandalias nuevas que le habíamos comprado. ¿Sabes cuántas camisas y sandalias ha perdido? Es muy caro criar a un niño así».

Resulta curioso que lo mencionara.

Mis hijos gemelos, de la misma edad, habían perdido *ocho* sudaderas en el colegio durante el año anterior. *Ocho*. Y como estábamos en 2021, cuando la pandemia hacía estragos y cualquier adulto podía ser asintomático, no me dejaban entrar en el colegio para rebuscar entre los objetos perdidos con la esperanza de encontrarlas.

Con todo, aunque Ophir claramente veía mucho margen de mejora, no consideraba a su hijo discapacitado. Tampoco estaba dispuesto a bajar el listón por Maayan. «Solo va con zapatos, no con sandalias, aunque aquí hace mucho calor —me dijo Ophir—. Hasta que no recuperemos estas sandalias, no compraremos unas nuevas».

Me llamó la atención que muchos de los padres a los que conocí, y que habían entregado la vida de sus hijos a la psiquiatría, ya no parecían disfrutar de ellos. Ophir no solo quería a su

298 · Mala terapia

hijo, sino que *lo disfrutaba* con locura. Lo que dijeran los profesores de Maayan le daba completamente igual. (Y, a fin de cuentas, ¿por qué iba a importarle?) Era *su hijo*, y Ophir estaba loco por él tal y como era.

En algún momento perdimos la noción de que estos niños que criamos son nuestros. Son nuestra responsabilidad y nuestro privilegio. No somos los subordinados del psicólogo escolar, ni del pediatra, ni de los profesores de nuestros hijos. En lo que a nuestros hijos respecta, somos más importantes que todos ellos juntos. Nosotros les dimos la vida, nosotros la mantuvimos y somos nosotros los que cargamos con las consecuencias emocionales directas de su evolución. Ya es hora de que actuemos como tales.

No sé cómo criar a tu hijo. No conozco tus valores. E, instintivamente, desconfío de la mayoría de los que afirman saber este tipo de cosas. A decir verdad, no creo que ningún experto en salud mental *lo sepa*. Ya han metido suficientemente la pata en esto de la crianza de los hijos.

Los expertos en salud mental se han ganado a pulso una buena dosis de escepticismo respecto a lo de que saben cómo ayudar a un niño a salir adelante. Son famosos por su lentitud, incluso a la hora de reconocer sus desastrosos errores.[358] En todo caso, las dos últimas décadas sugieren que los expertos en salud mental de hoy en día deberían analizar detenidamente sus consejos y considerar la posibilidad de que gran parte de ellos sean totalmente erróneos.

Han presidido un desastre. Convencieron a una generación de padres que queríamos dárselo todo a nuestros hijos —que les dedicábamos más tiempo y energía que ninguna otra— de que no sabíamos lo que hacíamos. Nos convencieron de que la pater-

---

358. Pienso a menudo en el hecho de que hace menos de un siglo, el pionero de la lobotomía frontal recibió el premio Nobel de Medicina. Véase Tan, Siang Yong; y Yip, Angela, «António Egas Moniz (1874-1955): lobotomy pioneer and Nobel laureate», *Singapore Medical Journal*, 55, 4 (2014), pp. 175-176.

nidad implicaba habilidades y experiencia, cosas que necesitábamos que nos proporcionaran.

La paternidad, empero, no es una habilidad. Es una relación, o lo era. Antes de que los expertos la profesionalizaran y convirtieran el tiempo con nuestros hijos en una tarea repugnante. De que adoptáramos y pusiéramos en práctica su forma de hablar, de que renegáramos de nuestro instinto, borráramos nuestra historia y acabáramos así: suplicando a unos niños desgraciados que se animen y se comporten. Una pésima baza que jugar con quienes tanto deseaban tener hijos. Y peor aún para los niños, cuyos padres los ven como una sombría obligación.

Los expertos nos enseñaron a ver a nuestros hijos a su manera: objetivamente. Empezamos a comparar a nuestros hijos con un ideal de atención, complacencia o flexibilidad establecido por los expertos. Como si obedecer los deseos del profesor fuera el mejor baremo para evaluar a nuestros pequeños.

Yo no sé cómo criar a tu hijo. Pero tú sí.

Parte III

A lo mejor a nuestros hijos no les pasa nada

Pero una vida sin sentido supone la tortura
del desasosiego y el vago deseo:
es un barco que anhela el mar y, sin embargo, lo teme.

EDGAR LEE MASTERS

11

Esta será nuestra última sesión

Hay una historia que a mi padre le encanta contar sobre su madre, una judía de origen alemán, brillante, impetuosa y mordaz. Con su manicura siempre impecable y el pelo pulcramente arreglado, mi abuela destacaba en todos los juegos de cartas, desde el *bridge* hasta el *blackjack*, y resolvía el crucigrama de *The New York Times* en un abrir y cerrar de ojos (a bolígrafo).

Más cómoda siempre con el silencio que con la cháchara, tenía poca paciencia con la mojigatería y prefería la claridad de un chiste verde. La familia era su verdadera religión. Sin embargo, rara vez halagaba o abrazaba a ninguno de sus cuatro hijos. Incluso para los parámetros de la década de 1960, era fría.

La maternidad era un papel que desempeñaba con diligencia y prontitud. Cuando con 6 años mi padre demostró sus dotes como artista, mi abuela matriculó a su soñador segundo hijo en clases de dibujo. Un día, cuando fue a recogerlo, el profesor de Arte pidió hablar con ella:

«Su hijo pasa mucho tiempo mirando por la ventana —le dijo el artista a mi abuela—. Creo que le pasa algo».

Mi abuela decidió al instante que el profesor era un imbécil. «Le pago para que le enseñe arte, no para que psicoanalice a mi hijo». La manifestación de su propia voluntad provocó un sonido tan sorpresivo como la boquilla de su bolso al cerrarse.

Para mi padre, el recuerdo de aquel intercambio siempre fue una prueba, rara vez pagada con cumplidos o abrazos, de su profundo amor maternal. Pero yo lo expongo aquí como lo que es: un puro anacronismo.

Hoy, la historia probablemente seguiría un curso distinto. La madre entraría en pánico e invitaría al profesor de Arte a que le contara más cosas. El resto del descenso de la bola de nieve es previsible. Por invitación de los padres, una tropa ya familiar de profesionales se interpondría entre los progenitores y el niño: terapeutas, profesores, expertos en educación y crianza, psiquiatras e incluso activistas: cualquiera con una opinión sobre un niño al que acaba de conocer y por el que no siente ni amor ni responsabilidad. Ninguno de ellos soporta la más mínima consecuencia de sus malos consejos.

El amor implica a veces mandar a paseo a un experto

«Una de las cosas más desafortunadas de la cultura angloamericana es que se ha vuelto extremadamente recelosa de lo que yo llamo "relaciones informales", las relaciones entre hombres y mujeres, entre adultos y niños», me dijo el sociólogo británico Frank Furedi.

Desconfiamos de las interacciones espontáneas y no reguladas, que se consideran peligrosas y llenas de riesgos inaceptables (ofender, experimentar vergüenza o rechazo, ejercer un «poder» indebido). De modo que las regulamos y satanizamos con «educación» e intervenciones.

Pero, como me señaló un destacado psicólogo,[359] este proceso de regulación de nuestras relaciones también resta vitalidad y significado a las interacciones, haciéndolas poco interesantes o incómodas. La respuesta es, por consiguiente, una mayor intervención. Más ta-

---

359. Pidió que no se le citara ni se le atribuyera ningún mérito porque no se atreve a hacer comentarios fuera de su ámbito oficial de especialización. Ojalá nuestros expertos en salud mental actuaran con la humildad de los académicos que se basan en la investigación.

lleres de formación para padres. Más lecciones para niñas de 9 años sobre «Cómo ser una buena amiga». No tiene fin, no hay un punto en el que los supuestos expertos digan: «¿No sería mejor que no metiéramos la nariz en esta parte de sus vidas, en el risueño santuario de la amistad entre chicas? Tal vez deberíamos dejarlas en paz».

El gran poeta afroamericano Robert Hayden sintió la devoción de su padre no a través de una declaración, que tal vez su padre nunca hizo, sino de sus constantes actos de sacrificio. «También los domingos mi padre se levantaba temprano y se vestía en medio del frío negro azulado —escribió Hayden—.[360] Luego, con las manos agrietadas, doloridas aún por el trabajo a la intemperie de la semana, hacía arder las brasas. Nunca nadie se lo agradeció». Calentado por el fuego, reforzado por el inquebrantable amor de su padre, Hayden se pregunta: «¿Qué sabía yo, qué sabía, del austero y solitario oficio del amor?».

Puede que no fuera perfecto, pero habida cuenta del hombre lacónico y estoico que parece haber sido su padre, tal vez sí. Cualquier otra cosa de un hombre semejante podría parecer un artificio.

Durante años, los expertos terapéuticos han intentado limar las idiosincrasias de la interacción entre padres e hijos y, en las dos últimas décadas, casi lo han conseguido. Insuflaron ideología y falso perfeccionismo en la relación padre-hijo, y sometieron cada aspecto a su examen y juicio.

Las relaciones entre padres e hijos siempre han variado en función de los valores, la cultura familiar y las variantes propias de la personalidad. Nuestras amistades, matrimonios, relaciones entre hermanos y padres no son valiosas porque se ajusten a un modelo aprobado. Son valiosas porque son *nuestras*.

Padres, ¡sustraeos!

Los expertos no son los únicos que se interponen en el camino de la maduración normal de nuestros hijos; la epidemia de sobre-

360. Hayden, Robert, «Those winter Sundays», <https://poets.org/poem/those-winter-Sundays>.

implicación de los padres en la vida de sus hijos es ya legendaria. Pedimos a los profesores que sentaran a nuestros hijos en primaria junto a otros elegidos por nosotros, exigimos hablar con los profesores de secundaria e incluso con los universitarios que osaran ponerles una mala nota, e intervenimos ante los jefes de nuestros jóvenes (todas son historias que me han contado).

WhatsApp se ha convertido en una auténtica pesadilla de ansiedad parental: «¿Alguien sabe qué entra en el examen de Sociales de mañana?», «¿Ha puesto la señorita Tyler deberes de Ciencias?». Esto, incluso en el caso de niños de 14 años.

Y, sin embargo, sabemos —no solo porque las mejores investigaciones psicológicas lo indican, sino también por años de sabiduría heredada— que los niños necesitan un espacio sin supervisión adulta. Se desarrollan con independencia, un cierto nivel de responsabilidad y autonomía y, sí, con el fracaso. Nunca aprenderán a valerse por sí mismos si nosotros lo hacemos todo por ellos. Los juegos arriesgados (bruscos, o en altura, con herramientas afiladas o que entrañen algún peligro real) no solo recompensan a los niños con alegría y competencia social, sino que pueden hacerlos menos fóbicos y más capaces de afrontar y evaluar los riesgos en el futuro.[361] Los pequeños fracasos y lesiones *ayudan a* los niños en lugar de perjudicarlos.

Sin embargo, el consejo de «darles autonomía» o «asignarles tareas que potencien al máximo su independencia» se interpreta al revés. Lo único que consigue es contribuir al problema de arruinar a nuestros hijos con un tratamiento excesivo. A un niño no se *le da* independencia, como tampoco se *le da* confianza, por mucho que nos halague pensar que lo hacemos. En la mayoría de los casos, basta con que nos apartemos de su camino —que dejemos de interferir—, y la independencia sigue su curso.

En nuestras caóticas vidas, bombardeadas por comunicaciones triviales y alertas sin sentido, el camino hacia una existencia

---

361. Kennair, Leif, *et al.*, «Risky play and growing up: how to understand the overprotection of the next generation», en B. Kaufman, Allison; y Kaufman, James C. (eds.), *Pseudoscience: the conspiracy against Science*, MIT Press, Estados Unidos, 2018, p. 175.

más tranquila y saludable debe empezar por la *sustracción*.[362] Toma todas las cosas que haces por tus hijos, toda la tecnología y el entretenimiento que les proporcionas y las actividades que les programas, y desecha un tercio de ellas. A nuestros hijos les iba mucho mejor cuando tenían menos distracciones, menos estímulos, menos supervisión, menos intervención, menos injerencia, menos adaptación, menos crianza. El peso de la investigación psicológica pone de manifiesto que lo que más necesitan los niños es que sus progenitores (y la tecnología) dejen de interrumpirlos, vigilarlos, controlarlos y apartarlos del milagro orgánico de crecer.

No son débiles, a menos que los hagamos así

Deja de actuar como si tu hija se fuera a morir si no le dan la merienda; como si se fuera a desmoronar si la sientan junto a un niño odioso en clase. Si no está en el mismo grupo de lectura que sus amigos, no llames al profesor a insistir en que se reorganicen los grupos porque tu hija no puede hablar de *Wonder* sentada al lado de otra niña que no sea Kennedy.

Deja de meter tus desmesuradas preocupaciones en su cabeza. Deja de utilizar la palabra *acoso* solo porque otra niña le haya dicho algo malo a tu hija; se trata de algo desagradable a lo que está destinada a enfrentarse de nuevo y que debe aprender a gestionar. Deja de vigilar y evaluar cada cosa que hacen tus hijos y de elogiarlos demasiado por hacer cosas sencillas. En lugar de estimularlos para que se hagan adultos, estás insistiéndoles en que se autopercíban siempre como niños.

---

362. El gran pensador y ensayista estadounidense de origen libanés Nassim Nicholas Taleb me introdujo en esta idea en su obra esencial, *Antifrágil*. Como en tantas cosas de la vida, a menudo «sabemos lo que está mal con más claridad que lo que está bien, y ese conocimiento crece por sustracción». Este es el principio que asocia con el antiguo concepto de «vía negativa». Taleb, Nassim Nicholas, *Antifrágil: las cosas que se benefician del desorden*, Paidós, Barcelona, 2024.

Deja de decirles que son débiles, en el sentido amplio de la palabra; si tú podías hacer algo a su edad, deja que ellos lo intenten. No son débiles, a menos que los obligues a serlo. Son extraordinariamente robustos y fuertes por naturaleza.

En algún momento olvidamos todo esto. Abjuramos de la autoridad y perdimos toda perspectiva. Cualquier indicio de un «síntoma» de salud mental devino una orden para que entregáramos inmediatamente al niño a un experto. Olvidamos que con los adolescentes, algunas cosas son parte de una fase. Muchos episodios de tristeza adolescente se resuelven por sí solos.

El psicólogo cognitivo-conductual Roger McFillin me dijo que, a su juicio, ni siquiera los cortes leves son necesariamente una crisis grave en todos los casos. «Somos conscientes de que cuando las autolesiones sirven para buscar cariño, atención o eludir responsabilidades, responder así a ese comportamiento solo reforzará su aparición. Lamentablemente, algunos adolescentes han adquirido la habilidad de convertir la autolesión en un arma».

Aconseja a los padres que no introduzcan a sus hijas a la primera de cambio en el sistema de salud mental. ¿Cómo aconseja a los padres que reaccionen ante los menores que se cortan? En algunos contextos, los padres deberían, simplemente, hacer caso omiso.[363]

Dicho de otro modo, cuando tu hija se porte mal, mantén la calma. Mantente al mando. No la entregues de inmediato a un experto en salud mental. *Tú* decides si está en crisis o no.

No soy una madre perfecta. He gritado a mis hijos más de la cuenta y por cosas que no debía, los he criticado innecesariamente y me he enfadado más de la cuenta por provocaciones sin

---

363. McFillin entiende bien que la autolesión, en determinados contextos, puede ser una conducta grave que requiere ayuda profesional. Pero, en el estado actual de nuestro sistema de salud mental, un solo caso de autolesión (independientemente del contexto) suele bastar para hospitalizar voluntariamente a un adolescente y someterlo a un régimen de potentes fármacos psiquiátricos. Convertir el «tiempo vulnerable de un adolescente en discapacidad crónica» es una descripción perfecta de la yatrogenia terapéutica, precisamente lo que McFillin se compromete a evitar.

importancia. Escribo hasta altas horas de la noche, me levanto cansada, paso la mañana de mal humor y una vez mandé a mi hijo al colegio sin el almuerzo, con el táper vacío. He olvidado rellenar las hojas de permiso, no me he mantenido al día de las conversaciones de padres sobre los mejores profesores y equipos deportivos, y me he negado a participar como voluntaria en todo tipo de tareas escolares que me parecían una intolerable pérdida de tiempo.

Pero cuando empecé a investigar para este libro, hice algunos ajustes. En primer lugar, informé a mis hijos: no volvería a leer los correos electrónicos de recordatorio de los deberes. Les dije que todo lo relacionado con los deberes o los exámenes era responsabilidad suya. Si esto significaba que se perdían una tarea, mejor que fuera en primaria o secundaria, donde las consecuencias académicas son mínimas. Decidí no convertir a niños desorganizados de primaria en alumnos dependientes de bachillerato.

Cuando mi hija, que entonces tenía 9 años, me suplicó que la dejara volver sola a casa desde la parada del autobús, lo hice. No porque *estuviera* preparada. (Obviamente no lo estaba: los coches son muy grandes; ella era muy pequeña). Las preocupaciones me asaltaron desde el momento en que la dejé hasta el instante en que llamó a la puerta. La abrí tres o cuatro veces a la espera de verla acercarse por el camino. A ella le encantaba su paseo; yo lo odiaba.

Lo permití principalmente porque a raíz de mis conversaciones con otros padres, aprendí algo. Cuando los niños pierden su «ventana» de independencia —de querer arriesgarse y aventurarse a hacer algo nuevo por su cuenta— dejan de pedirlo. Hablé con madres que habían prohibido a sus hijos pasear por el barrio cuando eran pequeños. Cuando cumplieron 13 años, ya no podían salir de casa.

Una niña de 9 años que vuelve a casa caminando sola entra en casa triunfante. Un niño de 12 que realiza la misma tarea no siente nada. *Él* sabe que no es un gran logro. Al haber sido entrenado para aceptar los estrechos confines de una jaula, para cuando la puerta se abra de par en par —cuando pueda sacarse el carné de conducir, por ejemplo— tal vez se haya rendido a su cautiverio.

Tras mi charla con Yaakov Ophir, presioné a mis hijos para que hicieran tareas domesticas. Todos los viernes, antes del comienzo del *sabbat*, los enviaba en patinete al mercado con una mochila vacía, una lista y una tarjeta de crédito. Cada vez que volvían a casa sanos y salvos, yo suspiraba aliviada.

No había manera de convencerlos para que interactuaran con adultos por sí mismos, se responsabilizaran de sus pertenencias o anotaran las cosas. Pero bajo la presión de este sencillo recado, se fijaban en los coches antes de cruzar la calle, llevaban la cuenta de gastos de mi tarjeta de crédito, escaneaban cuidadosamente mi lista y preguntaban a los dependientes dónde encontrar paquetes de levadura. (Si olvidaban algún artículo, los mandaba de vuelta).

Por primera vez en su vida, uno de mis hijos —que distaba mucho de ser el más organizado— me insistió en que revisara mis recetas y me *asegurara de* que la lista incluía todo lo que necesitaba. No porque le hubieran enseñado función ejecutiva o habilidades organizativas. Lo aprendió de la necesidad, y de una profunda aversión a que lo mandaran *dos veces* a la tienda.

Mis hijos llegaron a conocer a la gente que trabajaba en nuestro supermercado. Aprendieron a moverse por el barrio. Empezaron, por primera vez, a fijarse en lo que les rodeaba, no porque yo los hubiera acosado para que prestaran atención (cosa que había hecho antes). Sino porque me había *quitado* de *en medio*.

No ha habido mejor actividad para mis hijos —para su espíritu, su madurez, su sentido de la responsabilidad o de sí mismos— que un campamento de verano. Por más que me empeñara en que recogieran sus cosas, su comportamiento no mejoró hasta que sus monitores de secundaria insistieron en ello. Ninguna de mis súplicas había conseguido que tiraran de la cadena o levantaran la tapa del váter. No hasta que en el campamento se les asignó el mantenimiento de las letrinas.

Una vez más, lo único que hice fue sustraer mi yo revoloteador, nervioso y neurótico, y dejar que los chicos mayores los inspiraran. Si puedes costearles un campamento de verano «no tecnológico» que refuerce tus valores, hazlo. No hay manera más fácil de sustraerse y permitir que la independencia, la asunción de riesgos, la autonomía y la verdadera amistad sigan su curso.

Lo que podemos aprender de un niño japonés de 3 años

Con poco más de 3 años, Hiroki está ansioso por hacer su primer recado. Pertrechado con una bandera amarilla, tres cosas memorizadas, dinero en un monedero de vinilo y las sandalias más chirriantes del mundo, se dirige al mercado que hay a media milla de su casa, en la prefectura de Kagoshima. Cuando tiene que cruzar una calle muy transitada, Hiroki mantiene en alto su bandera amarilla para que los conductores puedan verlo.

En la tienda, compra paquetes de carne, pasteles de pescado y un cucurucho de flores que arrastra durante todo el camino de vuelta a casa. Pero al final llega, triunfante, ante los elogios y los brazos abiertos de su madre. *¡Soy mayor!* es el título de este *reality show* de Netflix que cada semana presenta a un nuevo niño japonés enviado a hacer su primer recado, en una cultura que fomenta activamente la independencia en niños de muy corta edad.

Según Yulia Chentsova Dutton, psicóloga cultural comparativa que dirige el Laboratorio de Cultura y Emociones de la Universidad de Georgetown, el programa de Netflix puede llevar a los espectadores a exagerar la edad a la que los niños japoneses suelen ser «llamados a filas». (Lo más probable es que tengan 5 años). Sin embargo, es más o menos fiel. «Van andando a la escuela, se desenvuelven en su entorno muy pronto, a partir de los 5 años», me dijo. «Un niño japonés de 7 u 8 años puede coger el metro, el autobús, ir al colegio y volver, tienen mucha independencia. A menudo, lo hacen conjuntamente con otros críos de su edad, por lo que se ven grupos enteros de niños japoneses navegando juntos por la ciudad, de camino a la escuela, así, de paso, van construyendo relaciones entre iguales».

No se trata simplemente de un artefacto cultural casual. Como en otros países de renta alta con un índice relativamente bajo de trastornos de ansiedad y depresión —Israel es uno de ellos—, Japón tiene el compromiso ideológico de dar libertad a los niños para que resuelvan sus conflictos y se desenvuelvan en su mundo sin la vigilancia ni la supervisión de los adultos. En Japón, me dijo Chentsova Dutton, los centros preescolares suelen incluir escondites en el patio de recreo, diseñados deliberadamente para que los niños jueguen sin la carga de la vigilancia de los adultos.

«Los profesores entienden que, cuando los niños están en la escuela, una cierta cantidad de tiempo menos supervisado y de interacciones entre iguales sin la intromisión de los adultos es algo sumamente importante y adecuado para su desarrollo», explica. Sus patios de recreo suelen tener pequeñas rocas y arroyos. ¿No les preocupa a los profesores japoneses que un niño de preescolar se haga daño? De eso se trata. Quieren que haya pequeños percances —rodillas raspadas, calcetines mojados— «para que los niños aprendan a calibrarse mejor cuando sienten esas señales de "esto puede ser arriesgado", y sepan cómo reaccionar».

Pensé, avergonzada, en el colegio de mi hija y en el arrebato de orgullo de la subdirectora cuando me dijo que acababa de crear nuevas normas para el balonmano, «para que las niñas dejaran de discutir cuando una de ellas se quedaba fuera». Gracias a las nuevas reglas que introdujo nuestra subdirectora, ningún niño se quedaba «fuera», fue perdiéndose el interés por el juego y, con él, la diversión; los niños dejaron de jugar. Y perdieron otra oportunidad de resolver conflictos por sí mismos.

8 años es la edad oficial a la que los escolares israelíes deben ir solos a la escuela, en autobús si es necesario. Se lo comenté a Chentsova Dutton, que ya lo sabía por haber estudiado los hábitos culturales respecto a la independencia infantil en Israel.

En los debates estadounidenses sobre desarrollo infantil, tendemos a hablar de las «habilidades» vitales de los niños, como si tales cosas se adquirieran de forma aislada: como un buen *swing* de golf. Sin embargo, no es en absoluto el caso de volver a casa desde el colegio, descubrió Chentsova Dutton cuando siguió a niños israelíes en sus paseos. «Están interactuando con sus compañeros, están dando indicaciones a unos turistas, están parando en la panadería, están comprando pan, están sentados, tomando un tentempié. Es una suerte de sensación de competencia. Algo parecido a "Yo sé cómo apañármelas aquí"».

Lo que ella ve —y estudia— en los campus universitarios estadounidenses es precisamente lo contrario. Los estudiantes le dicen: «Mira, cuando mis padres consideraron seguro para mí que jugara en la calle, yo ya tenía casi 13 años y no tenía el menor interés en hacerlo. Ese período se perdió por completo. Nunca ocurrió».

Tratar la ansiedad de los adolescentes con dosis de independencia

Lenore Skenazy, autora de *Free range kids*, ha encabezado el movimiento Let Grow ('Deja crecer'), basado en una sencilla intuición: los niños no saben lo que *pueden* hacer si no les damos libertad y dejamos que lo intenten. Los niños que sienten que no pueden hacer nada son niños infelices y temerosos. Cada vez son más los estudios que lo corroboran.[364]

Los trastornos de ansiedad y depresión están asociados al neuroticismo: hiperreactividad negativa ante el entorno. La actividad independiente puede fomentar el bienestar a corto plazo de los niños a través de la alegría, así como la habituación a los factores estresantes de la rutina diaria a largo plazo.[365]

Uno de los psicólogos educativos más importantes de Estados Unidos, Peter Gray, cofundador de Let Grow, cree que la disminución de la actividad independiente de los niños y adolescentes en edad escolar en las últimas cinco o seis décadas es una «causa clave» del deterioro de su salud mental.[366] En un novedo-

---

364. Gray, Peter, *et al.*, «Decline in independent activity as a cause of decline in children's mental well-being: summary of the evidence», *Journal of Pediatrics*, 260 (2023).
365. *Ibidem.*
366. *Ibidem.*

so artículo académico donde revisa un voluminoso corpus de investigación, Gray concluye que el juego sin supervisión, el juego de riesgo y la actividad independiente, en los que un joven contribuye al bienestar del grupo, producen felicidad inmediata y fomentan la resiliencia psicológica a largo plazo.[367] Ninguno de esos beneficios procede del juego vigilado, que, en lo que respecta a la resiliencia psicológica o la alegría inmediata, no es en absoluto «juego» propiamente dicho.

En un reciente estudio relacionado con este tema, Chentsova Dutton y su equipo entrevistaron a estudiantes de Turquía, Rusia, Canadá y Estados Unidos y les pidieron que describieran las experiencias «arriesgadas» o peligrosas que habían tenido en el mes anterior.[368] Descubrieron que los estudiantes estadounidenses eran mucho más propensos a exagerar los riesgos que entrañan acontecimientos cotidianos como estar solo en la calle o viajar en Uber, y menos capaces de discriminar entre peligros reales e imaginarios. «Tanto los estudiantes turcos como los rusos describieron sucesos que implicaban un riesgo real: peleas violentas en el transporte público, condiciones de conducción peligrosas propiciadas por conductores ebrios, mujeres a las que se seguía agresivamente por la calle»,[369] relata un periodista que revisó el estudio. Al no haber aprendido nunca a gestionar el riesgo o el daño social, los estudiantes estadounidenses eran más proclives a sentirse ansiosos por los incidentes rutinarios de la vida cotidiana.

Los padres estadounidenses discreparán. Insistirán en que dan a sus hijos todo tipo de independencia. Pero, como señala Chentsova Dutton, ninguna de las opciones que los padres estadounidenses suelen ofrecer a sus hijos entraña peligro o riesgo real alguno, y ninguna ofrece por ende la satisfacción de la iniciativa

---

367. *Ibidem.*

368. Korbey, Holly, «Young adults are struggling with their mental health. Is more childhood independence the answer?», *Mind/Shift*, 20 de diciembre de 2022, <https://www.kqed.org/mindshift/60624/young-adults-are-struggling-with-their-mental-health-is-more-childhood-independence-the-answer>.

369. *Ibidem.*

tomada y el logro realizado. «Los estadounidenses ofrecen a los niños un número ridículo de opciones, completamente seguras, pero ninguna de ellas es una opción decisiva que los pueda influir. "¿Qué vas a beber?", "¿Qué vas a comer?", "¿La camisa roja o la blanca?". Dan a los niños la sensación de "Yo tomo las decisiones, yo estoy al mando. Yo decido, yo influyo"», cuando lo cierto es que todas son opciones seguras, controladas y triviales.

Esto describe a la perfección el tipo de preguntas que los padres lanzan a sus hijos sin cesar, como media docena de pelotas lanzadas para distraerlos. Y eso es precisamente lo que tantos libros de crianza terapéutica aconsejan: «Para evitar conflictos con tu hijo cuando no quiere hacer lo que le pides, preséntale una alternativa»; «Hoy tienes que ir al colegio, pero puedes elegir qué música escuchar en el coche». El año pasado, el profesor de Matemáticas de mis hijos asignaba diez problemas de deberes de una hoja que incluía veinte: los alumnos podían *elegir* qué diez problemas hacer. *Una nueva era de elección y libertad.* ¿Has oído alguna queja al respecto? ¿No? Yo tampoco.

Según Chentsova Dutton, estas manipulaciones pueden distraer momentáneamente a los niños para que obedezcan, pero al final el subterfugio se acaba. Los niños saben que se los trata con condescendencia. «Y creo que cuando llegan a la universidad, o al instituto, quizá incluso un poco antes, saben que todas esas opciones eran falsas; que no se les ha dado nunca la oportunidad hacer elecciones de peso».

«¿Qué sería una elección de peso?».

«Algo que decidan sin la participación de sus padres y que resulte ser algo realmente bueno o realmente malo».

He aquí algunas decisiones que antes (pero ya no) concedíamos a los adolescentes en Estados Unidos: si ir o no a la universidad. (No, todo el mundo va). Con quién salir. (Mamá elige). Qué actividades hacer. (Mamá elige). Qué camino tomar para ir al colegio. (Mamá te lleva). Incluso *cómo* ser buen amigo. (Los orientadores y profesores indagan ahora sobre esto y ofrecen corrección).

En su práctica clínica, sobre la base de una intuición similar, el profesor de Psicología y terapeuta cognitivo-conductual Camilo Ortiz ha empezado a tratar a adolescentes ansiosos a causa de la independencia. «Cuando los padres están demasiado encima de sus hijos e impiden que exploren de forma independiente el mundo que los rodea, fomentan muchos de los procesos que los científicos han identificado como causas de la ansiedad —ha escrito—.[370] Los niños que no practican la independencia (sí, es una habilidad que se marchita sin la práctica) tienen menos confianza en sí mismos y peores habilidades sociales, son menos tolerantes a la incertidumbre, tienen peores habilidades para resolver problemas y son menos resilientes».

Ortiz cree que los actos de independencia pueden ayudar a aliviar incluso miedos no relacionados. Sobre el método que utiliza con los niños, bromea diciendo: «¿Así que te da miedo la oscuridad? Ve a la charcutería y cómprame medio kilo de salami». El sentimiento de eficiencia del niño que resulta de la realización de este tipo de tarea, dice, hace que los niños sean más fuertes en todos los sentidos: más valientes, menos ansiosos, más dispuestos a intentar cosas difíciles y, sorprendentemente, resultan con menos frecuencia una carga constante para sus agobiados padres. Hasta la fecha, dice, los resultados han sido prometedores.[371]

Cómo es la verdadera independencia

Al igual que Japón, Israel ha adoptado el compromiso de fomentar la independencia de los niños. Las reuniones entre padres y profesores se celebran habitualmente *con el niño presente*, a fin de que este pueda escuchar lo que se dice de él. Cuando los padres recién llegados intentan llevar a sus hijos a partir de los 8 años al colegio o se encargan de tareas que, en opinión de los israelíes,

---

370. Ortiz, Camilo, «Treating childhood anxiety with a mega-dose of independence», *Profectus*, 14 de marzo de 2023, <https://profectusmag.com/trea ting-childhood-anxiety-with-a-mega-dose-of-independence>.

371. Elsharouny, Mary, «Let go and let grow: an assessment of a school and community-based Intervention encouraging independence in children», tesis doctoral, Universidad de Long Island, julio de 2012, <https://digital commons.liu.edu/post_fultext_dis/43/>.

deben ser realizadas por los niños, los profesores reprenden a los padres porque hacer eso es como poner aparatos ortopédicos en una pierna sana.

Lo sé no solo por Chentsova Dutton, también por mi cuñada, que se ha mudado recientemente con su familia a Israel. Cuando intentó contratar a un profesor de autoescuela para su hijo de 16 años, le dijeron que ni hablar. «Lo siento, pero es su hijo quien tiene que contratarme. Él es mi cliente», le dijo el hombre.

Aprendió de otros padres que el día que llamaran a su hijo, mi sobrino, a filas, una de las primeras preguntas que le harían sería: «¿Cómo has llegado hasta aquí?». Si la respuesta era: «Mi madre me ha traído en coche», las unidades de élite desestimarían su solicitud. No les sirven los mimados.

A veces, según me contó mi cuñada, las Fuerzas de Defensa de Israel proporcionan a los jóvenes reclutas una dirección equivocada para poner a prueba su capacidad de afrontar la adversidad. El ejército —y la sociedad israelí en general— cree que tiene la responsabilidad de obligar a los jóvenes a enfrentarse a lo inesperado. Consideran que es una preparación esencial para una vida llena de sorpresas desagradables.

Cuando los grupos de jóvenes de secundaria representan obras de teatro en Israel, las producciones están dirigidas exclusivamente por estudiantes. Lo que también significa que dejan bastante que desear. Pero no están pensadas para los padres. Están diseñadas en beneficio de los chicos.

Imagina que los colegios funcionaran así: que dejaran que los niños sacaran malas notas, que los echaran de un equipo o que hicieran una obra de teatro *amateur* para que *aprendieran* de ello y lo hicieran mejor la próxima vez. (En realidad, hasta hace muy poco, lo *hacíamos*. La revista *Seventeen* de la década de 1940 lo demuestra. Todas las actividades y obras de teatro estaban dirigidas por estudiantes). En cambio, en uno de nuestros colegios privados de Los Ángeles hay una banda de rock en la que canta el director. *Vaya, qué divertido...*

Sin embargo, lo realmente importante es que esto no es lo mejor para los niños. A la naturaleza «le encantan los pequeños errores», como escribe Nassim Nicholas Taleb en *Antifrágil*. Los errores, de hecho, marcan el camino hacia la grandeza humana. La educación en su conjunto depende de ellos, el método científico los presupone, el crecimiento y la evolución los exigen. Esto *no implica* la eliminación de los estándares: el error significa mantener los estándares altos, y dejar que algunos intentos fracasen; dejar que las puntuaciones reflejen la capacidad real. El estrés moderado mejora el rendimiento.[372]

Los errores garrafales son eso: garrafales. No se manda a un niño a una pelea con navajas para que se haga más fuerte.

Y tal vez eso explique por qué las redes sociales son tan perjudiciales para nuestros jóvenes: son la pelea a navajazo limpio de la competencia por el estatus. Ofrecen un riesgo que ninguno de nosotros está preparado para afrontar, sobre todo nuestros adolescentes, imperiosamente sensibles a las cuestiones sociales. Nosotros —y ellos— estamos hechos para gestionar pequeños errores sociales que provocan que otros quince chicos, incluso toda la clase, se rían de nosotros. Pero nadie está preparado para que Seth Rogan (9.3 millones de seguidores) se burle de su nombre en Twitter. Ninguno de nosotros está preparado para que nuestras humillaciones se compartan con miles *o millones* de personas. Ninguno de nosotros está hecho para ello, y es demasiado devastador para resultar beneficioso.[373]

Chentsova Dutton creció en Rusia, otro país que fomenta la independencia en los niños. Cada año, como regalo de cumpleaños, sus padres ampliaban el radio de acción permitido para sus paseos en solitario. Cada año, le permitían un poco más de riesgo, un poco más de peligro y, consiguientemente, de aprendizaje

---

372. Este es uno de los hallazgos más conocidos de la psicología del siglo xx, conocido como la ley Yerkes-Dodson. Véase «Ley de Yerkes-Dodson», Wikipedia, <https://es.wikipedia.org/wiki/Ley_de_Yerkes-Dodson>.

373. La curva de Yerkes-Dodson muestra que el estrés añadido puede mejorar el rendimiento, hasta un cierto punto, y a partir de ahí se vuelve contraproducente. Véase Pietrangelo, Ann, «What the Yerkes-Dodson law says about stress and performance», *Healthline*, 22 de octubre de 2020, <https://www.healthline.com/health/yerkes-dodson-law#stress-performance-bell-curve>.

y crecimiento. Cada año, la tentaban a atisbar un poco más las alegrías del mundo adulto.

Sabemos desde hace tiempo que la sensación de eficiencia personal en el mundo está íntimamente relacionada con la sensación de lo que hoy llamamos bienestar. ¿Cómo no iba a mejorar la aptitud general de un niño sentirse *competente* en el mundo?

Cuando nos esforzábamos por introducir a los niños en el mundo de los adultos —mediante la asignación gradual de tareas domesticas y trabajos extraescolares y la concesión de tiempo con sus compañeros sin supervisión—, estaban ávidos de más. Más libertad, más responsabilidad. Pero hoy, en cambio, alteramos el mundo de los adultos para hacerlo más adaptable a los niños.

Por citar solo un ejemplo reciente, las empresas de alimentación y bebidas están rehaciendo sus productos para convertir toda la comida en «picoteo», con el fin de adaptarse a una generación que no quiere desarrollar los gustos de los adultos, y que prefiere bebidas más dulces presentadas con colores brillantes y seguir consumiendo productos de niños. «Los bebedores de cerveza de más edad se jactan de haber hecho un esfuerzo para que les gustase el sabor amargo de la cerveza, igual que tuvieron que acostumbrarse al del café, las aceitunas o el chocolate negro», declaró un jefe de marketing a *The Wall Street Journal*. Pero las generaciones más jóvenes no lo hacen.[374]

Los ganadores de la Gran Depresión

¿Quieres saber a qué niños les fue mejor en la Gran Depresión? No fue a los más pobres, que a veces eran abandonados por padres que no podían alimentarlos. Tampoco fue a los más ricos, cuyas vidas se vieron relativamente poco afectadas por la crisis.

374. Deighton, Katie, «More chicken, lighter beer, pink drinks: companies craft new products for gen Z tastes», *The Wall Street Journal*, 3 de julio de 2023, <https://www.wsj.com/articles/more-chicken-lighter-beer-pink-drinks-companies-craft-new-products-for-gen-z-tastes-88d96c7a>.

Según un magnífico estudio longitudinal de 167 niños de primaria de Oakland, California,[375] los niños a los que mejor les fue per-
tenecían a un tercer grupo: niños de clase media que aceptaban
trabajos, llevaban ropa usada, trabajaban a destajo o se dedica-
ban a repartir periódicos, ahorraban dinero y hacían tareas extra.

«Los hombres y mujeres de la clase media desfavorecida tenían *más* probabilidades de ser considerados relativamente libres de síntomas que los no desfavorecidos, y también recibían
puntuaciones más altas en fortaleza del amor propio, integración de impulsos y esfuerzos, utilización de recursos personales y
capacidad de crecimiento. Se caracterizaban por ser más resilientes, más seguros de sí mismos y menos defensivos».[376]

Los niños que habían tenido que sacrificarse durante este período desarrollaron una mayor ética de trabajo e irrumpieron
más rápidamente en el mundo adulto.[377] La privación y el sacrificio moderados, el desafío, la independencia, el riesgo que com-
porta la autonomía; todas y cada una de estas cosas resultaron
ser enormemente positivas para estos niños.

Y, sin embargo, el estilo de crianza de mi generación se ha
caracterizado por lo contrario: la *acomodación*. Padres que trabajan horas extra para crear un escenario menos ruidoso, desin-
fectado y sin dolor para unos niños que luego no pueden soportar el mundo fuera de él.

«Considero un concepto falso y peligroso para la higiene
mental dar por supuesto que lo que el hombre necesita ante todo
es equilibrio... un estado sin tensiones —escribió el gran psiquiatra austriaco y superviviente del Holocausto Viktor Frankl—. Si
los arquitectos quieren reforzar un arco en mal estado, aumentan el peso que sostiene, de modo que sus elementos se unen
entre sí con más fuerza».[378]

375. Elder, Glen, *Children of the Great Depression: social change in life experience, Routledge*, Estados Unidos, 1999.

376. *Ibidem*, p. 281.

377. Glen Elder, *op. cit.*, pp. 277-279.

378. Frankl, Viktor E., *El hombre en busca de sentido*, Herder, Barcelona,
2021.

Si quieres fortalecer los músculos de una persona, la obligas a hacer ejercicio. No fortaleces a un niño corriendo al médico para que le diagnostique, ni presionando al colegio al que va para que se adapte a él. Y este es el punto más importante de todos: no necesitas *hacer* nada para conseguirlo. Huelga decir que no tienes que *herir* los sentimientos de tu hija para fortalecerla. Solo tienes que dejar de interferir. Deja de gestionar sus relaciones con la esperanza de que nada ni nadie la haga sentirse mal. El proyecto está condenado al fracaso. Los agentes patógenos siempre se abren camino, incluso en los entornos más esterilizados. Más vale desarrollar un sistema inmunitario.

¿Cuál es el colmo de...?

Que los padres de hoy no recuerden lo que es el humor es algo perfectamente perdonable. De entre todas las pésimas características de nuestros libros de crianza, la más común es que casi todos son uniformemente aburridos y carentes de humor. Por Dios, estos nefastos libros convierten cada momento con nuestros hijos en algo tedioso y serio. Técnicas que practicar, situaciones que vigilar, problemas que reconocer, disculpas que ofrecer cuando fallamos en todo lo anterior. Pintan un mundo de severidad, donde nos jugamos mucho y reina la monotonía.

Pero si realmente quieres que tu hija tenga la mejor defensa anímica en un mundo impredecible, baja la guardia, solo por esta vez, y deja que las cosas vuelvan a ser divertidas.

«El humor era otra de las armas del alma en la lucha por la autoconservación —observó Frankl cuando sobrevivió a Auschwitz—. Es bien sabido que, en la existencia humana, el humor puede proporcionar el distanciamiento necesario para sobreponerse a cualquier situación, aunque solo sea por unos segundos».[379]

Habida cuenta de que todos estamos a la deriva en este terreno, trato de no ofrecer consejos. «Ríe con tus hijos» suena a

379. *Ibidem.*

consejo, pero no lo es. El humor es una de las defensas más naturales de la psique. Es la *censura* lo que requiere vigilancia. Si quieres reprimir el humor, debes crear reglas y hacerlas cumplir. De lo contrario, los humanos nos reímos y nos burlamos de casi todo.

El humor es la aceptación de lo inesperado. Y es una de nuestras mejores herramientas psicológicas para transformar el sinfín de pequeñas decepciones de la vida en una diversión desternillante.

No estás solo en este vuelo

Hace aproximadamente un año, estaba en un avión, sentada detrás de una familia estadounidense de cuatro miembros: el padre, la madre y dos niñas pequeñas. En pleno vuelo, la niña, de unos 8 años, soltó un prolongado grito, tan agudo que sentí como si un objeto punzante me hubiera perforado los tímpanos.

Su padre, pelirrojo y barbudo, un gigante amable, intentó calmarla. Le preguntó qué le pasaba. Le preguntó por qué estaba tan enfadada con su hermana pequeña. Le dijo a la menor que no la pellizcara ni hiciera lo que fuera que había hecho. Instó a ambas a hacer las paces.

Ni una sola vez mencionó a los demás pasajeros del avión. No le dijo a ninguna de las niñas que cuando gritaban podían estar molestando a otras noventa personas. No mencionó que todos compartíamos este espacio en el aire, y que todos teníamos un trabajo que hacer: ser buenos vecinos durante todo el viaje. En ningún momento inquietó a sus hijas con pensamientos sobre nosotros.

Se lo comenté a Chentsova Dutton, para saber qué pensaría de ello un padre japonés. «Para cualquiera que proceda de una cultura más colectivista, esto es una locura», me dijo.

Nuestros hijos no saben que están conectados con los demás porque no se lo decimos. Les decimos que son pequeños individuos perfectos, que pueden gritar como locos en un avión como si estuvieran solos. En esto radica el problema ontológico, que se suma al moral: el solipsismo que enseña, inculcando la idea de que los niños son radicales libres, desvinculados de un mundo social. Cuando las cosas van bien, cuando son felices, puede valer. Pero cuando las cosas se ponen cuesta arriba, no tienen a nadie a quien acudir, ni tienen siquiera la sensación de que haya alguien ahí fuera que realmente se preocupe por ellos más allá de sus padres.

No permitimos a los niños tener una red de relaciones estables. Elegimos para ellos los mejores amigos, escogidos a dedo, según nuestras preferencias, en diferentes lugares, como si estuviéramos recogiendo piedras en la playa. Chentsova Dutton afirma, sin embargo, que cuando se observan las sociedades en que hay tasas muy elevadas de depresión patológica destacan dos cosas: un gran valor concedido al individualismo y una gran movilidad relacional (es decir, mucha rotación de los personajes que habitan en tu vida).

Piensa por un momento en la vida de nuestros hijos hoy: no se juntan con los niños del barrio, ni con primos, ni con muchos hermanos, ni siquiera con el grupo de compañeros que los acompaña a lo largo de su etapa escolar. Van con niños a los que ven en el club de ajedrez; niños del equipo de béisbol; amigos de primero; amigos de segundo; ninguno de los cuales se conoce entre sí. Cada año cambiamos la composición de sus clases, con la teoría de que eso los ayudará a hacer *nuevos* amigos.

«Lo que acaban teniendo es un conjunto de relaciones muy fragmentadas —me dijo Chentsova Dutton—. En lugar de un grupo de amigos integrado y estable, en el que te conoces, te relacionas durante períodos más largos, anticipas la estabilidad y desarrollas relaciones que son cualitativamente diferentes en cuanto al sostén que pueden ofrecerte cuando las cosas no van tan bien. Y así, cuando estos niños llegan a la adolescencia, con sus factores de estrés normales, carecen de una red de apoyo estable».

Los inmigrantes mexicanos en Estados Unidos, cuya salud mental es mucho mejor que la de los estadounidenses de origen socioeconómico similar, también empeoran a medida que se integran en la cultura estadounidense. Y una de las explicaciones que dan los investigadores a esta «paradoja de la salud mental latina» es la cultura que traen consigo, que los lleva a formar redes sociales relativamente estables y sólidas.[380]

Vivo en la ciudad de Los Ángeles, hogar de más de medio millón de inmigrantes centroamericanos. Y una de las cosas que cualquiera advierte cuando, por ejemplo, dos salvadoreños o guatemaltecos se saludan es que enseguida se preguntan de dónde es exactamente la familia de cada uno. Averiguan a quién conocen en común, a qué iglesia asiste cada uno. Si han hablado antes, aunque solo sea una vez, preguntan por la familia del otro y escuchan atentamente las respuestas.

Cuando se reencuentran, se informan sobre la evolución de la vida de cada uno; sus culturas fomentan esta humanidad y decoro. Eso les enseña a invertir los unos en los otros. Si te cruzaras casualmente con ellos, sospecharías que los que se acaban de conocer son amigos desde hace años.

Todo esto lo proporcionaban antes las familias y los barrios. Nuestros hijos no lo tienen. No tienen una red estable de contactos que se preocupen por ellos o que los conozcan de verdad. Nuestro constante énfasis en la singularidad de nuestros hijos refuerza esta sensación de que solo deben preocuparse de sí mismos. De que son individuos hechos totalmente a medida. De que están muy solos.

Familia ampliada (sí, esa gente)

Mi suegro, que creció en un rancho ganadero de California, tiene una lúdica y espeluznante tradición con los nietos. Muchos años antes de que sus nietos cumplan 16 años —cuando tienen 11 o 12— los lleva a todos a una zona remota y les enseña a conducir. Desde que mis hijos gemelos cumplieron los 9, empecé a temer su turno al volante.

380. Hernández, Cindy M., *et al.*, «The Hispanic paradox: a moderated mediation analysis on health conditions, self-rated health, and mental health among Mexicans and Mexican-Americans», *Health, Psychology, and Behavioral Medicine*, 10, 1 (2022), pp. 180-198.

Adoro a mis hijos y les confío todo tipo de cosas. Arreglan con regularidad toda clase de problemas informáticos en casa, y cuando necesito a alguien que siga instrucciones y monte una mesa auxiliar, no hay nadie mejor. Pero también los conozco bien, de toda la vida. Suelen aporrear los botones antes de saber para qué sirven. Rompen vasos y, si ven un pedal, dudo mucho que no lo pisen.

Podían hacerse daño. Podían herir a otros. El riesgo era grande. El beneficio, dudoso. La actividad, ilegal.

Yo era responsable de garantizar su seguridad. Dejarlos conducir un vehículo de dos toneladas con el abuelo parecía exactamente lo contrario. De ninguna manera iban a conducir.

Pero, entonces, un día, mientras empezaba a pensar en este libro, tuve una pequeña epifanía: ¿y si no se trataba de *mí*? ¿Y si mi comodidad no era la única consideración en juego? ¿Era posible que, al prohibirles la actividad con su abuelo, los estuviera privando de algo más?

Pensé en una conversación que había tenido con el psiquiatra de Harvard Harold Bursztajn, cuyos padres sobrevivieron al Holocausto y escaparon del gueto de Lodz escondiéndose en las alcantarillas. Bursztajn me contó que durante el Holocausto, en los momentos más aciagos de la vida de su padre, lo que le mantenía en pie eran los vívidos recuerdos que tenía de su familia, que se reproducían en su mente como un carrete de película.

Muchos de los pacientes jóvenes que Bursztajn atiende en Harvard saben muy poco de sus familias. Esto los hace especialmente vulnerables, dice Bursztajn, cuando se enfrentan a los retos de la vida. «Hay mucha inseguridad sobre el "Quién soy"», dice de los pacientes adultos jóvenes que ha visto en la última década. «Buena parte de ello responde a no poder conectar con el pasado, no poder tener una sensación de continuidad. Sentir que, de algún modo, el futuro es una gran incógnita, el presente es un reto, y el pasado es un misterio».

Cuando restringimos demasiado la conversación o la actividad del abuelo con nuestros hijos —y más aún cuando los desterramos por completo— interferimos en la sensación de nuestros hijos de que son los tallos más nuevos del Pando, la colonia de álamos que crece en Estados Unidos con un único sistema de raíces entretejidas. Interrumpimos el sentido natural de que: «No soy solo yo. Me remonto muy atrás. Hay personas de mi linaje que se han enfrentado a cosas mucho peores y han sobrevivido. Yo también puedo».

Cuando se afirma la inclinación natural de los niños a considerar sus dificultades como *sui generis* y de suma importancia, cuando no se les dice que sus propios abuelos sobrevivieron a penurias, se los priva de la capacidad de contextualizar su propio sufrimiento. Los despojas de la única prueba empírica que tienen de que su material genético es resistente. Los desprendes de la red familiar, una de las mayores fuentes de sentido de la humanidad. Los obligas a ver sus problemas de forma aislada y a enfrentarse a las dificultades en soledad.

Una de las peores consecuencias de nuestro hiperenfoque en los sentimientos presentes, nuestro divorcio voluntario de la perspectiva histórica y de la profesionalización de la crianza de nuestros hijos es que hemos devaluado todo lo que los abuelos tenían que ofrecer. Llegamos a verlos como personas retrógradas, racistas, rudas, demasiado juguetonas o demasiado poco y siempre propensas a apelar como guía a lo que sus propios padres habían hecho con ellos. Corregimos sus interacciones con nuestros hijos, las limitamos estrictamente o las prohibimos por completo.

Los abuelos no eran perfectos. El abuelo decía cosas que no debía, ponía películas que no eran para niños y les contaba chistes inapropiados. Los obligaba a trabajar con herramientas peligrosas y les daba muy pocas instrucciones. La abuela preparaba las comidas menos convenientes («¡Ya sabes que a Aiden no le sientan bien los lácteos!») y corregía los malos modales de los niños en la mesa de maneras que nos parecían excesivas.

Pero los niños *sobrevivieron a* todo eso, y salieron más fuertes, sabiendo que podían con los adultos que no seguían el guion que les había dado mamá. Los niños consiguieron a cambio algo cuya suma, a partir de tantas partes particularizadas, no era fácil de imaginar: conexión.

Al final, dejé que mis hijos condujeran con su abuelo, no porque me pareciera una buena idea. No les di exactamente «permiso». Solo me limité a dejar que sucediera. Y así mis hijos tienen este recuerdo alocado y emocionante con un abuelo que no estará siempre.

Tal vez la experiencia compartida con sus primos de este alocado rito de iniciación —que ninguno de sus padres les habría proporcionado— los haga sentirse menos solos cuando se adentren en un futuro incierto. Tal vez eso sea suficiente para que llamen a un primo cuando necesiten hablar con alguien o le ofrezcan ayuda cuando este la necesite. Tal vez todas las caóticas vacaciones familiares y alborotadas fiestas de cumpleaños inculquen a los niños la necesidad de mostrarse atentos con los demás, de encontrar el humor en lo ridículo, de reprimir el enfado ante las pequeñas inconveniencias de personas insensibles que se irritan mutuamente con preguntas indiscretas. Tal vez los ayude a aprender a dar a esa irritación un uso productivo (como ayudar a cargar las bandejas de lasaña en el coche o a empujar la silla de ruedas de la abuela) y a calibrar de manera más realista las expectativas con que afrontan su día a día. Tal vez el absurdo y conmovedor teatro de la familia ampliada ofrezca también inmunidad de rebaño contra la desesperación ante las inevitables adversidades. Solo por eso merece la pena sufrir.

Esto no lo digo solo yo. El estudio psicológico más largo y exhaustivo del mundo sobre el bienestar de los adultos, el Harvard Grant Study, descubrió que los cinco rasgos más eficaces asociados a una mayor satisfacción vital eran: el altruismo (centrarse en los demás); el humor; la sublimación («encontrar alternativas gratificantes a la frustración y la ira»); la anticipación («ser realista sobre los retos futuros»), y la represión (sí, mantener la compostura ante pensamientos y acontecimientos desagradables).[381] Cada uno de estos cinco rasgos implica tomarse los

---

381. Véase Barber, Charles, «What a decades-long Harvard study tells us about mental health», *The Wilson Quarterly*, invierno de 2013, <https://www.wilsonquarterly.com/quarterly/_/what-can-decades-long-harvard-study-tell-us-about-mental-health>. Conocí el estudio por un tuit que resumía sus con-

propios sentimientos menos en serio. La vida con tíos, primos y abuelos ayuda a todo ello.

«El secreto de la vida no es sino mantener relaciones y amistades estrechas, buenas y duraderas», resumió el profesor de Psiquiatría de Yale Charles Barber, al volver a revisar el estudio. Tener un grupo de personas a las que quieres y que te quieren durante toda la vida.

---

clusiones ingeniosa y sucintamente. Kevin Bass [@kevinnbass], Twitter, 24 de junio de 2023, <https://twitter.com/kevinnbass/status/1672621150583640 064>. «En el Harvard Grant Study, el estudio psicológico más prolongado y completo del mundo, los cinco mecanismos de defensa de la salud más maduros y asociados a una mayor satisfacción vital fueron: 1. Altruismo: centrarse en el bienestar de los demás. 2. Humor: quitar importancia a acontecimientos o experiencias difíciles. 3. Sublimación: convertir la ira o la frustración en energía productiva. 4. Anticipación: mantener una visión realista del futuro y sus dificultades. 5. Represión: acallar conscientemente los pensamientos improductivos y angustiosos».

12

Quita la cuchara

Si eres adolescente hoy en día, sales con tus amigos mucho menos —hasta una hora menos *al día*— que la generación anterior.[382] Has oído menos risas en persona, menos chistes en persona; has visto menos lágrimas en persona, pero también has tenido muchas menos ocasiones de tocar —muchos menos besos y abrazos que cualquier otro adolescente desde que los investigadores empezaron a registrar este tipo de cosas—. Muchas menos oportunidades presenciales de cometer un error, de sentirte mal, de disculparte, de crecer.

Tus padres observan cada aspecto de tu vida en las redes sociales y, si te ocurre algo a ti o a tus amigos, se enteran casi a la vez que tú. No existe un mundo privado de niños en el que poder vivir sin presiones: tus padres, siempre conectados a WhatsApp, se enteran a la primera de cambio de a quiénes han pillado fumando en el colegio, apenas unas horas después de que ocurra. Te guían en cada trifulca, cada conflicto con un profesor, cada malentendido con un amigo. Tus padres son, por defecto, tus mejores amigos.

382. Twenge, Jean, «Teens have less face time with their friends – and are lonelier than ever», *The Conversation*, 20 de marzo de 2019, <https://theconversation.com/teens-have-less-face-time-with-their-friends-and-are-lonelier-than ever-113240>.

Tus padres asisten a todos los entrenamientos y partidos y se comunican regularmente con tus entrenadores y profesores. Fuera de internet, no hay ningún lugar donde puedas perder el tiempo o experimentar sin su conocimiento, su aliento, sus ánimos y sus comentarios.

Tus abuelos viven lejos. No acabas de conocerlos, y la conversación con ellos, que nunca habéis mantenido, no es fácil. Está claro que tus padres prefieren que te orienten los adultos que han contratado, que los mantienen al corriente.

Todos tus días están repletos de actividades, supervisadas por una serie de adultos que juzgan tus progresos. Te dicen cuándo estás mejorando y cuándo no. Comunican el resultado a tus padres: «Sus volteretas son más definidas, pero aún tenemos que trabajar la barra de equilibrio». Siempre, en todo lo que haces, estás vigilado por adultos preocupados.

Duermes menos que los adolescentes de generaciones anteriores, mucho menos de lo que necesitas.[383] Hay días en que estás tan cansado que parece que te falta una capa de piel. Las preocupaciones te invaden sin remedio.

Muchos de tus amigos han probado a hacerse un corte o alguna otra forma creativa de autolesionarse. Siempre que estás deprimido, la autolesión aparece como una opción. Forma parte del lenguaje vernáculo, como una manera de decir: «Pregúntame cómo estoy». Las líneas de ayuda al suicida se anuncian más visiblemente en el instituto que el baile de graduación. Es dolorosamente obvio que el orientador escolar siempre está husmeando por ahí en busca de suicidas, como un pastor alemán a la caza de explosivos plásticos.

---

383. Véase, por ejemplo, Twenge, Jean M., *et al.*, «Decreases in self-reported sleep duration among U. S. adolescents 2009-2015 and association with new media screen time», *Sleep Medicine*, 39 (2017), pp. 47-53. («El número de adolescentes que no duermen lo suficiente aumentó abruptamente de 2011 a 2013. En 2015, más del 40 por ciento de los adolescentes no llegaron a dormir siete horas o más la mayoría de las noches en ambos conjuntos de datos»). Véase también Twenge, Jean M., *et al.*, «Associations between screen time and sleep duration are primarily driven by portable electronic devices: evidence from a population-based study of U. S. children ages 0-17», *Sleep Medicine*, 56 (2019), pp. 211-218.

No en vano, tus padres y profesores están desesperados por tu salud mental. La mitad de tus amigos van al psiquiatra, toman psicofármacos o ambas cosas. Tus padres están tan preocupados que han contratado a una terapeuta para que hable contigo semanalmente. «No hay respuestas equivocadas», te asegura la mujer de *leggings* negros y gafas de pasta, con el suave sonido de un dispensador de agua de fondo. Pero resulta que sí, que hay muchas respuestas erróneas, algunas de las cuales desencadenan un diagnóstico. Por muy buena que haya sido la semana que has pasado o por muy bien que hayas seguido sus consejos, la terapeuta nunca te dice: «¡Estás curado! No hace falta que vuelvas».

Llevas lo menos un año con un diagnóstico que ya empieza a parecerte tan parte de ti como tu propio nombre. Tus padres se sienten aliviados de tener una etiqueta para lo que te pasa. La mayoría de tus amigos también tienen un diagnóstico. Funciona como un amuleto; empiezas a sospechar que puede que sea lo más importante de ti. Pero también te hace sentir como un vaso con una grieta, dañado de forma permanente. Nunca serás capaz de soportar una carga, nunca serás lo bastante fuerte como para hacerte cargo de terceros.

Tu terapeuta sugiere que la medicación te podría ayudar, y el pediatra está encantado de complacerte. Los fármacos te calman y evitan que te estrelles, pero a veces desearías que no te hubieran soldado los ruedines. Quién sabe lo que serías capaz de hacer sin ellos. Llevas tanto tiempo tomando antidepresivos que es difícil saberlo.

Has engordado. No puedes evitarlo; los fármacos te desinhiben con la comida. Han acabado con tu deseo sexual. Ni siquiera sabes si eso importa. Pasas mucho más tiempo en el sofá. Ya no te sientes mal por ello, pero también estás mucho menos dispuesta a moverte.

Cada vez que tienes que esperar a algo —que llegue la comida, que empiece un programa, que hable tu amigo— te pica la piel. Te han condicionado para que la espera te resulte insoportable. En el bolsillo, llevas una máquina para sentirte mejor que bien podría llamarse dispositivo de rumiación. Hace que te adentres en el bosque de tu propia mente, atormentada por las sombras: el exnovio que no te quería, la fiesta a la que no fuiste, las innumerables maneras en que no das la talla.

Tu móvil atiende todos tus caprichos, algo que *a priori* parece estupendo, pero que a su vez hace que te cueste cada vez más adaptarte a un mundo sin clics. Además, todo lo real es decepcionante. Ningún amigo es tan divertido como el vídeo que puedes descargarte en el móvil. Ninguna chica está tan buena como las de la interminable pasarela que tienes en el bolsillo. Podrías quedar con alguien para comer una pizza, pero con un simple deslizamiento de dedo la tienes en tu puerta; «entrega sin contacto» significa que ni siquiera estás obligado a hablar con el repartidor.

A veces bajas la guardia con un compañero e intercambias mensajes que no deberías. Era solo una broma, pero nunca lo es. Tus amigos conservan todo lo que dices en capturas de pantalla. Tú haces lo propio, y así se aplica la garantía de la destrucción mutua, impuesta por profesores, directores y comités universitarios de admisión.

Pocas veces has pasado una tarde entera con una amiga que te preste toda su atención. No conoces la mayoría de sus secretos y ella no conoce los tuyos; ya ha revelado sus preocupaciones más íntimas a un terapeuta. Volver a hablar de ello parece inútil.

Además, no tienes espacio para los amigos. Tus prácticas no remuneradas a tiempo completo consumen cada minuto extra: cinco, seis, ocho horas al día —los datos no mienten— mirando el teléfono.

«Mi salud mental es una mierda», dices en el chat de grupo. Los demás dicen que la suya también. No puedes creer que tu padre tuviera un trabajo de verdad a tu edad. No te sientes preparada para algo así.

Solo has conocido esta vida de corderito en cautividad. De vez en cuando se te ocurre preguntarte: «¿Y si arriesgarse es la única forma de sentirse preparado?», «¿Y si la solución a los problemas de salud mental de los adolescentes fuera superar la adolescencia?». Tal vez eso explique por qué el interminable desfile de adaptaciones e intervenciones, que estiran la infancia como si esta fuera un chicle, no ha hecho más que prolongar tu tortura.

Para los padres: una reflexión
sobre la finalidad de la infancia

Cuando tienes un hijo, todo cambia. No solo tu rutina diaria, tu economía domestica, el tipo de amigos que haces o los lugares a los que vas de vacaciones. Consigues un punto de apoyo en la sociedad humana: eres la madre o el padre de alguien.

Eres la persona a la que la niña llora cuando está herida o enferma. Eres la que se agarra al reposabrazos y ahoga los gritos mientras ella aprende a conducir. Quien se acuesta cada noche con el teléfono a su vera, a todo volumen, esperando la noticia de que ha llegado sana y salva a su destino, ha conseguido el trabajo que tanto deseaba o ha tenido un hijo.

Eres alguien en este mundo porque lo eres *todo* para tu hija. Cuando se plantea cómo debe comportarse una persona adulta, su mente se vuelve invariablemente hacia ti. Aunque quiera apartarse de tu ejemplo, el tuyo será por siempre el modelo a partir del cual va a diseñar su vida.

No necesitas sofisticados conocimientos sobre el cerebro humano y sus infinitamente complejos sistemas para descubrir qué es lo que preocupa a tus hijos. Probablemente no necesites medicamentos psicotrópicos para curarlos. Simplemente, necesitas la voluntad de mejorar la vida de tu hija eliminando lo malo y dejando espacio para lo bueno.

Es como el viejo chiste: «Un hombre entra en la consulta del médico con una queja: "Siempre que tomo café, me da un dolor muy fuerte en el ojo". Y el médico responde: "Pruebe a quitar la cuchara de la taza"».

La solución no requiere atención médica. Requiere únicamente un cambio en la vida de una persona: que deje de hacer las cosas que, a la vista está, le hacen daño. El alarmismo climático, la cantinela de que estamos irremediablemente abocados al fascismo, la búsqueda de traumas reprimidos, el iPhone, la terapia que no necesitan. No se trata de una crisis orgánica. Son cosas que les hemos metido por debajo de la puerta.

Nada hay que asuste más a un niño que ver a sus padres sobrepasados y asustados. Habida cuenta de que estos suelen transmitir sus preocupaciones a los hijos, los terapeutas cogniti-vo-conductuales han tratado eficazmente la ansiedad de los niños tratando la ansiedad de sus padres. Sin embargo, nosotros también podemos transmitir calma. Podemos ser valientes por ellos porque eso es lo que toda vida, si la vivimos bien, requiere: que nos enfrentemos a las cosas que nos asustan, que *lo intentemos* una y otra vez, y que volvamos a intentarlo, nos sintamos capaces o no.

Cuando silencies los consejos de los expertos, cuando te desconectes de Slate Parenting, cuando establezcas normas de acuerdo con tus valores e insistas en que tus hijos las cumplan, te sorprenderás de lo mucho que te gustan tus hijos. Porque la verdad es que deberían gustarte. Nada hay en la vida que se acerque ni por asomo a la extraordinaria aventura de criarlos.

¿Has visto alguna vez a una joven madre metiendo la compra en el coche con su bebé en brazos? No hay en el mundo una imagen más hermosa ni más cautivadora. Está cansada, ocupada, con mil cosas en la cabeza: todo su mundo, sujeto en su brazo de acero.

Un potro nace casi listo para participar en las carreras. Nuestros hijos llegan al mundo como ineptos totales. ¿Por qué los niños tardan tanto en crecer? ¿Por qué la naturaleza creó un período de infancia prolongada?

Que yo sepa, el *propósito* de la infancia es permitir que los niños corran riesgos —cosas que implican hacerse todo tipo de daño— y practiquen las habilidades que necesitarán de adultos mientras aún están a salvo, bajo el techo de sus padres. La infancia existe para que los niños puedan poner en peligro a un amigo impredecible, perder un partido de béisbol, enfrentarse a un abusón, superarse a sí mismos, echar una mano a otro niño. Queremos que se atrevan a salir y que les rompan el corazón, que lo intenten y fracasen, y que al final lo consigan, todo mientras nosotros estamos en la habitación de al lado.

En eso *consiste* una infancia feliz: en experimentar todos los dolores de la edad adulta, en dosis más pequeñas, de modo que se hagan inmunes al veneno de la angustia y la pérdida. Y si tropiezan, la mayoría de las veces no necesitarán una sesión con un orientador escolar. Necesitan que se les diga: olvídalo, pasa página. No es preocupación lo que necesitan ver en nuestros ojos, sino fe en que van a estar bien. Queremos que todo esto ocurra cuando son jóvenes. Si se enfrentan por primera vez a la decepción o al rechazo de adultos es que algo ha ido terriblemente mal.

Los padres lo saben. Por eso, antes de que intervinieran los expertos, siempre poníamos a prueba a nuestros hijos: burlándonos de ellos, intimidándolos, abrazándolos. Les hacíamos sentir el dolor de ignorar nuestras advertencias, pero luego les ayudábamos a levantarse, los reprendíamos y les mandábamos por donde habían venido.

Es la razón por la que los padres sujetan los tobillos regordetes de un niño, lo voltean y lo lanzan al aire al son de su risa chillona. Están preparando al niño para el futuro: inducen deliberadamente la excitación y el miedo cuando pueden controlar el riesgo, listos para cogerlo en brazos.

«Pruebe a quitar la cuchara». Si el médico del chiste hubiera sido un poco menos ético, o hubiera tenido una pizca menos de sentido común, habría recetado analgésicos, ordenado una resonancia magnética y cobrado por un examen ocular completo. Lo único que hacía falta era simplemente una negativa: la eliminación de lo obvio que provocaba el daño.

Hemos permitido que nuestros hijos beban en tazas con cucharas como estas: el iPad cuando eran pequeños, luego el iPhone, que era aún peor. Cada uno de estos dispositivos viciaba su atención, quitándoles la alegría por el mundo que los rodeaba, que solo podía palidecer en comparación. Cuando se quedaban en casa, solos, ni siquiera sabían lo que se estaban perdiendo.

Tanta tecnología trajo consigo un sinfín de comodidades. Acostumbramos a nuestros hijos a una vida en la que casi todos sus deseos se satisfacían de inmediato: poner un programa cualquiera, pararlo en cuanto los aburría y pedir el siguiente; o comida; o zapatos nuevos; o incluso la presencia de un amigo. El ritmo más lento de una vida más enriquecedora y significativa, los momentos que dan pie a la conversación —un trayecto en ascensor, una sala de espera, la cola de una caja, un paseo en bicicleta— se hicieron casi intolerables.

Las escuelas abarrotaron sus plantillas con personal de salud mental y se lanzaron a jugar a los terapeutas, incitando a nuestros hijos a pensar sin tregua en sus sentimientos, sistemática y formalmente, antes de esperar a ver si tenían algún problema. Los orientadores estaban ansiosos por hablar del dolor de nuestros hijos. Exploraban y exageraban cada preocupación porque están en el negocio de las preocupaciones.

Hace poco hablé con la madre de un chico de 17 años al que, durante un breve período en la escuela secundaria, le habían diagnosticado TDAH, le habían recetado Ritalin y le habían obligado a ver a un terapeuta. Cuando no le gustó cómo le hacía sentir el Ritalin, sus padres le permitieron dejarlo a regañadientes. Pero años más tarde, habiendo encontrado por fin áreas en las que destacaba y asignaturas que captaban su interés, llegó a lamentar el tiempo que había pasado en terapia. Se lo dijo a su madre: «Ir a terapia es como aprender a esquiar centrándose en los árboles».

Si los expertos en salud mental de los centros escolares quisieran realmente mejorar la salud mental de nuestros hijos, lo primero que harían sería prohibir los móviles durante la jornada escolar.[384] Las pruebas de que las redes sociales perjudican el bienestar de los niños son casi indiscutibles. Pero yo iría más allá: los móviles son un acomodo, un artilugio de evasión y rumiación, lo último que necesitan nuestros hijos cuando se acercan a la edad adulta. Ciertamente, no son la única fuerza que atrae a los adolescentes a un círculo vicioso de autoenfoque negativo, pero quizá sean la más omnipresente y persuasiva.[385]

Todo orientador que se precie diría: «No podemos trabajar en este entorno. Si quieren que ayudemos a sus hijos, lo primero en lo que debemos insistir es en que todos los teléfonos se

384. Haidt, Jonathan, «Get phones out of schools now: they impede learning, stunt relationships, and lessen belonging. They should be banned», *The Atlantic*, 6 de junio de 2023, <https://www.theatlantic.com/ideas/archive/2023/06/ban-smartphones-phone-free-schools-social-media/674304>.

385. Véase Haidt, Jonathan, «Social media is a major cause of the mental illness epidemic in teen girls. Here's the evidence», 22 de febrero de 2023, <https://www.afterbabel.com/p/social-media-mental-illness-epidemic>.

quiten al comienzo de las clases y no se devuelvan hasta el final del día». ¿Qué podría ser más fácil? Es un poco como si una enfermera escolar dijera: «Lo primero en lo que debo insistir es en que prohibamos fumar en el colegio. Fumar empeora todos los problemas de salud. Si quieren que ayude a los niños, empecemos por crear las condiciones para una buena salud».

Pero el personal de salud mental de los colegios rara vez, o nunca, insiste en que se prohíban los móviles, ni siquiera durante las horas lectivas.[386] En lugar de eso, se arrogan una parte considerable de los programas escolares y dan consejos de «bienestar»: «Prueba la meditación, la atención plena, el diario de gratitud. Cuéntanos tus problemas; te ayudaremos a mejorar». Se comportan como si lo que los motivara no fuese el deseo de desterrar la angustia emocional de los niños, sino ampliar su propia influencia.

Terapeutas de todo tipo dispensan diagnósticos sin pensar en los problemas que esto acarrea, tanto en lo que respecta al sentido de eficiencia de los niños como a la idea que tienen de sí mismos. Los médicos suministran a los niños medicación psicotrópica que limita su capacidad de sentir cosas, de enfrentarse a ellas y de crecer. No les advierten de los fuertes síntomas de abstinencia que pueden sentir si alguna vez desean ver cómo es existir en el mundo sin el traje de nieve emocional.

Las drogas que administramos a mentes aún en desarrollo —dos, tres, incluso diez a la vez—[387] atrofian el intelecto, apagan el apetito sexual, limitan las emociones e incluso pueden embotar la conciencia. Así mandamos a los niños a la escuela: sintiéndose irritables y zombis a la vez. Adormecidos ante el dolor y la preocupación, mermados en intelecto y motivación, siempre con la vaga sensación de que hay toda una vida que se están perdiendo: la suya propia.

---

386. De hecho, el primer llamamiento importante por parte de un psicólogo para prohibir los smartphones en los centros escolares no llegó hasta 2023, y lo hizo Jonathan Haidt (no ninguna asociación de psicología). Véase Jonathan Haidt, «Get phones out of schools now».

387. Matt Richtel, *op. cit.*

Durante demasiado tiempo, los padres hemos dejado que esto sucediera. Empezamos a agarrarnos a los diagnósticos que les daba a nuestros hijos alguien que no los conocía ni una millonésima parte de bien que nosotros. No es de extrañar que nuestros hijos empezaran a identificarse con sus diagnósticos. *Nosotros* también empezamos a identificarlos así.

Degradamos a nuestros propios hijos sin ni siquiera darnos cuenta. Decidimos que no podían hacer cosas que nosotros habíamos hecho de niños. «Bueno, ella no puede ir en un vuelo sin un iPad». O: «No puedo quitarle el iPhone; todas las niñas de su clase tienen uno». O: «Sé que a su edad yo me quedaba sola en casa, pero ahora las cosas son diferentes». Y así una y otra vez. Decidimos que no podían asumir riesgos que nosotros asumíamos sin pensar.

Empezamos a mirar a nuestros propios hijos como si vinieran con una etiqueta de información nutricional: una taxonomía del trastorno. Mientras escribía este libro, escuchaba atentamente la forma en que los padres hablaban de sus hijos. «Bueno, mi hija tiene TDAH», oí decir a más de una madre. «En realidad es muy inteligente y sensible, pero tiene problemas de procesamiento sensorial», escuché una y otra vez en respuesta a preguntas mundanas sobre cómo les iba a sus hijos.

Un amigo anunció así en Facebook la admisión de su hijo en una universidad pública: «Es increíble que este chico disléxico, que tuvo problemas en sus primeros años de escuela, llegara al instituto y superara las expectativas de todos, incluso, me atrevería a decir, las suyas propias».

Pensé en algunos disléxicos que he conocido, una de los cuales es un genio de las matemáticas. Fue a Wharton, estudió finanzas y trabajó en Wall Street antes de montar una serie de empresas propias. Para nosotros, era la amiga que organizaba las escapadas de esquí, negociaba precios y conseguía, gracias a sus dotes de persuasión, toda una serie de aventuras fantásticas, a cuál más innovadora y sorprendente.

Cuando nos referimos a nuestros propios hijos con las etiquetas que nos endilgan los intrusos, permitimos que dichos expertos corroan nuestra relación con ellos. Permitimos que degraden la forma en que vemos a nuestros hijos.

¿Acaso la madre de Thomas Jefferson pensaba en él como «mi hijo disléxico»? ¿O la de John F. Kennedy? ¿Alguno de los dos habría llegado a presidente de haberlo hecho? No es natural que los padres vean así a sus hijos. Las etiquetas pueden ser útiles para los expertos, pero a nosotros nos estorban. Son reduccionistas y degradantes, y bajo ningún concepto deberían contaminar el amor de un padre.

Pensamos en nuestros hijos en función de nuestras propias categorías: la suavidad de sus mejillas, el aleteo de sus manos entre las nuestras, el olor de su pelo cuando les damos el beso de buenas noches. Conozco bien las operetas de indignación de uno de mis hijos, seguidas de una tímida disculpa minutos después. Cuando pienso en él no puedo evitar recordar la vez en que de repente maldijo a su hermano gemelo en una reunión familiar. Tras mandarlo castigado a su habitación, los dos acabamos llorando de risa.

Es el niño que nunca deja de preguntarme cómo me ha ido el día ni de escuchar atento la respuesta. Se lee a diario las estadísticas de los Dodgers y los resultados tanto de los Packers como de sus rivales, siempre pronto a ayudar a sus equipos con un reconocimiento oportuno. Por la noche, canta en voz baja al irse a la cama.

Mi hija sigue cogiéndome de la mano para andar por la casa. Chincha, bromea, se entromete. Se ríe a voz en grito. Es la payasa de la familia, y en la escuela infantil a todos nos conocen principalmente por nuestra relación con ella.

Mi otro hijo, por razones que ni comprendo ni merezco, es siempre el más protector conmigo. El primero en levantar para mí cualquier cosa pesada, preocupado por mi seguridad. Su mente se ocupa de un maremágnum de juegos de palabras, rompecabezas y pensamientos conectivos. Tiene la necesidad imperiosa de contarme los acontecimientos del día antes de caer redondo en la cama.

Podría identificar a mis hijos por los retos que tienen por delante, pero incluso dejarlos por escrito me parece una traición.

¿Quién soy yo para decidir qué es un reto? Estos niños son míos solo en la primera etapa de lo que llegarán a ser. Algunos de los rasgos que podría considerar un defecto resultarán ser, en contextos inesperados, una virtud. O la razón por la que algún día un tercero llegue a quererlos con locura. Muchas personas aman a sus cónyuges por sus peculiaridades. Jamás he oído que nadie ame a otro por su diagnóstico.

Y sé que mis hijos tendrán que afrontar dificultades y sufrimiento, un pensamiento que me atraviesa el corazón como un hierro candente. Leo obituarios. *The Wall Street Journal* está lleno de imágenes de grandes hombres y mujeres cuyas exitosas vidas se vieron salpicadas por la pobreza y el dolor. Hombres y mujeres que escribieron grandes libros, que fundaron importantes empresas, que inventaron cosas extraordinarias, que se casaron y forjaron amistades maravillosas, que llenaron sus hogares de hijos y nietos.

Incluso las mejores vidas contienen cierta dosis de dolor. Es algo inevitable.

Pero si queremos que los niños disfruten de los infinitos placeres de la vida, debemos apartarnos de su camino, y apartar también la tecnología. Las pantallas no ofrecen compañía, al menos no el tipo de compañía que nos llena. Tus hijos no necesitan un iPad para sobrevivir a una cena o a un viaje en coche, como tampoco lo necesitabas tú. Los adolescentes se las arreglan bien con teléfonos de los de antes. No son más débiles que tú, a menos que tú hagas que lo sean.

Procede por sustracción. Limpia la suciedad del corte y el cuerpo se curará solo. Hasta que no hayas sustraído los contaminantes ambientales que puedan estar entorpeciendo a tu hijo —expertos, tecnología, vigilancia, intromisión, medicamentos u otros— no sabrás lo feliz que es o podría ser.

¿Cómo saber si debes llevar a tu hijo de 13 años a terapia? Muy sencillo: no lleves a tu hijo a un psiquiatra a menos que haya agotado todas las demás opciones. Si tienes que apuntar a tu hijo adolescente a terapia, infórmate sobre el terapeuta como lo harías con cualquier cirujano. En general, salvo en los casos más graves, tu hijo estará mucho mejor sin ellos. Salvo en las peores circunstancias, tu hijo se beneficiará inconmensurablemente de saber que *tú* estás al mando y que no crees que le pase nada malo.

Deja de permitir que los intrusos se interpongan entre tus hijos y tú. Que los adolescentes que sufren ansiedad y depresión no están siendo ayudados por los actuales y omnipresentes tratamientos de salud mental salta a la vista. La adolescencia sana puede ser voluble y enloquecedora; lo sabemos porque la hemos vivido. Hoy, los tratamientos innecesarios que dispensan indiscriminadamente nuestros expertos en salud mental están enfermando a adolescentes sanos. Tal vez lo más insidioso sea que los expertos se empeñan en habituar a nuestros hijos a una confrontación interminable con la única pregunta a la que ningún terapeuta puede resistirse: «¿Y cómo te has sentido?». Una pregunta que, cuando entra en bucle en una mente joven, aumenta la desregulación, inhibe el crecimiento, convierte a los adolescentes en niños y a los adultos jóvenes en personas que nunca están del todo listas.

La intervención preventiva en salud mental —por definición, innecesaria— atrofia la madurez, atrapando a los jóvenes en un bucle de castigo por la rumiación de los sentimientos, de dependencia del tratamiento y de una fuerte aversión al riesgo. Inhibe el proceso normal de salir y liberarse de la angustia de la adolescencia. Interpretamos el deterioro de los jóvenes como una enfermedad mental. Pero, por lo general, no lo es. Es el malestar que aparece cuando se dan cuenta de que tienen la edad que tenía su abuelo cuando se casó con su abuela, y de que están demasiado asustados para pedir una cita a una chica.

Eso no es una crisis de salud mental. Está más cerca de una crisis de hipocondría emocional y de yatrogenia. No se basa en la neuroanatomía, sino en el debilitamiento del alma: el miedo, la decepción, la falta de capacidad, el horror ante su propia pasividad. Es el veredicto ineludible de que no han madurado.

En cuanto al terapeuta que siempre está proporcionando diagnósticos posibles: lo más probable es que no esté descubriendo una patología de buena fe. Puede que simplemente esté induciendo a tu hija a pensar que está enferma y a comportarse como si lo estuviera.

Los pocos, los orgullosos

Iian era un asociado sénior en el elegante bufete de abogados donde, durante un breve espacio de tiempo, yo fui una mediocre pasante. Brillante y trabajador nato, Iian caía bien a todo el mundo. ¿Su único defecto? Que conducía un Ford Taurus de quince años.[388]

Cuando a Iian lo hicieron socio, la empresa condicionó la oferta a que se comprara un coche nuevo. Los socios querían que pensara que su coche los avergonzaba, que los haría quedar mal ante los selectos clientes del bufete. Pero yo sospechaba que en realidad no se trataba de su coche. Le tenían *miedo*.

El coche de Iian era una provocación chapada en beis metalizado, una prueba irrefutable de que a Iian le importaban un bledo los oropeles. Simplemente le gustaba el trabajo. No se le podía comprar ni distraer, y eso aterraba a muerte a sus competidores.

Y lo mismo sucede con los padres. La cultura se las ingenia para denigrarnos: por estar en baja forma, estresados y agotados. Llevamos *mom jeans*, contamos «batallitas de padre» o tenemos «cuerpo de padres». Una ristra interminable de artículos de *The New York Times* que pretenden documentar la desdicha de los padres hace todo lo posible por retratarnos como tristes, inútiles y dignos de lástima.[389]

Todos los que tienen una agenda secreta para la próxima generación saben que nosotros somos el obstáculo. No pueden igualar nuestro empeño en lo que estos niños lleguen a ser. No pueden ni imaginar la profundidad de nuestro amor.

---

388. Tal vez incluso más.

389. Véase, por ejemplo, Grose, Jessica, «Early motherhood has always been miserable», *The New York Times*, 9 de noviembre de 2019, <https://www.nytimes.com/2019/11/09/opinion/sunday/babies-mothers-anxiety.html>.

A menudo oigo a expertos en paternidad hablar de la «decisión de tener hijos», como si el hecho de tenerlos fuera una forma de consumismo, como optar por un techo retráctil o un volante con calefacción. No es así en absoluto. Es una vocación, la muda de una vieja piel y la formación de una nueva. Uno no tiene hijos porque piense que será divertido o porque busque un nuevo pasatiempo. No te unes a los Navy SEAL porque no tengas nada mejor que hacer.

Tienes hijos porque sientes que, para ti, una vida plena lo requiere. Ese nivel de abnegación y continuidad con el futuro, esa alegría desbordante y amor embriagador no tienen parangón.

Los padres lo sabemos. Evitamos decirlo por respeto a los que no los tienen y por cortesía hacia los que no pueden tenerlos. Pero la verdad es que si piensas que tener hijos es una decisión como cualquier otra, probablemente es que no haya una buena *razón*. Puede que todo tu ser se incline a ello o puede que no.

Sin embargo, el deseo de tener hijos se puede inculcar, y deberíamos intentarlo. Diles a tus hijos: «Os he traído a este mundo para que participéis en algo mucho más grande que vosotros mismos. Para que seáis una hebra indispensable en el cordón de nuestra familia. No os permitáis que se deshilache».

Queremos que la gente tenga hijos no porque eso los haga necesariamente mejores personas. No porque tener hijos sea la única manera de contribuir al mundo. (Evidentemente no lo es). Queremos que la gente tenga hijos porque los padres son la piedra angular de toda civilización, la única cohorte que no puede verse comprometida.

Puede que otros digan que se preocupan por nuestro futuro colectivo, pero solo los padres *necesitan* que las cosas salgan bien. Hemos hecho la más profunda y personal de las inversiones: hemos lanzado al mundo la última medida de nosotros mismos.

Puede que otros nos miren con lástima. Ven las oscuras ojeras bajo nuestros ojos, las plateadas estrías en nuestras caderas. Ah, pero son nuestras cicatrices de batalla.

Ninguno de mis logros personales me ha hecho sentir tan orgullosa como el día en que mi tímido hijo de 4 años se presentó ante un público repleto de padres en su primer recital de piano. Jamás me he sentido tan cerca de Dios como el día en que uno de mis hijos vino al mundo, cuando oí por primera vez su llanto y tuve la certeza de que solo un milagro podía explicarlo. Ninguna oleada de ternura ha podido igualar la sensación de tener a cualquiera de mis hijos en mis brazos.

Deberíamos responder con burla, desprecio y escalofríos cuando los expertos afirman que saben —o, lo que es más irrisorio, que les importa— lo que es mejor para nuestros hijos en un grado comparable al nuestro. Los expertos están ahí fuera, generando jóvenes pacientes más rápido de lo que nadie podría curarlos. Observan una marea creciente de sufrimiento adolescente y se presentan como su solución. Pero la mayoría de ellos deberían ser despedidos en el acto.

Quítales a tus hijos las cucharas: la tecnología, la vigilancia, el seguimiento, la duda constante. El diagnóstico de comportamientos ordinarios que se han visto como patológicos. Los medicamentos psiquiátricos que no tienes claro que necesiten. Las evaluaciones de los expertos. Destierra de sus vidas a todo aquel que tienda a tratar a tus hijos como trastornados.

No los necesitas. Nunca los has necesitado. Y tus hijos están, casi con toda seguridad, mejor sin ellos.

Tener hijos es lo mejor y más valioso que puedes hacer.

Críalos bien. Eres la única persona que puede hacerlo.

Agradecimientos

Vista con cierta perspectiva, la vida ordinaria está llena de traumas. Pero en realidad no es así. Está llena de milagros.

Keith Urbahn me aceptó como cliente cuando muchos agentes literarios tenían miedo de acercarse a mí. No dejaré nunca de hacer todo lo posible para que él y todo el equipo de la agencia Javelin alcancen el éxito.

Bria Sandford, de Sentinel, creyó en este libro desde el principio. Su perspicacia editorial mejoró este trabajo inconmensurablemente. Su amabilidad y amistad fueron un plus. Adrian Zackheim y todo el equipo de Sentinel y Penguin Random House jamás vacilaron en su apoyo. Pablo Delcan intervino en el último momento con un diseño brillante para esta portada.

Dorit Waldman es agudísima, llena de perspicacia y buen humor. Sin ella, no habría podido escribir este libro cargado de investigación.

Jonathan Rosen es un lector brillante. Me empujó a profundizar y perfeccionar estas ideas.

Bari Weiss y Nellie Bowles estuvieron conmigo de principio a fin, llenas de ánimo, sabiduría y amor.

Noah Pollak me ayudó en todo momento y puso a mi disposición el arsenal de documentos de Parents Defending Education. En cuanto a las encuestas escolares, Rhyen Staley ayudó generosa y poderosamente.

Jesse y Yael Sage me alojaron en un viaje de investigación. La incomparable Sally Satel me ofreció sus conocimientos y me presentó a muchos de sus maravillosos colegas. Mark Gerson, Lisa Logan, Stephanie Winn, Marco Del Giudice, Lenore Skenazy, Sophie Melamed y Maud Maron me hicieron replantearme muchas cosas. Moshe Lifschitz me guio por el extraño paisaje de las aplicaciones de salud mental. Paul McHugh, Leonard Sax, Larry Diller, Rita Eichenstein, Stella O'Malley, Jennie Bristow, Robert Pondiscio, James Lindsay y Max Eden ofrecieron su sabiduría. R. Christopher Barden, Candace Jackson y Mark Pendergrast mejoraron mi comprensión de las cuestiones técnicas de la psicología y el derecho. Brian Anderson me animó constantemente. Joshua Coleman me dio la idea para el título de este libro.

Mi madre, mi padre, mi suegra y mi suegro son incansables en su generosidad y generosos en su amor. Agradezco cada día la suerte de tenerlos a mi lado.

Cada verano, cuando nuestros tres hijos se van de campamento, el silencio se apodera de la casa, y recuerdo la infinita alegría que corretea con ellos, anunciándose a gritos. Los tres se opusieron enérgicamente a que escribiera este libro. Aun así, R. me dio una visión de su generación y abrazos de primera. J., historias, opiniones y el regalo de su sonrisa. D. me dio mimos y la mejor ayuda para la investigación que un niño de 10 años puede ofrecer. En gran medida, mi vida empezó el día que conocí a Zach. Leyó todos los borradores y mejoró todas las ideas de este libro, me orientó y me hizo reír. Nuestra vida se parece a menudo a la casa abarrotada del cuento popular yidis. Y viene con la misma lección: el exceso es lo bueno, y lo bueno es lo que importa.

Bibliografía

Asociación Americana de Psiquiatría, *Manual diagnóstico y estadístico de los trastornos mentales*, quinta edición, Editorial Médica Panamericana, Madrid, 2023.

Barsky, Arthur J., *Worried sick: our troubled quest for wellness*, Little, Brown & Co., Estados Unidos, 1988.

Bloom, Paul, *Contra la empatía: argumentos para una compasión racional*, Taurus, Madrid, 2018.

Bonnano, George A., *The end of trauma: how the new science of resilience is changing how we think about PTSD*, Basic Books, Estados Unidos, 2021.

Coleman, Joshua, *Rules of estrangement: why adult children cut ties & how to heal the conflict*, Harmony Books, Estados Unidos, 2021.

Dawes, Robyn M., *House of cards: psychology and psychotherapy built on a myth*, Simon & Schuster, 1994.

Decter, Midge, *Liberal parents, radical children*, Coward, McCann & Geoghegan, Estados Unidos, 1975.

Diller, Lawrence H., *The last normal child: essays on the intersection of kids, culture, and psychiatric drugs*, Praeger, Estados Unidos, 2006.

Doucleff, Michaeleen, *El arte perdido de educar: recuperar la sabiduría ancestral para criar pequeños seres humanos felices*, Grijalbo, Barcelona, 2021.

Ecclestone, Kathryn; y Hayes, Dennis, *The dangerous rise of therapeutic education*, Routledge, Estados Unidos, 2009.

Elder, Glen H., *Children of the Great Depression: social change in life experience*, Routledge, Estados Unidos, 1999.

Faber, Adele; y Mazlish, Elaine, *Cómo hablar para que los niños escuchen y cómo escuchar para que los niños hablen*, Medici, Barcelona, 2013.

Frances, Allen, *Saving normal: an insider's revolt against out-of-control psychiatric diagnosis, DSM-5, big pharma, and the medicalization of ordinary life*, Harper Collins, Estados Unidos, 2013.

Frankl, Viktor E., *El hombre en busca de sentido*, Herder, Barcelona, 2021.

Furedi, Frank, *Paranoid parenting: why ignoring the experts may be best for your child*, Chicago Review Press, Estados Unidos, 2002.

—, *Therapy culture: cultivating vulnerability in an uncertain age*, Routledge, Estados Unidos, 2004.

Gessen, Keith, *Raising Raffi: the first five years*, Viking, Estados Unidos, 2022.

Gibson, Lindsay C., *Adult children of emotionally immature parents: how to heal from distant, rejecting, self-involved parents*, New Harbinger, Estados Unidos, 2015.

Gottlieb, Lori, *Deberías hablar con alguien. Una psicóloga, su terapeuta y un viaje revelador por el alma humana*, Ediciones Urano, Barcelona, 2021.

Illouz, Eva, *Saving the modern soul: therapy, emotions, and the culture of self-help*, University of California Press, Estados Unidos, 2008.

Kurcinka, Mary Sheedy, *El niño tozudo*, Medici, Barcelona, 2004.

Lasch, Christopher, *La cultura del narcisismo: la vida en una era de expectativas decrecientes*, Capitán Swing, Madrid, 2023.

Liau, Alex; y Baker, Jed, *School shadow guidelines*, Future Horizons, Estados Unidos, 2013.

Lukianoff, Greg; y Haidt, Jonathan, *La transformación de la mente moderna: cómo las buenas intenciones y las malas ideas están condenando a una generación al fracaso*, Deusto, Barcelona, 2019.

Maté, Gabor, *El mito de la normalidad: trauma, enfermedad y sanación en una cultura tóxica*, Tendencias, Barcelona, 2023.

McNally, Richard, *Remembering trauma*, Belknap Press, Estados Unidos, 2003.

Moskowitz, Eva S., *In therapy we trust: America's obsession with self-fulfillment*, Johns Hopkins University Press, Estados Unidos, 2001.

Nesse, Randolph M., *Good reasons for bad feelings: insights from the frontier of evolutionary psychiatry*, Dutton, Estados Unidos, 2019, pp. 89-94.

Ophir, Yaakov, *ADHD is not an illness and Ritalin is not a cure: a comprehensive rebuttal of the (alleged) scientific consensus*, World Scientific Publishing Company, Singapur, 2022.

Pendergrast, Mark, *The repressed memory epidemic: how it happened and what we need to learn from it*, Springer, Suiza, 2017.

—, *The memory warp: how the myth of repressed memory arose and refuses to die*, Upper Access, Estados Unidos, 2021.

Pope, Harrison, *Psychology astray*, Upton, Estados Unidos, 1997.

Romero, Victoria E.; Roberson, Ricky; y Warner, Amber, *Building resilience in students impacted by adverse childhood experiences: a whole-staff approach*, Corwin, Estados Unidos, 2018.

Sax, Leonard, *The collapse of parenting: how we hurt our kids when we treat them like grown-ups*, Basic Books, Estados Unidos, 2016.

Siegel, Daniel J.; y Bryson, Tina Payne, *El cerebro del niño: 12 estrategias revolucionarias para cultivar la mente en desarrollo de tu hijo*, Alba, Barcelona, 2012.

Skenazy, Lenore, *Free range kids: giving our children the freedom we had without going nuts with worry*, Jossey-Bass, Estados Unidos, 2010.

Sommers, Christina Hoff; y Satel, Sally, *One nation under therapy: how the helping culture is eroding self-reliance*, St. Martin's Press, Estados Unidos, 2005.

Taleb, Nassim Nicholas, *Antifrágil: las cosas que se benefician del desorden*, Paidós, Barcelona, 2024.

Twenge, Jean, *iGen: why today's super-connected kids are growing up less rebellious, more tolerant, less happy — and completely unprepared for adulthood*, Atria Books, Estados Unidos, 2018.

—, *Generations*, Atria, Estados Unidos, 2023.

Van der Kolk, Bessel, *El cuerpo lleva la cuenta: cerebro, mente y cuerpo en la superación del trauma*, Vintage Español, Barcelona, 2024.

Vermeulen, Karla, *Generation disaster: coming of age post-9/11*, Oxford University Press, Reino Unido, 2021.

Whitaker, Robert, *Anatomy of an epidemic: magic bullets, psychiatric drugs, and the astonishing rise of mental illness in America*, Crown, Estados Unidos, 2010.

Acerca de la autora

ABIGAIL SHRIER es periodista, columnista y escritora norteamericana. Estudió en las universidades de Columbia, Oxford y Yale, y ha escrito artículos de opinión en *The Wall Street Journal*. En 2020 publicó *Un daño irreversible*, que trata sobre las terapias de conversión, considerado uno de los libros más importantes del año por *The Economist* y *The Times*, y que provocó una gran polémica en Estados Unidos. Shrier vive en Los Ángeles y es reconocida por su capacidad para abordar temas controvertidos con rigor y claridad.